凝聚隧道及地下工程领域的
先进理论方法、突破性科研成果、前沿关键技术，
记录中国隧道及地下工程修建技术的创新、进步和发展。

中国隧道及地下工程修建关键技术研究书系

面向挑战与创新的大盾构隧道修建技术系列

下穿城市核心区
大直径盾构隧道修建关键技术

王华伟 陈 爽 张 哲 陈 鹏 赵海涛 等 编著

KEY TECHNOLOGIES FOR
CONSTRUCTING LARGE-DIAMETER SHIELD TUNNELS
THROUGH URBAN CORE AREAS

人民交通出版社

北 京

内容提要

本书依托京张高铁清华园隧道工程,并结合相关科研与技术攻关成果,对大直径盾构长距离掘进快速施工技术、卵石土地层泥浆渗透成膜机理及开挖面稳定性控制技术、环境控制技术、铁路盾构隧道全预制轨下结构机械化拼装技术、盾构数字化施工技术、废弃泥浆环保处理技术等进行了系统总结。本书聚焦城市核心区大直径泥水盾构隧道修建的关键技术,内容丰富,资料翔实,理论和实践性兼备。

本书可供从事隧道工程及相关领域的专业技术人员参考,也可供高等院校土建类相关专业师生学习使用。

图书在版编目(CIP)数据

下穿城市核心区大直径盾构隧道修建关键技术 / 王华伟等编著. — 北京:人民交通出版社股份有限公司, 2024.3

ISBN 978-7-114-19421-4

Ⅰ.①下… Ⅱ.①王… Ⅲ.①城市铁路—轨道交通—隧道施工—盾构法—工程施工—研究 Ⅳ.①U239.5

中国国家版本馆 CIP 数据核字(2024)第 038111 号

Xiachuan Chengshi Hexinqu Dazhijing Dungou Suidao Xiujian Guanjian Jishu

书　　名:	下穿城市核心区大直径盾构隧道修建关键技术
著 作 者:	王华伟　陈　爽　张　哲　陈　鹏　赵海涛　等
责任编辑:	谢海龙　李学会
责任校对:	赵媛媛
责任印制:	刘高彤
出版发行:	人民交通出版社
地　　址:	(100011)北京市朝阳区安定门外外馆斜街 3 号
网　　址:	http://www.ccpcl.com.cn
销售电话:	(010)59757973
总 经 销:	人民交通出版社发行部
经　　销:	各地新华书店
印　　刷:	北京印匠彩色印刷有限公司
开　　本:	787×1092　1/16
印　　张:	16
字　　数:	388 千
版　　次:	2024 年 3 月　第 1 版
印　　次:	2024 年 3 月　第 1 次印刷
书　　号:	ISBN 978-7-114-19421-4
定　　价:	158.00 元

(有印刷、装订质量问题的图书,由本社负责调换)

隧道及地下工程出版专家委员会

主 任 委 员： 钱七虎

副主任委员：（按姓氏笔画排序）

　　朱合华　严金秀　李术才　何　川　何满潮　陈湘生
　　林　鸣　梁文灏

编　　　委：（按姓氏笔画排序）

　　王华伟　王明年　王建宇　王恒栋　田四明　史玉新
　　史海欧　朱永全　朱瑶宏　关宝树　江玉生　李国良
　　李建斌　李树忱　杨秀仁　肖广智　肖明清　吴惠明
　　张旭东　张顶立　陈志敏　陈建勋　罗富荣　竺维彬
　　赵　勇　洪开荣　贺维国　彭立敏　蒋树屏　喻　渝
　　雷升祥　谭忠盛

中国隧道及地下工程修建关键技术研究书系

面向挑战与创新的大盾构隧道修建技术系列

学术委员会

总 顾 问：钱七虎　　梁文灏

委　　员：杜彦良　　杨华勇　　王复明　　陈湘生　　李术才　　朱合华　　何　川
　　　　　　雷升祥　　张挺军　　吴言坤　　周长进　　肖明清　　袁大军　　竺维彬
　　　　　　李利平　　王华伟　　陈　健　　陈　鹏　　张　哲　　王寿强　　史庆涛

组织委员会

总 策 划：李庆民　　薛　峰

委　　员：张奉春　　刘四进　　陈建福　　舒计城　　王晓琼　　历朋林　　路开道
　　　　　　葛照国　　赵合全　　林尚月　　吴　遁　　梁尔斌　　赵连生　　王　军
　　　　　　赵国栋　　庄绪良　　吴玉礼　　孙　伟　　刘　鹏

本书编委会

主 任 委 员： 王华伟　陈　爽　张　哲

副主任委员： 陈　鹏　赵海涛　刘四进　吕　刚　陈建福　舒计城

编　　　委： 周庆合　张顶立　赵　斌　方　勇　李鹏飞　房　倩
　　　　　　　刘建友　智　鹏　王万齐　崔　建　刘　方　岳　岭
　　　　　　　张宇宁　刘　磊　高始军　杜贵新　谢　旭　刘善福
　　　　　　　房新胜　邵泳翔　刘　鹏　李秀东　侯　剑　朱晓天
　　　　　　　娄　瑞　李红红　李　伟　李瑞光　罗　凯　赵振宁
　　　　　　　吴　琼　郝淑曼　祖　昕

序一

盾构机被誉为工程机械之王,是国家装备制造业整体实力的集中体现,而大直径盾构机在工程机械领域更是堪称"皇冠上的明珠",它集隧道掘进、出渣、衬砌拼装、导向纠偏等功能于一体,是穿江越海实施大断面隧道施工不可或缺的"国之重器"。

近二十年来,随着城市化进程的发展及交通需求的迅猛增长,隧道工程不断朝着大埋深、大断面、长距离的方向发展,大直径盾构的应用日益增多,隧道断面利用形式也越来越灵活。从长江之滨到黄河两岸,从湖泊浅滩到海湾深处;从"京津冀"到"长三角"再到"粤港澳大湾区"……面向国家重大战略工程需求,面对环境艰险复杂区域、城市核心密集敏感区、江河海峡等高风险水域的建设挑战,立足"科技自立自强",穿越"江河湖海城"下的大盾构隧道修建技术日益发展与完善。因此,及时对工程项目及科研创新成果进行总结,梳理凝练百花齐放、因地制宜又各具特色的大盾构隧道修建核心技术方法体系,对于推动我国隧道及地下工程技术进步和重大装备的创新发展具有重要意义。

中铁十四局集团有限公司作为我国盾构施工领域的代表性企业,是我国盾构研制及施工技术实现从无到有、从小到大、从弱到强、从"跟跑"到"并跑"到"领跑"华丽转变的见证者和参与者,更是我国水下盾构隧道掘进机制造和复杂地质条件下盾构隧道建造技术达到世界先进水平的攻关者和推动者。从10m级到13m级,再到16m级……不断向更大、更深、更长、更难的盾构隧道发起挑战——攻克了水压最大(深江铁路珠江口隧道,1.06MPa)、埋深最大(深江铁路珠江口隧道,106m)、覆土最浅(常德沅江隧道,4.6m)、岩石最硬(厦门地铁2号线穿海隧道,192MPa)、地质最复杂(南京和燕路隧道,上软下硬、长距离硬岩、岩溶密集、断层破碎带及冲槽叠加段)、距离最长(通苏嘉甬高铁苏州东隧道,11817m)、长距离并行高铁且距离既有构筑物最近(上海机场线盾构隧道,0.7m)、直径最大(济南黄岗路穿黄隧道,17.5m)等施工难题,在铁路、公路、市政、水利、能源等专业领域的大直径盾构隧道工程中,积累了丰富的技术管理和经验。

"一代技术带来一代工程的革命",丛书依托中铁十四局集团有限公司诸多典型工程的科研创新及技术攻关成果,聚焦大直径盾构隧道修建核心技术,秉持"标准化、精细化、智能化、科学化"的发展理念,基于躬身潜行、不断刷新掘进纪录过程中积累的海量数据和技术经验,致力于通过系统凝练诸多基础性理论研究成果和突破性技术,构建具有自主知识产权的大直径盾构隧道修建关键核心技术体系。

大盾构的创新进取之路才刚刚开启,探索地下空间的漫漫征途徐徐铺展,期待系列丛书持续记录大盾构技术发展、突破的历程,系统呈现国家战略科技力量多学科协同攻关的原创性、引领性科技成果,体现人工智能、先进制造、绿色低碳等创新驱动要素在隧道工程"智能、安全、绿色"融合发展中的关键作用,为推动隧道及地下工程领域的智能建造开辟新的发展赛道。

中国工程院院士 钱七虎

序二

当前,新一轮科技革命和产业变革突飞猛进,科学研究范式正在发生深刻变革,学科交叉融合不断发展,科学技术和经济社会发展加速渗透融合。大直径盾构作为我国高端产业发展的代表,在广大科研、建设专业技术人员的共同努力下,创新链产业链日益融合,针对各类地质条件、越江跨海等极端复杂工况的修建技术体系日益完善,正在从量的积累迈向质的飞跃、从点的突破迈向系统能力提升。因此,及时对过去一段时期大直径盾构隧道修建技术进行系统的总结,促进知识共享,推动技术进步,对于该领域的安全、有序、高效发展具有重要的推动作用。

中铁十四局集团有限公司作为以大盾构为技术核心的施工企业,依托市场需求、集成创新、组织平台的优势,构建了企业牵头、高校院所支撑、各创新主体相互协同的创新联合体,并以此布局构建了集装备设计、研发、施工于一体的全产业链供应体系。依托其承建的国内长、大、深、险等典型盾构工程,通过推进重点项目协同和研发活动一体化,持续开展原创性、引领性技术攻关,在盾构新型刀具与高效掘进、微扰动掘进控制技术、特殊及复杂地层安全掘进技术、"四超"条件下盾构掘进技术、盾构隧道构件智能拼装技术、盾构隧道同步推拼新技术、盾构隧道智能建造技术、盾构浆渣绿色处理技术等关键核心技术方面不断取得突破。"面向挑战与创新的大盾构隧道修建技术系列"是对上述诸多前沿性、突破性科研成果及工程实践经验的系统凝练。瞄准产业发展的制高点，立足科技自立自强，秉承"共建、共享、共创、共赢"的发展理念，丛书汇聚了以京张高铁清华园隧道、济南黄河济泺路隧道、苏通GIL管廊工程等为代表的100公里大盾构创新成果，对于引领行业整体技术水平的提升具有重要促进作用。

善学者尽其理，善行者究其难。现代工程和技术科学是科学原理和产业发展、工程研制之间不可缺少的桥梁，衷心期待作者团队与行业同人一道，依托丰富的工程实践与产业优势，面对更大直径、更大埋深、更复杂工况的挑战，与时俱进，革故鼎新，凝练科学问题，加强多学科融合的现代工程和技术科学研究，带动基础科学和工程技术发展，持续记录、总结，在大直径盾构隧道修建领域形成完整的共性技术供给体系。

是为序。

中国工程院院士

前言

近年来,随着城市化的高速发展,地上可用空间不断减少,人口密度的增大和汽车数量的增加给城市交通带来了巨大压力。为了缓解这一系列压力并提升综合立体交通运输能力和效率,地下空间开发变得越来越重要。在城市核心区修建隧道工程已成为常态,而盾构法因其环保、快速掘进和对围岩影响小的优点,成为修建隧道工程的主要施工技术手段。

京张高铁清华园隧道就是其中的典型案例。京张高铁清华园隧道采用世界先进的盾构设备进行修建,建造过程中邀请了钱七虎院士、何川院士、江玉生教授、沙明元正高级工程师等隧道专家现场指导。该项目采用并创新了一系列技术,包括大直径盾构长距离掘进快速施工技术、城市盾构隧道施工力学物理试验模拟及分析、高铁大直径盾构隧道智能监控预测系统开发、高铁大直径盾构隧道施工数字化处理和可视化显示技术、铁路盾构隧道轨下结构全预制机械化拼装设计施工关键技术、大直径盾构隧道结构变形特性及健康监控技术、智能建造BIM[1]应用技术、盾构始发竖井及始发段复杂节点三维技术交底、城市暗挖隧道上跨既有线路组合锚定抗浮技术、城市核心区泥水盾构隧道施工泥浆综合处置技术、卵石土地层盾构泥浆配合比及环流系统关键技术研究

---

[1] BIM 英文全称 Building Information Modeling,即建筑信息模型。

与应用、卵石土地层泥浆渗透成膜规律及开挖面稳定性研究与应用、大直径盾构频繁穿越城市密集建(构)筑物微扰动控制技术等十三项重大突破性技术。这些创新技术的应用使得高铁盾构隧道建造迈上新台阶，引起了国内外隧道工程界的广泛关注。

京张高铁清华园隧道建设过程中，致力于推动隧道建设与互联网、物联网、大数据和人工智能的深度融合，以国际标准为目标提高施工水平，推进铁路隧道建设的智能、高效、绿色和协同发展。实施了项目全过程的精益管理、科学决策，并深度贯通创新建造。同时，在创新人才培养和建设管理方法方面取得了整体突破。

本书是中铁十四局集团有限公司在城市核心区盾构法施工的一次探索与技术总结，汇聚了盾构技术人员的研究成果与实践经验。目前，超大直径盾构隧道施工仍处于不断探索和进步的阶段，随着盾构开挖面增大、穿越地质愈加复杂，盾构施工面临的超大断面、超高水压、超长距离、超大埋深等施工难题仍需继续研究。

由于时间仓促、水平有限，书中难免存在一些疏漏和不足之处，恳请各位专家和读者给予批评和指正。

作　者
2024年1月

目录

第 1 章 绪论 ········· **001**
    1.1 项目概况 ········· 003
    1.2 工程重难点 ········· 008

第 2 章 大直径盾构长距离掘进快速施工技术 ········· **013**
    2.1 盾构配置 ········· 015
    2.2 边箱涵拼装机与拼装技术 ········· 027
    2.3 盾构掘进参数控制技术 ········· 028
    2.4 常压换刀与刀具耐磨改良技术 ········· 051
    2.5 清华园盾构隧道泥浆输送 ········· 062

第 3 章 卵石土地层泥浆渗透成膜机理及开挖面稳定性控制技术 ········· **069**
    3.1 泥浆静态渗透成膜机理 ········· 071
    3.2 泥浆动态渗透成膜机理 ········· 080
    3.3 开挖面稳定性流固耦合数值模拟 ········· 084
    3.4 开挖面稳定控制技术 ········· 106

第 4 章 环境控制技术 ········· **113**
    4.1 主要风险源 ········· 115

4.2 盾构穿越风险源模拟 ………………………………………… 122
4.3 安全穿越风险源微扰动控制关键技术 ………………………… 142
4.4 大直径盾构隧道结构长期受力特点及其变形分析 …………… 153
4.5 大直径盾构隧道穿越风险源健康监测技术 …………………… 155
4.6 大直径盾构隧道结构健康监测方案与健康监测管理平台 …… 163

第 5 章　铁路盾构隧道全预制轨下结构机械化拼装技术 ………… 169
5.1 轨下结构拼装与技术控制 ……………………………………… 171
5.2 管片拼装技术 …………………………………………………… 175

第 6 章　盾构数字化施工技术 ………………………………………… 179
6.1 盾构隧道智慧施工监控系统 …………………………………… 181
6.2 可视化实时预测预报动态调整 ………………………………… 190
6.3 智能建造 BIM 应用技术 ……………………………………… 201

第 7 章　废弃泥浆环保处理技术 ……………………………………… 217
7.1 泥浆处理原则 …………………………………………………… 219
7.2 泥浆处理场地要求 ……………………………………………… 219
7.3 泥浆环保综合处理设备 ………………………………………… 220
7.4 泥浆处置技术 …………………………………………………… 224
7.5 应用效果 ………………………………………………………… 229

第 8 章　总结与展望 …………………………………………………… 231

参考文献 ………………………………………………………………… 235

KEY TECHNOLOGIES FOR
CONSTRUCTING LARGE-DIAMETER SHIELD TUNNELS
THROUGH URBAN CORE AREAS
下穿城市核心区大直径盾构隧道修建关键技术

第 1 章
绪　　论

大时代

盾智行

构未来

1.1 项目概况

1.1.1 工程概况

京张高速铁路(以下简称"京张高铁")清华园隧道是京张高铁的控制性工程,隧道全长6.02km。工程于2016年3月开工,于2019年12月竣工,历时46个月。线路自北京北站向北引出,在DK13+400处进入清华园隧道,依次下穿学院南路、北三环、知春路、北四环、成府路、清华东路等城市主干道。隧道自DK19+420处出地面,利用现有京包铁路形成双线路基段至标段终点DK22+900处。线路平面如图1.1-1所示。

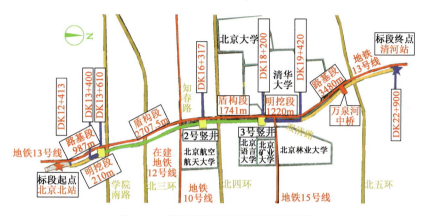

图1.1-1 清华园隧道标段线路平面示意图

清华园隧道采用盾构法施工,设置2个场区,分别位于3号盾构始发井、2号盾构始发及接收井。盾构段为单洞双线隧道,采用全预制管片拼装,混凝土设计强度等级C50、抗渗等级P12,管片外径12.2m、内径11.1m,管片环宽2m,壁厚0.55m,采用"6+2+1"模式拼装。隧道最大纵坡3%,最小曲线半径995m,设计速度120km/h。隧道结构断面如图1.1-2所示。

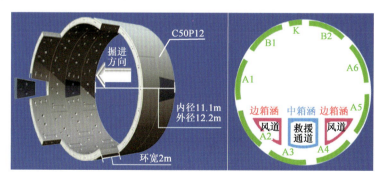

图1.1-2 清华园隧道结构断面示意图

隧道总体施工安排:施工准备→明挖区间及竖井→盾构隧道掘进→轨下结构施工→铺轨,突出重点、兼顾一般、平行流水、均衡生产。

清华园隧道纵面图如图 1.1-3 所示,采用两台直径为 12.64m 的泥水平衡盾构机施工,分别自 2A(深 37.5m)、3 号(深 22.6m)盾构竖井始发,1 号(深 20.8m)、2B 盾构竖井(深 35m)接收。

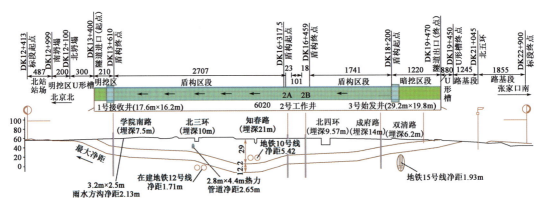

图 1.1-3　清华园隧道纵断面示意图(尺寸单位:m)

1.1.2　周边环境

清华园隧道标段位于华北平原背部边缘,沿线分布既有道路、地铁、桥梁及建(构)筑物等,沿线地形地貌见图 1.1-4。

图 1.1-4　沿线地形地貌

1.1.3 工程特点

1) 整体规划,布局空间

京张高铁清华园隧道的建设,使得原来的京包铁路北京北—清河段轨道被拆除,原有的四道口、五道口、双清路等平交道口也不复存在,消除了道口交叉对城市交通的影响,缓解了道路拥堵(图1.1-5)。同时,采用地下线路形式节约了城市用地,降低了环境影响,对分割的城市起到缝合作用,有利于城市区域规划和布局,见图1.1-6。

图1.1-5 清华园隧道建设前道口交叉路况

图1.1-6 清华园隧道上方地面打造城市公园

2) 高铁进城,畅享通行

清华园隧道打通了高铁直达北京北站的"最后1公里",实现了高铁进入城市核心区的目标,便于旅客出行,提高了铁路运行效率,建设现场见图1.1-7。

图1.1-7 清华园隧道建设现场

3) 高速铁路,智能建造

盾构隧道整体结构均是构件预制拼装,大为管片,小为盖板,采用机械化替代人工(图1.1-8),提高了工作效率和质量精度;在工程建设中,创新应用智能化管理系统(图1.1-9),实现智能化管控,提高了工效。

图1.1-8　机械化建造施工

 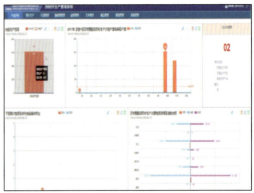

图1.1-9　智能化管理系统

4) 一隧一景,京张文化

清华园隧道出口采用仿古构筑,景观独具特色,体现了百年京张文化传承,见图1.1-10。

图1.1-10　清华园隧道出口

1.1.4 水文地质情况

1)工程地质

隧址区以第四系全新统人工堆积层(Q_4^{ml})杂填土和第四系全新统冲洪积层(Q_4^{al+pl})黏性土、粉土、砂类土、圆砾土及卵石土为主。

根据地质勘察数据,粉质黏土、粉细砂、中粗砂、卵石土在盾构区间的占比如图1.1-11所示。其中,粉质黏土、粉土地层中粒径超过75μm的占比在15%左右;粒径50~20μm的占比约为50%,粒径20μm以下的占比约为35%。卵石土地层中,粒径2~6cm的占比为60%,最大卵石粒径可达13cm,有存在漂石、孤石的可能性。

图1.1-11 盾构区间地质比例图

相对而言,粉土、粉质黏土的自稳性较好,砂类土、卵石土自稳能力差,易出现坍塌等问题。各段地层分布如下:

顶板:DK14+950~DK15+515段主要为②层粉质黏土,黄褐色,硬塑状,其中DK15+110~DK15+255段为粉砂,或顶板虽然为粉质黏土,但是土层较薄且上部夹粉砂层。DK15+515~DK16+870段主要为卵石土,少部分为饱和细砂。DK16+870~DK18+200段以②层黄褐色、硬塑状粉质黏土为主,局部②₁层为中密状粉土。边墙:DK14+950~DK15+515段上部为粉质黏土,下部为卵石土,DK15+515~DK16+870段以饱和、密实卵石土为主,夹粉质黏土及饱和粉细砂层。DK16+870~DK17+565段上部为硬塑状粉质黏土,下部为饱和密实卵石土层,局部夹硬塑状粉质黏土、粉土。DK17+565~DK17+740段上部为硬塑状粉质黏土,下部为饱和粉细砂及粗砂层。DK17+740~DK18+200段粉质黏土。底板:DK14+950~DK15+545、DK16+160~DK16+375、DK16+590~DK17+190、DK17+515~DK17+560段主要为密实、饱和卵石土,其他段落为硬塑粉质黏土及饱和粉砂、粗砂、粉土等。盾构段卵石土夹粉土、粉质黏土薄层岩芯照片见图1.1-12。

图1.1-12 盾构段卵石土夹粉土、粉质黏土薄层岩芯照片(深度40.0~45.0m)

2)水文条件

(1)地表水

沿线分布河流为万泉河、清河,均常年地表有水。线路在里程DK20+701.158附近与万泉河相交,在里程 DK21+122.98 附近与清河相交。

(2)地下水

北京平原地区第四系地层中的松散岩类孔隙水按埋藏条件分为上层滞水、潜水和承压水。

上层滞水:局部分布少量上层滞水,含水层为粉土②$_1$层及粉砂②$_2$层,主要接受大气降水补给,其次为管沟渗漏补给。钻探揭示该层水位埋藏深度为 3.4~5.7m。

承压水:水头高程为 23.5~27.50m,含水层为卵石土③层、粉土③$_1$层、粉砂③$_2$层、细砂③$_3$层、中砂③$_4$层、粗砂③$_5$层等。受区域性地下水位下降的影响,部分地段局部承压。主要接受侧向径流及越流补给,以侧向径流方式排泄。在勘察过程中进行了抽水试验,粉土、粉质黏土渗透系数值见表 1.1-1。

粉土、粉质黏土渗透系数值　　　　表 1.1-1

名称	渗透系数(cm/s)		确定方法
	垂直(K_v)	水平(K_h)	
粉土	3.4×10^{-5}	4.0×10^{-5}	室内试验
粉质黏土	1.61×10^{-6}	2.23×10^{-6}	室内试验

根据试验结果,结合北京地区地质状况,得到土层物理渗透系数如下:粉砂、细砂 5m/d,中、粗砂 30~50m/d,细圆砾土、卵石土按 80~100m/d 考虑。

(3)沿线河流

沿线河流主要有护城河、转河、万泉河、清河,水量受季节影响较大。平原区的河流一般水流缓慢。

(4)地下水腐蚀性

按《岩土工程勘察规范(2009 年版)》(GB 50021—2001)判定,拟建场地地下水对混凝土具微腐蚀性,对钢筋混凝土结构中的钢筋具微腐蚀性;在干湿交替条件下,对钢筋混凝土中的钢筋具弱腐蚀性,对钢结构具弱腐蚀性。

1.2　工程重难点

1)穿越全断面卵石复合地层,刀具磨损大,刀具更换频繁

隧道穿越 2400m 全断面卵石土和 1200m 卵石、粉土复合地层。卵石土对刀具磨损非常严重,而复合地层加重了对刀具磨损的不均匀性,导致更换刀具的频率大。清华园隧道地质断面及刀具磨损展示见图 1.2-1。

2)重要建筑保护难,风险数量多,空间分布密集,安全风险高

清华园隧道盾构直径大,且周边重要建(构)筑物密集,城铁、地铁运营精度高,变形须控制在±2mm 以内;穿越管线均为城市主干管线,保护要求高,社会影响范围广,变形控制标准

严格;穿越城市主干路众多,其交通量大,高峰持续时间长,变形控制要求高。盾构隧道穿越建(构)筑物如图1.2-2所示。

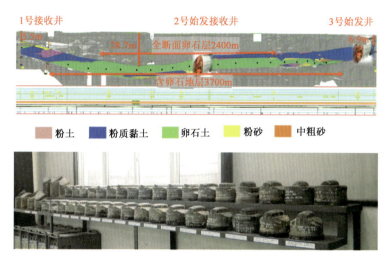

图1.2-1 清华园隧道地质断面及刀具磨损展示

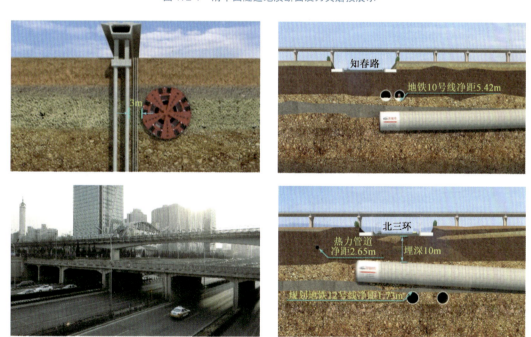

图1.2-2 盾构隧道穿越建(构)筑物示意图

长达6020m的清华园隧道并行地铁线路及相关车站施工,沿线穿越成府路、北四环、地铁10号线(最小净距5.42m)、知春路、北三环(热力管道净距仅2.65m),超近距离侧穿地铁13号线(最小净距3m)、下穿北四环路等7条主要市政道路、88条重要市政管线,存在极大的施工风险。盾构施工过程中如何控制建(构)筑物变形是本项目须克服的难题。清华园隧道并行地铁线路及相关车站如图1.2-3所示,隧道上穿与下穿城市核心道路如图1.2-4所示。

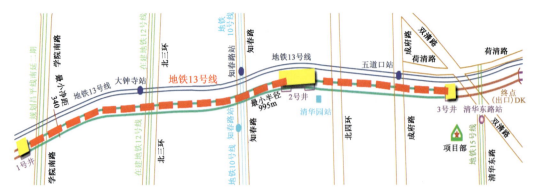

图 1.2-3　清华园隧道并行地铁线路及相关车站示意图

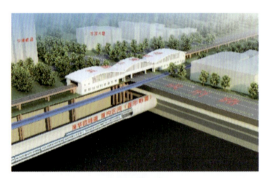

a)下穿成府路

b)下穿北四环路

c)下穿知春路

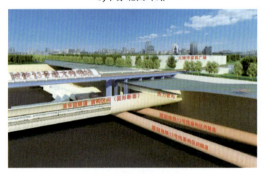

d)上穿规划地铁12号线

图 1.2-4　隧道上穿与下穿城市核心道路

在城市核心区进行开挖与支护,挡土墙较密集,拱顶易沉降破坏,马头门的破除需要精确控制,以便顺利进行挖掘作业;在地下管线密集的区域进行钻孔灌注桩施工和冠梁支撑工作,需要保证管线的安全和不受影响;加固锚索的支撑复杂,需要配合格栅的制造与安装,确保支护的强度与稳定性;衬砌暗挖段地层地下水不发育,主要为层间滞水,开挖土层为粉质黏土层,易渗漏。

3)安全始发接收难

清华园隧道位于城市核心区域,周边重要建筑众多,可用于施工的场地狭窄,仅可布置预制构件存放和泥水处理场地,无法满足现场拌制混凝土和浇筑构件的要求。由于环境及纵坡限制,3号盾构始发井处的隧道埋深6.8m(不足0.6倍洞径),1号盾构接收井处的隧道埋深5.8m(不足0.5倍洞径),属于超浅埋始发、接收;2号井设置A、B井,深达375m,基坑深度大,水压高。其中,A井始发,B井接收,覆土厚度达25m,属于超深埋始发、接收。始发、接收照片见图1.2-5。

图1.2-5 始发、接收照片

4)绿色环保建造难

清华园隧道穿越北京城市核心区,两侧密布高校、居民区、商业区等,对噪声、振动、粉尘排放、交通运输、弃渣处理等环保要求严格。

第 2 章
大直径盾构长距离掘进快速施工技术

大时代

盾智行

构未来

北京地区的砂卵石与粉砂、粉土地层常会导致盾构刀盘刀具磨损速度快、换刀作业困难、刀盘结泥饼、掘进参数难以选择与控制等问题,影响盾构机的正常掘进,甚至可能造成事故。因此,需针对清华园隧道盾构掘进典型地层——卵石土层、粉质黏土层、砂土层及其互层地层进行研究,利用理论分析、现场试验等手段,对盾构刀盘刀具选型、轨下结构拼装技术优化、掘进参数优化、切削土体改良、困难地层施工技术处理、优化泥浆配合比及输浆管路耐磨等方面进行研究,形成大直径盾构长距离快速施工技术。

2.1 盾构配置

如前所述,清华园隧道穿越地层复杂,对盾构选型提出更高要求。

针对清华园隧道的地质情况,综合考虑经济适用性等因素,最终采用泥水平衡盾构,并对盾构配置提出以下要求:

①刀盘刀具布置:基于卵石土与粉砂、粉土互层的地层特点,需对刀盘形式、开口率、刀具选型及布置进行特殊设计。

②设备磨损:全断面卵石土地层长度达1800m,母岩成分主要为砂岩、花岗岩,岩质较硬,需加强刀具、刀盘、排浆泵和管路的耐磨性设计。

③出渣问题(环流系统):大粒径卵石土含量高,需要有效的破碎设施、合理的泥浆配合比、排泥流速和排浆管径,避免因泥浆挟渣能力不足而引发管路堵塞等问题。

④盾构施工中,需有效形成泥膜及泥水仓压力,保持掌子面和浆液循环稳定,控制地表沉降,不跑浆。

⑤换刀:需充分考虑长距离掘进过程中的换刀(常压)。

1)盾构机性能及配置

京张高铁清华园项目采用两台规格相同的盾构机,以盾构机S-1050为例,盾构机刀盘选用常压背装式换刀方式,刀盘开口率设定为36%,采用面板式刀盘。刀具共计226把,其中常压可更换刀具76把,配备重型刮刀+先行贝壳刀,既能在粉质黏土、粉细砂地层高效掘进,也可以完成对卵石土地层的掘削。刀盘面板配置8个刀具磨损探测装置,可提示换刀,避免对刀盘本体的磨损。常压可更换刀盘结构如图2.1-1所示。

盾构主机由刀盘、主驱动、液压缸、管片拼装器组成。主驱动实现刀盘正反转旋转切削主体,提供盾构机掘进力,完成管片拼装。主驱动由13个250kW的变频电机组成,刀盘转速为0~2.6r/min,额定扭矩为18925kN·m,最大扭矩为26116kN。最大操作压力为0.8MPa,外密封系统为4排密封,内密封系统为3排密封,采用唇形密封,具有自动润滑、自动密封、自动监测密封工作状态功能和1套自动压力调节系统,用以应对高水压复合地层。推进系统共有25组液压缸,最大推力为160000kN。

盾尾刷由4道钢板刷+1道钢板束+1道止浆板组成,用以提高盾尾的止水性能,配置注浆管路"7+7"条(包括"1+1"条管线布置在12点钟位置备用),配置注脂管路4×15条,并且将冷冻管路设置在盾尾末端,以确保盾尾密封在高承压状态下的正常工作。

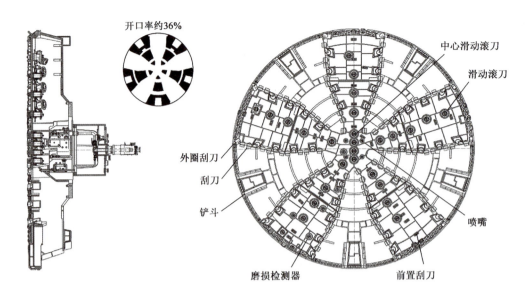

图 2.1-1 常压可更换刀盘结构示意图

盾构机配置两个人舱,最大操作压力为 0.86MPa,可通过人舱进入前舱进行带压工作。配置刀盘冲刷系统,由刀盘中心 5 个冲刷口进行刀盘面板冲刷,降低在粉土地层中刀盘结泥饼的可能性。

盾构机由掘进系统、同步注浆系统、泥水输送系统、集中润滑系统、导向系统、数据采集及分析系统、泥水分离系统等构成,具有泥水压力平衡、泥水输送及管路延伸、自动控制及故障显示、方向控制、数据采集处理和分析、管片安装、同步注浆、泥水分离等基本功能。

盾构机的后配套主要由 1 节设备桥及 4 节台车组装。1 号台车包括操作室、同步注浆系统、油脂润滑系统、冷却水系统、压缩空气系统、喂片机系统等,可通过泥浆泵将刀盘切削渣土输送至地面泥水分离系统。2 号台车包括电气控制系统、管片起重机、管片小车、变压器、液压泵站系统、人工休息室。设备桥位置可实现中箱涵同步拼装。3 号台车主要包括管片运输起重机,把管片运输至喂片机上,为管片拼装做准备。4 号台车主要包括水气管卷盘、泥浆管路延伸、换管起重机、应急发电机、风机,可实现泥浆管路延伸。泥水平衡盾构机组成见图 2.1-2。

2)刀具类型及配置

目前使用的刀具主要有两类:一是切削类刀具,二是滚动类刀具。

切削刀具是指只随刀盘转动而没有自转的破岩刀具,其种类繁多,目前盾构掘进机上常用的切削类刀具有边刮刀、切刀、齿刀、先行刀、仿形刀等。

滚动刀具是指不仅随刀盘转动,还同时做自转运动的破岩刀具。根据刀刃的形状,滚动刀具还可分为齿形滚刀(钢齿和球齿)、盘形滚刀。根据安装位置又可分为正滚刀、中心滚刀、边滚刀、扩孔滚刀。常见刀具形式见表 2.1-1。

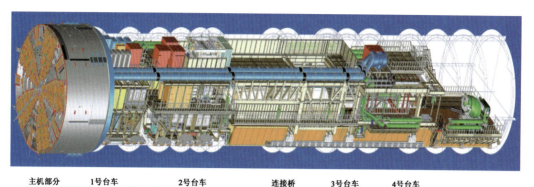

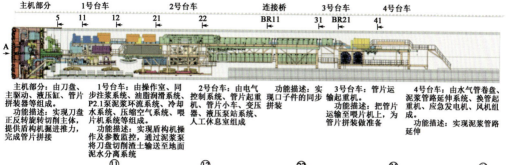

主机部分	1号台车	2号台车	功能描述：实现口子件的同步拼装	3号台车：管片运输起重机。	4号台车
主机部分：由刀盘、主驱动、液压缸、管片拼装器等组成。 功能描述：实现刀盘正反转旋转切削主体，提供盾构机掘进推力，完成管片拼接	1号台车：由操作室、同步注浆系统、油脂润滑系统、P2.1泵泥浆环流系统、冷却水系统、压缩空气系统、喂片机系统等组成。 功能描述：实现盾构机操作及参数监控，通过泥浆泵将刀盘切削渣土输送至地面泥水分离系统	2号台车：由电气控制系统、管片起重机、管片小车、变压器、液压泵站系统、人工休息室组成		功能描述：把管片运输至喂片机上，为管片拼装做准备。	4号台车：由水气管卷盘、泥浆管路延伸系统、换管起重机、应急发电机、风机组成。 功能描述：实现泥浆管路延伸

图 2.1-2　泥水平衡盾构机组成

常见刀具形式　　　　　　　　　　　　　　　　　　　　　　　　　表 2.1-1

刀具名称	示意图	岩土适应性
滚刀		破岩能力强，主要用于硬岩掘进，可换装齿刀
切刀		适用于软土切削，安装在渣口槽的一侧
刮刀		安装在刀盘弧形周边，切削软土，在硬岩下可用于刮渣

续上表

刀具名称	示意图	岩土适应性
正齿刀		用于软土、软岩切削,其结构形式有利于渣土流入土仓
超挖刀		用于局部扩大隧道断面

刀具布置方式及刀具形状能否适合应用工程的地质条件,直接影响盾构机的切削效果、出土状况及掘进速度。根据清华园隧道工程的实际情况,通过齿刀及刮刀的合理组合,可增强刀具耐磨性,延长刀具使用寿命,提高掘进效率,见表2.1-2。盾构刀具布置如图2.1-3所示。

盾构刀具配置 表2.1-2

刀具类型	刀具配置
常压下可更换齿刀	30把
常压下可更换刮刀	46把
先行刀	38把
刮刀	100把(宽度220mm)
周边铲刀	10把
超挖刀	2把(最大超挖量50mm)

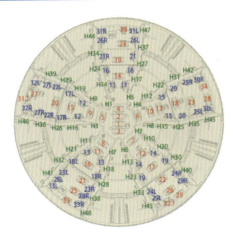

图2.1-3 盾构刀具布置示意图

绿色-常规可更换的刮刀;蓝色-大气常压中可更换的刮刀;红色-大气常压中可更换的撕裂刀

在京张清华园隧道3号—2号盾构区间采用天佑号S-1050盾构机,掘进过程中共计更换50把刀具,一次掘进最长距离178m。在2号—1号盾构区间该型盾构机掘进过程中共计更换210把刀具,一次掘进最长距离478m。盾构接收后刀盘的整体状态良好,未发现异常。

3)泥水环流系统

如图2.1-4所示,泥水环流系统由送排泥装置与地面泥浆处理站组成,送排泥装置主要由送泥管、排泥管及搅拌装置等构成。当地层存在巨石、卵石时,应设置卵石处理装置,即碎石机,如图2.1-5所示。泥水环路控制面板如图2.1-6所示。

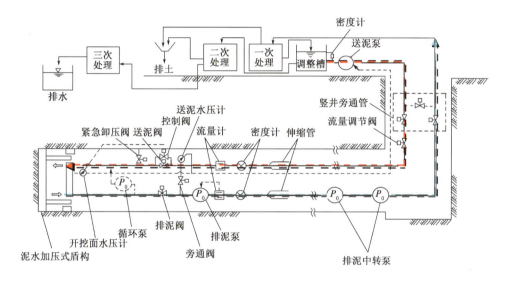

图2.1-4 泥水环流系统示意图

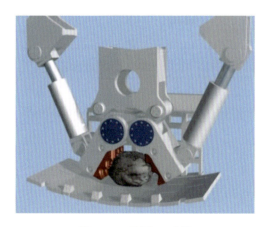

图2.1-5 碎石机示意图

由于施工中存在大粒径卵石土地层,并且粉质黏土容易黏附堵塞压力仓,因此送排泥管直径为450mm,最大可通过粒径为240mm。碎石机最大可破碎粒径为1000mm,远大于岩芯采样最大粒径(130mm)。施工过程中未发现该系统工作异常,对粒径较大的破碎工作情况良好,保证了卵石的顺利排放。

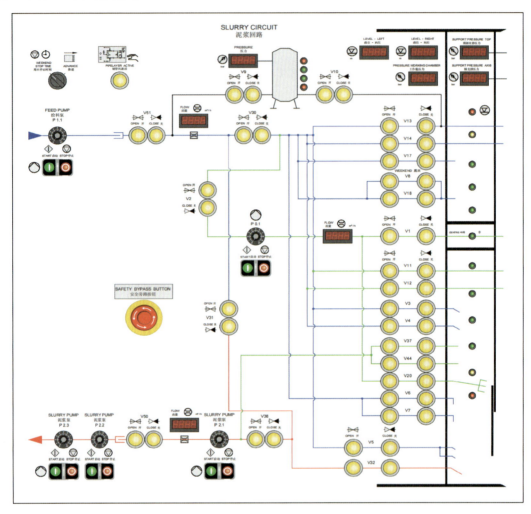

图 2.1-6　泥水环路控制面板示意图

(1) 泥水管路

盾构进排泥浆均通过管道输送,其管道均选用 $\phi 450mm$ 的钢管。

(2) 输送状态

①旁路状态

前提条件:

a. 可启用分离装置,隧道中进水;

b. 泥水管路的所有球阀都打开。

操作步骤:

a. 进浆管路:V51 打开,关闭 V30/V53;

b. 泥水管路:打开 V50/V38,关闭 V32;

c.旁路管线:打开V31。
②工作仓泥水环路
前提条件:
a.旁路泥水循环运行;
b.工作仓液位正常;
c.至少必须打开三条流入工作仓和开挖仓的进浆管路。
操作步骤:
a.进浆管道:V30打开;
b.泥水管路:V32打开;
c.旁路管线:V31关闭。
③逆洗状态
如泥水吸口被堵,可操作逆洗状态,即在旁路状态下关闭V38阀,开启V37、V44阀。逆洗状态必须由旁路状态转入,严禁掘进状态、逆洗状态直接切换。逆洗完成后,先切换到旁路,再切换到掘进状态。
④停止状态
停止状态必须由旁路状态转入。
泥水输送基本流程如图2.1-7所示。

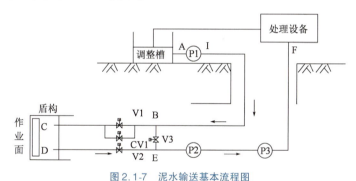

图2.1-7 泥水输送基本流程图
P1、P2、P3-接力泵;V1、V2、V3-阀门

4)接力泵设置

当盾构掘进到一定距离,泵的输送能力便不能满足施工要求,为此必须增设接力泵,以维持正常的泥水输送。

根据理论计算,除洞口泥浆调整槽处配置一台进浆泵外,另配置一台进浆接力泵,设置于盾构隧道江底段平坡与上坡的变坡处。除盾构机自身配备的一台排浆泵外,另设置2台排浆泵,一台设置在盾构始发井内,另一台设置在盾构隧道江底段平坡与下坡的变坡处。

2.1.1 除泥饼系统

清华园隧道区间卵石、粉土复合地层长达1200m,粒径在50μm以下成分在粉质黏土地层中占比50%以上,卵石土地层中粉土含量达35%。盾构掘进期间黏土极易糊住刀盘而产生泥饼,对设备施工效率造成极大影响。同时在粉质黏土地层中推进,黏土细颗粒随泥浆进入环流系统,造成泥浆性能指标变化,须同步处置大量废弃泥浆,否则将直接影响泥水盾构施工效率。

采取措施如下:

(1)将刀盘中心刀具更换为高压水射流刀具,利用高压喷射泥浆、劈裂切削面致密土体,加强刀臂附着渣土的清理效果,有效减少了刀具磨损,规避了黏性地层结泥饼难题,实现了快速施工。图2.1-8所示为刀盘水刀安装位置及喷射方向。

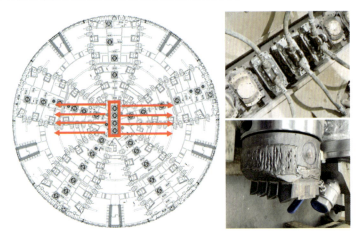

图2.1-8　刀盘水刀安装位置及喷射方向示意图

(2)严控产生泥饼的必要条件——温度。在刀仓增设两个电子自动测温仪,测温仪吸附在刀仓内部,实时监控并安排专人用手持测温枪对刀盘温度每环复核,降低因测温设备故障造成的刀盘温度过高的可能。

2.1.2　运输线路布置

根据隧道断面和洞内运输条件及施工工期要求,洞内运输采用无轨运输。运输车辆采用双头运输车,车行走在口字形构件(简称"口字件")上,并在盾构机台车尾部的(口字件两侧)设置可移动的调车平台,用来车辆掉头如图2.1-9所示。在口字件两侧现浇混凝土强度达到通车要求后,车辆可在其上通行,此时可实现车辆并排行走,满足错车需要。

图2.1-9　车辆停靠在调车平台错车

1）渣土运输方式

泥水仓内渣土经泥水运送系统的排泥管道泵出地面，经处理后用自卸汽车运往弃渣场。

2）管片、口字件及材料运输

（1）管片、口字件采用重载汽车从预制厂运往施工现场。

（2）施工垂直运输：在盾构始发井布设两台45t门式起重机进行垂直运输，管片、口字件、施工管材及油脂等由小型设备吊运，浆液通过预留口下放。管片、口字件及其他施工用料从井上存放场地吊放在井下运输车辆上。另外设置人梯，用于小型辅助材料、机具的临时运送。

（3）洞内水平运输：洞内水平运输采用特制双向车进行运送，运输车辆包括4辆6m³砂浆车、3辆管片小车、1辆管路及油脂运输车、2辆口字件运输车，负责洞内管片、砂浆、管道、轨道及其他材料的运输。洞内水平运输如图2.1-10所示。

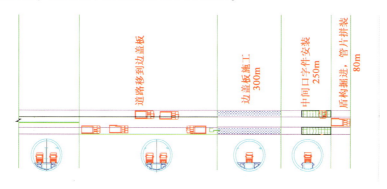

图 2.1-10　洞内水平运输示意图

2.1.3　盾构主要部件技术参数

S-1050盾构机工作条件及主要部件技术参数见表2.1-3。

盾构机工作条件及主要部件技术参数　　　　表2.1-3

名称	组成构件名称	技术参数
工作条件	地层土质种类	粉质黏土、卵石土
	最小转弯曲线半径	700m
	最大坡度	5%
整机	主机总长	13.5m
	总质量	3460t
	开挖直径	12640mm
	前盾外径	12610mm
	中盾外径	12590mm
	尾盾外径	12570mm
	前盾盾壳厚度	70mm
	中盾盾壳厚度	60mm

续上表

名称	组成构件名称	技术参数
整机	尾盾盾壳厚度	90mm
	盾尾间隙	45mm
	装备总功率	约6200kW
	最大掘进速度	60mm/min
	最大推力	160850kN
	盾尾密封	4×盾尾密封刷,1×钢板束,1×紧急密封和1×止浆板
	土压传感器	6个(4个在开挖仓+2个在工作仓)
	液压传感器	1套
	主轴承寿命	10000h
	最大工作压力	0.8MPa
	最大设计压力	0.8MPa
	包括后配套总长度	约125m
刀盘	形式	常压进仓式刀盘
	开挖、超挖直径	φ12640mm
	开口率	约36%
	刮刀	固定刮刀100把,常压可更换刮刀46把
	贝壳式先行刀	固定式先行刀38把,常压可更换26把
	周边铲刀	10套
	刀盘磨损检测装置	1×刀盘钢结构磨损探测装置
	刀具磨损检测装置	7×刀具磨损探测器
	换刀方式	背装式,可在刀盘内/后方进行更换
	中心刀的类型	常压可更换齿刀(4把)
刀盘驱动	驱动形式	电驱动,可伸缩式
	转速	2.6r/min
	额定扭矩	18926kN·m
	脱困扭矩	26118kN·m
	扭矩系数	约12.3
	驱动功率	3250kW
	主轴承寿命	10000h
	工作压力	0.8MPa
	主轴承密封形式	4道外密封,3道内密封
盾壳	形式	锥形
	前盾直径/厚度	12610mm/70mm
	中盾直径/厚度	12590mm/60mm
	盾尾直径/厚度	12570mm/90mm

续上表

名称	组成构件名称	技术参数
盾壳	钢丝刷密封数量	4个
	钢板束密封数量	1个
	止浆板数量	1个
	盾尾间隙	约45mm
推进系统	最大总推力	160850kN
	液压缸数量	25组双缸
	液压缸行程	3000mm
	最大推进速度	60mm/min
	最大回缩速度	1600mm/min
	位移传感器数量	6个
	推进液压缸分区数量	6个
人舱	舱室数量	2
	容量	(2+4)人
	舱门数量	3个
	工作压力	0.8MPa
同步注浆系统	注浆管路数量	7根+7根(备用)
	能力	$3 \times 21 m^3/h$
	储浆罐容量	$3 \times 12 m^3$
	压力传感器数量	6个
二次双液注浆系统	储浆罐/搅拌罐容量	$4 m^3$
	功率	A液泵:4kW;B液泵:1.5kW
	注入口数量	1个
	能力	A液泵:$3.48 m^3/h$;B液泵:$0.6 m^3/h$
膨润土注入系统	膨润土泵数量	1个
	注入口数量	1个
	能力	$10 m^3/h$
超前钻探和注浆系统	钻孔位置	前盾和中盾的位置
	钻孔数量	水平超前钻机管线,8个;倾斜超前钻机管线,15个
	注浆系统	不配置,预留接口
管片安装机	起吊能力	15t
	形式	中空旋转式
	驱动方式	液压驱动式
	自由度	6个
	移动行程	2400mm
	旋转角度	±200°

续上表

名称	组成构件名称	技术参数
管片安装机	控制方式	线控功能(2 无线遥控器)
	旋转速度	1.5r/min
管片起重机	形式	真空吸盘式
	数量	1 个
	起吊能力	15t
	控制方式	无线遥控器
	驱动功率	约 30kW
管片输送机	形式	喂片机
	输送荷载(能力)	1 环
	驱动功率	75kW
	是否集中润滑	是
泥水循环系统	管路直径	DN450
	进泥泵参数	$1 \times P1.1$ Warman 14/12 G
	排泥泵参数	$1 \times P2.1$ Warman 300SHG
	中继泵参数	$1 \times P2.X$ Warman 300SHG + $1 \times P1.X$ Warman14/12 G
	中继泵数量	2 个
	额定/最大进排泥流量	$1800m^3/h, 2000m^3/h$
换管单元	形式	液压式
	驱动功率	
	控制方式	面板控制
	换管长度	10m
导向系统	型号	VMT
	精度	1in(1in = 0.0254m)
监视系统	摄像头数量	高清摄像头(720p)5 个
	显示屏数量	CCTV 监视器 1 台
后配套	拖车数量	行走在轨道开式拖车 2 台 胶轮式闭式拖车 2 台 转运平台 1 个
	后配套轨距	约 5400mm
冷却水系统	流量	$120m^3/h$
	水管卷筒规格	DN150, $2 \times 20m$
	水管卷筒容量	$2 \times 20m$
	水管卷筒配备水管长度	20m
	内循环冷却水流量	$120m^3/h$
	内循环冷却水软化装置型号	825ECD

续上表

名称	组成构件名称	技术参数
气压平衡控制系统	空压机规格	$1\times55kW,3\times90kW$
	总排气量	$1\times7.45m^3/min,3\times12.1m^3/min$
	储气罐总容量	$1\times1m^3,5\times2m^3$
	气压调节装置调节范围	$0\sim1MPa$
	气压调节装置灵敏度	$0.01MPa$
通风机	通风机流量	$20m^3/s$
	通风机功率	45kW
	储风筒容量	约100m
	储风筒容纳风管的直径	DN1200mm
电力系统	初次电压	10000kV
	二次电压	400/690V
	主变压器	$2\times2300kVA/10kV/0.4kV/50Hz$
	辅助变压器	$1\times1600kVA/10kV/0.69kV/50Hz$ $1\times2000kVA/10kV/0.4kV/50Hz$
	变压器防护等级	IP55
	高压电缆存放平台存放电缆的长度	约800m
	应急柴油发电机	250kW
控制系统	型号	Siemens S7
	数据记录与分析系统	数据采集系统
	远程实时监控系统	地面监控系统

2.2 边箱涵拼装机与拼装技术

清华园隧道轨下结构采用三块独立箱涵拼装形式(2块边箱涵和1块中箱涵),如图2.2-1所示。

2.2.1 边箱涵拼装机

隧道边箱涵预制件拼装机主要由车架、行走车轮组、行走驱动机构、小车供电、横移机构、四点起吊三点平衡机构、旋转机构、U形吊具、箱涵件调整定位机构等组成。该设备可以将边箱涵预制件从运输车吊起,并经平移旋转调整后移动到指定安装位置,最终将边箱涵预制件精确安装于中箱涵两侧,实现边箱涵快速施工。

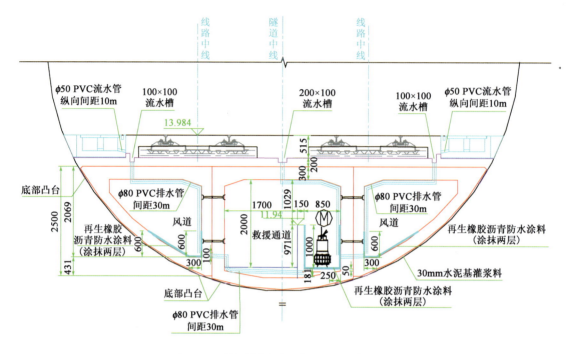

图 2.2-1　箱涵拼装完成示意图(尺寸单位:mm)

2.2.2　轨下预制结构拼装

(1)箱涵拼装机起吊系统电动葫芦采用变频+可编程逻辑控制器(PLC)控制,可实现吊具平稳精准上升与下降。

(2)U形吊具的左右双侧都设置有电动推杆,可实现箱涵件位置的微动精调。同时可对边箱涵和中箱涵的接触面产生预紧力,确保两结构件连接位置的精确度。

(3)吊具上设置有定位和夹紧装置,确保每次吊装箱涵件保持安全、稳定。

2.3　盾构掘进参数控制技术

以清华园隧道3号—2号盾构区间1~863环和2号—1号盾构区间1~1201环为依托,其中3号—2号盾构区间381~863环和2号—1号盾构区间1~1201环穿越全断面卵石地层或粉质黏土与卵石砾砂交互的上软下硬地层。

基于现场盾构操作记录及盾构换刀记录,对掘进参数及换刀情况进行相关性统计分析。依托建模、数据分析等手段,对该盾构区间的各项参数进行量化比较,可帮助项目工程师提前了解盾构掘进过程中可能出现的问题,加以防范与规避。

2.3.1 盾构始发掘进参数控制及数值模拟

1）始发掘进参数确定

盾构始发掘进分为泥水建压、端头加固区掘进、原状土掘进三个阶段。盾体被洞门止水帘布箍住，同时盾构机刀盘脱出导轨可以自由旋转时，开启泥水循环，即建立泥水压力，建压阶段的重点是建立泥水循环，检查洞门密封效果。泥水循环建压完成后即迅速进入掘进状态。因盾构机在加固区掘进，地层土体经过加固，自稳性好，强度高，施工过程中风险主要来自盾构掘进时的姿态偏差，造成洞门被盾体撬动，发生变形破坏。盾体安全进入原状土地层时，即标志着盾构机成功始发。

盾构始发阶段掘进主要控制的参数包括刀盘切口泥水压力、盾构机推进力、刀盘扭矩等。根据盾构始发三个不同阶段以及清华园隧道实际地层情况，刀盘切口泥水压力计算模式如图 2.3-1 所示。

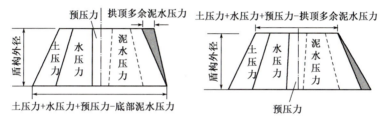

图 2.3-1 盾构切口泥水压力计算模式

如图 2.3-1 所示，可得到切口泥水压力近似计算公式：

$$切口泥水压力 = 地下水压力 + 土压力 + 预压力 \quad (2.3\text{-}1)$$

由于盾构始发段埋深浅，而地下水位较深，因此可以不考虑水压力，按经验值取预压力为 20kPa，计算如下：

上限值

$$P_{up} = P_土 + P_预 = K_0 \times \gamma \times h + P_0 = 0.43 \times 20.1 \times 6.8 + 20 = 78.772(\text{kPa})$$

下限值

$$P_{down} = P'_土 + P_预 = K_0 \times \gamma \times h' + P_0 = 0.43 \times 20.1 \times (6.8 + 12.64/2) + 20$$
$$= 133.396(\text{kPa})$$

盾构始发设定压力 = $(P_{up} + P_{down})/2 = (78.772 + 133.196)/2 = 105.984(\text{kPa})$

该计算值仅代表始发洞门处的压力，随着隧道施工而动态变化，一般随埋深增大，泥水压力应适当增大，但为了减弱泥水后窜至工作井内的不利状况，切口泥水压力设定不宜过高。

2）始发掘进数值模拟分析

根据盾构始发区间段面临的复杂地层情况进行建模，分析隧道结构、桥墩基坑结构、隧道深埋段应力构造、洞门破除稳定性计算、地表位移变化等参数，辅助现场管理人员选定合适的掘进参数。

（1）模型几何参数

数值计算采用有限差分法软件FLAC3D，土层使用莫尔-库仑模型，桥墩、地下连续墙、基坑内衬、隧道管片、盾构机使用弹性模型，计算模型尺寸为142m×120m×45m，如图2.3-2～图2.3-4所示。

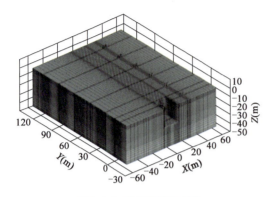

图2.3-2　计算模型尺寸图　　　　　　　　图2.3-3　计算模型正面图

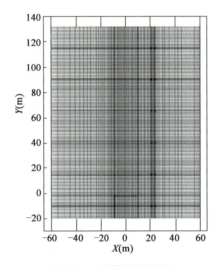

图2.3-4　计算模型俯视图

平行隧道的地铁13号线桥梁属于简支梁桥，桥跨长度25m。桥墩采用双柱式方形墩，墩身实际尺寸为1.4m（线路纵向）×1m（线路横向），墩高1.5m（土中）+3.3m（外露），承台尺寸为2.8m（线路纵向）×5m（线路横向），墩基为钻孔灌注桩，直径1m。为简化建模，数值计算中墩身尺寸取1m×1m，承台取3m×5m，其余参数不变。其中，墩身、承台使用实体单元建模，钻孔灌注桩使用pile结构单元。

考虑始发基坑的支护对始发段土体的约束不属于完全约束边界条件，因此建立部分基坑模型进行计算，在沿隧道纵向上考虑边界效应，基坑长度取1倍基坑宽度。

（2）模型材料参数

计算模型土层至地表向下共分5层（图2.3-5），分别为粉土、粉质黏土①、卵石土①、粉质黏土②、卵石土②，计算参数见表2.3-1。

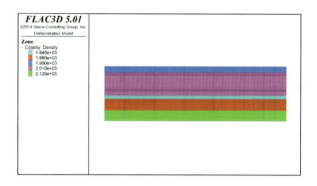

图 2.3-5　计算模型围岩情况（重度单位：10N/m³）

土层物理力学参数　　　　　　　　　　　　　　　表 2.3-1

土层	重度 γ(kN/m³)	变形模量 E(MPa)	泊松比 ν	内摩擦角 φ(°)	黏聚力 c(kPa)
粉土	19.9	5.59	0.35	25.2	24.3
粉质黏土①	20.1	6.56	0.30	18.4	33.8
卵石土①	19.4	150	0.23	45	
粉质黏土②	19.8	7.56	0.30	19.6	36
卵石土②	21.2	150	0.28	45	

始发段盾构隧道全断面处于粉质黏土①内。

(3) 加固区土体

使用高压旋喷后的土体参数与原生天然土体参数有较大差别，经查阅相关文献资料，加固区土体的物理力学参数见表 2.3-2。

加固区土体物理力学参数　　　　　　　　　　　　表 2.3-2

重度 γ(kN/m³)	变形模量 E(MPa)	泊松比 ν	内摩擦角 φ(°)	黏聚力 c(kPa)
20.1	1000	0.25	30	200

(4) 隧道结构

通过将盾构机段的注浆层单元参数从土体参数转换为钢材参数模拟盾构机，并加大单元密度，使得盾构机段的视密度同实际情况类似。通过对掌子面土体单元施加面力，模拟泥水压力。盾构机段后为隧道段，此时注浆层单元的参数由盾构机段转换为注浆层物理力学参数，注浆层的强度不考虑时间因素。管片单元的参数，根据清华园隧道衬砌结构的设计资料取值。隧道结构物理力学参数见表 2.3-3。

隧道结构物理力学参数　　　　　　　　　　　　表 2.3-3

项目	重度 γ(kN/m³)	变形模量 E(MPa)	泊松比 ν
盾构机段	27.85	20.6×10^4	0.30
注浆层	22.0	60	0.20
管片单元	25.0	35.5×10^3	0.20

(5)桥墩及基坑结构

桥墩与基坑结构采用相同的计算参数,具体见表2.3-4。桥墩基础的钻孔灌注桩结构单元计算参数采用表2.3-5中的值。简支梁计算质量750t,通过对墩身顶部单元施加等效面力模拟。

桥墩及基坑结构计算参数　　　　表2.3-4

重度 γ(kN/m³)	变形模量 E(MPa)	泊松比 ν
25	31.5×10^3	0.20

桥墩基础的钻孔灌注桩结构单元计算参数　　　　表2.3-5

重度 γ(kN/m³)	变形模量 E(MPa)	水平地基系数(MPa/m)	竖直地基系数(MPa/m)
25	31.5×10^3	25	30

(6)初始应力场

京张清华园隧道工程埋深段未见明显构造应力,主要受自重应力场控制,因此使用位移边界条件,如图2.3-6所示。

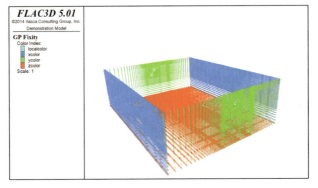

图2.3-6　模型计算位移边界条件

数值计算中,模型的初始应力场分三阶段计算,最终使用最后阶段的应力场。

①第一阶段:使用原生土体参数对模型地域赋值,计算应力场。该阶段自重应力场如图2.3-7所示。

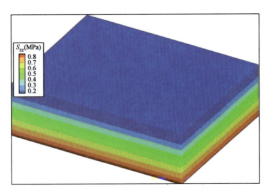

图2.3-7　第一阶段自重应力场(单位:MPa)

②第二阶段:首先对第一阶段所得模型进行位移、速度清零,激活桥墩模块,并施加面力。该阶段的自重应力场如图2.3-8所示。

③第三阶段:对第二阶段所得模型位移、速度清零,开挖基坑。该阶段的自重应力场为最终采用的自重应力场,如图2.3-9所示。

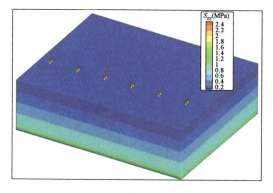 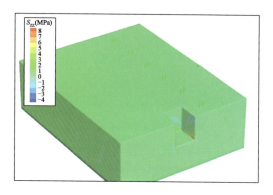

图2.3-8　第二阶段自重应力场(单位:MPa)　　　图2.3-9　第三阶段自重应力场(单位:MPa)

(7)洞门破除稳定性计算

①天然土体

若对洞门后土体不进行加固改良处理,直接破除洞门,将会引起洞门处土体坍塌滑移,易造成重大安全事故。通过计算无土体改良时的洞门破除,可了解该工程洞门破除时引起的土体扰动范围,为加固改良区的范围确定提供参考依据。

该工况下,洞门土体位移云图如图2.3-10所示。

从图2.3-10中可以明显看出,洞门土体最大挤出变形达45cm以上。为更好说明洞门破除后土体位移情况,绘制洞门破除后土体位移等值面图,如图2.3-11所示。在位移等值面图中,深蓝色面为位移0.5cm土体、粉蓝色面为位移1cm土体、绿色面为位移1.5cm土体、黄色面为位移2cm土体。可以认为,等值面形状同滑移体形状类似。

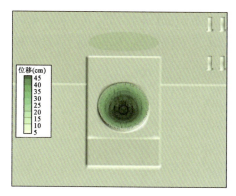 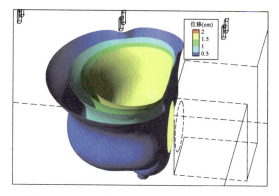

图2.3-10　洞门土体位移云图(单位:cm)　　　图2.3-11　洞门破除后土体位移等值面图(单位:cm)

为探明最不利情况下土体变形的影响范围,绘制隧道纵断面、横断面位移云图,如图2.3-12、图2.3-13所示。

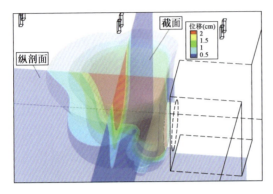
图2.3-12 横、纵断面设置示意图(单位:cm)

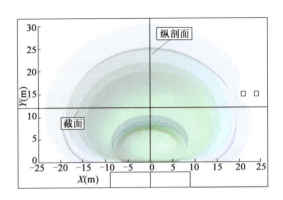
图2.3-13 横、纵断面设置坐标

纵断面位移云图、竖向变形云图如图2.3-14、图2.3-15所示。通过图2.3-14可知,土体呈现向基坑内滑移坍塌趋势,洞门处土体向基坑内移动,洞门后方地表土体向下移动,随着深度的增加,土体移动方向逐渐转向洞门方向。另一方面,土体位移达5cm以上的范围主要是洞门后方2~14m,同时最大变形为洞门处土体,达45cm以上。

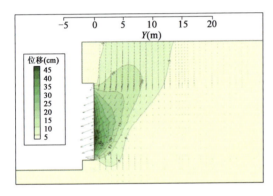
图2.3-14 纵断面位移云图(单位:cm)

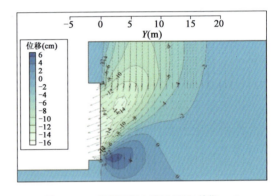
图2.3-15 纵断面竖向变形云图(单位:cm)

通过图2.3-15可知,土体纵向竖向位移达2cm以上的范围主要是洞门后方2~17m,同时竖向移动最大的土体为滑移体中心至洞门处土体。另一方面,滑移线整体为圆弧状,符合黏土滑移破坏的基本规律。

横断面位移云图、竖向变形云图分别如图2.3-16、图2.3-17所示。从图2.3-16可以看出,在横断面上,位移达1cm以上的土体主要在隧道轴线两侧18m范围内,位移达5cm以上的土体主要在隧道轴线两侧6m范围内。从图2.3-17中可以看出,横断面内土体竖向位移达2cm的范围主要在隧道轴线两侧12m范围内。

考虑FLAC3D进行有限差分法计算属于连续介质模拟,因此虽然计算模型仍处于"整体"状态,但实际必将发生土体坍塌,从而造成重大施工安全事故。同时考虑土体坍塌后影响北京地铁13号线既有桥墩基础及其附近土体,从而导致桥墩滑移、倾斜,最终导致正在通车运营的北京地铁13号线既有桥梁垮塌,危及行车安全,造成重大运营安全事故。因此,必须对洞门后方土体进行改良加固。

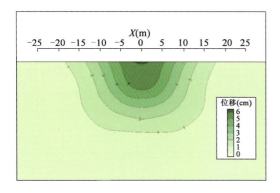

图 2.3-16 横断面位移云图(单位:cm)

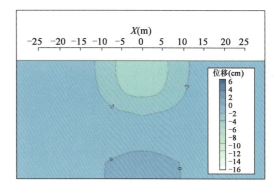

图 2.3-17 横断面竖向变形云图(单位:cm)

②改良土体

若加固区范围为沿隧道纵向长 6m、隧道外轮廓线外 5m,则土层在洞门破除后的位移等值面图、位移云图如图 2.3-18、图 2.3-19 所示。

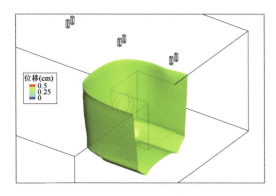

图 2.3-18 纵向 6m 加固时的位移等值面图(单位:cm)

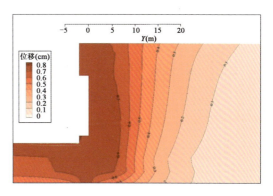

图 2.3-19 纵向 6m 加固时的位移云图(单位:cm)

从图 2.3-19 可以看出,在进行 6m 加固时,0.5cm 变形等值面比未加固时明显收敛。同时,变形体由洞门处的"锅形"滑移体转为与基坑形态类似的"盒形",这是由于加固区内土体得到改善,得到部分自稳能力,土体大变形趋势由通过洞门基坑内滑移坍塌转为较为正常的向基坑径向收敛。此时,洞门处土体向基坑变形的位移云图如图 2.3-20 所示。

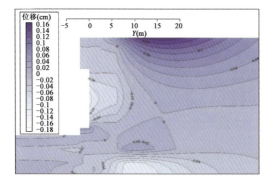

图 2.3-20 洞门处土体向基坑变形的位移云图(单位:cm)

洞门处土体虽然已向基坑内滑移变形，但滑移趋势得到明显改善，变形量从45cm以上降至0.1cm左右。

由上述模拟计算可以看出，旋喷桩改良土体效果明显。为探讨不同加固范围下洞门土体的变形趋势及对北京地铁13号线的影响，取不同加固范围进行数值计算，具体参数见表2.3-6。

加固区范围参数　　　　　　　　　　　表2.3-6

线路纵向（m）	6	12	17	22	6	12	17	22
隧道外轮廓线外（m）	5				2			

图2.3-21、图2.3-22分别为不同加固区纵向长度下洞门土体的纵向位移及受显著影响桥墩的纵向位移。从图2.3-21和图2.3-22中可以看出，加固区纵向长度对土体改良的效果较为明显。基于图2.3-21可以认为，两种加固宽度下的洞门位移都随纵向长度的增大而减小。另一方面，图2.3-22揭示了北京地铁13号线受显著影响的桥墩沿线路纵向位移在不同外轮廓线外距离下，随着加固区纵向长度的增大桥墩沿线路纵向位移减小。

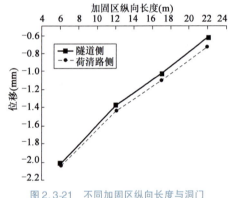

图2.3-21　不同加固区纵向长度与洞门土体的纵向位移关系

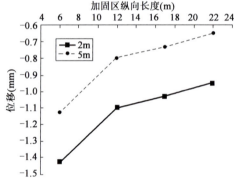

图2.3-22　受显著影响桥墩不同加固区纵向长度与纵向位移关系

基于图2.3-21、图2.3-22中的位移数据值，可以认为使用旋喷桩进行土体加固后，土体性质得到大幅度改善，洞门破除后的土体是较为稳定的。考虑泥水平衡盾构掘进时，盾构机处在泥浆包裹中，因此始发时存在密封不佳导致窜浆的风险，当零环脱出盾尾时，盾构机应仍处于加固区土体中。

（8）盾构掘进施工数值计算

盾构隧道施工主要分为4个阶段（挖土阶段、盾尾注浆阶段、盾尾脱开阶段、固结沉降阶段），根据其施工的主要特点以及施工过程中土层的受力情况，将盾构隧道数值模拟掘进全过程分为开挖过程及管片拼装过程。

假设盾构为一步一步跳跃式推进，每次推进长度为1环管片宽度（2m），土体、管片均采用实体单元，数值模拟掘进全过程具体步骤如下：

①开挖过程：掘进区域实体单元设空单元并删除上一掘进循环的泥水压力，对掌子面单元设置具有梯度的面力，用以模拟泥水仓中的泥水压力及顶进压力；同时对环向单元设置具有梯度的面力，用以模拟盾构机及外溢泥水压力。

②管片拼装过程:删除盾尾环向面力,激活管片单元及注浆层单元,并使用管片形参及注浆层形参。

③进行下一循环开挖,步骤同第一步。

在掘进施工模拟过程中,加固区范围为沿隧道纵向17m、隧道外轮廓线外5m,泥水压力设定为0.3bar。

数值模拟掘进流程如图2.3-23所示,FLAC3D模拟盾构掘进如图2.3-24所示。

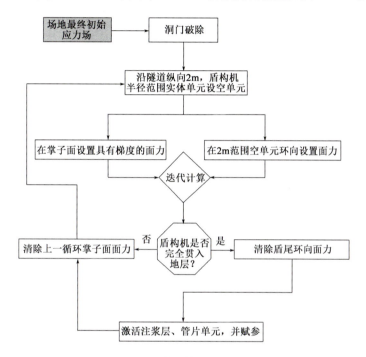

图2.3-23 数值模拟掘进流程图

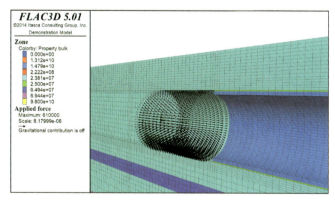

图2.3-24 FLAC3D模拟盾构掘进示意图

3)盾构试掘进

盾构机在完成前100环的掘进后,根据50~100环掘进参数(表2.3-7)进行分析总结,确定正常掘进施工参数。

50～100环掘进参数　　　　表2.3-7

盾构姿态	切口		盾尾	
	水平(mm)	高程(mm)	水平(mm)	高程(mm)
	-10	-1	17	-9
掘进参数	掘进速度(mm/min)	推力(kN)	刀盘转速(r/min)	扭矩(MN·m)
	15～25	30000～35000	1.0～1.3	5～7
	切口压力(bar)		气泡仓压力(bar)	
	实际值	设定值	实际值	设定值
	1～1.3	1～1.4	1.4～1.6	1.6～1.7
泥水指标	密度(t/m³)		黏度(s)	
	1.16～1.31		18～21	

为保证工程施工的顺利进行，须加强盾构在正常段的掘进管理，其主要内容包括：

(1)根据地质条件、覆土厚度和试掘进过程中的经验结果，进一步优化掘进参数。

(2)推进过程中，严格控制推进方向，将施工测量结果及时与计算的三维坐标相校核，如有问题及时调整。

(3)盾构操作人员应根据当班工程师指令设定的参数推进，推进与管片背后注浆同步进行。不断完善施工工艺，施工后地表最大变形量控制在-30～+10mm范围内。

(4)盾构掘进过程中，坡度不能突变，隧道轴线和折角变化不能超过0.4‰。

(5)盾构掘进施工全过程须严格受控，工程技术人员根据地质变化、隧道埋深、地面荷载、地表沉降、盾构姿态、刀盘扭矩、千斤顶推力等各种勘察、测量数据信息，准确下达每班掘进指令，并即时跟踪调整。盾构机操作人员须严格执行指令，谨慎操作，对初始出现的小偏差应及时纠正，应尽量避免盾构机出现"蛇"形；盾构机一次纠偏量不超过4mm/环，以减少对地层的扰动。

(6)做好施工记录，包括盾构推进压力、盾构掘进速度、盾构刀盘压力、刀盘转速、泥水仓压力、泥浆流量、注脂压力、注浆压力、盾构竖直及水平偏差、盾构机各设备运行状态等。

4)掘进参数控制

根据盾构始发及试掘进的参数不断优化掘进参数，最终确定盾构掘进的参数控制值。掘进过程中参数控制须遵循"监测—修正—再监测—再修正"的过程。

盾构掘进主要控制参数计算方法如下：

(1)切口水压设定

①理论计算

a. 切口水压上限值：

$$P_{上} = P_1 + P_2 + P_3 = \gamma_w \cdot h + K_0 \cdot [(\gamma - \gamma_w) \cdot h + \gamma \cdot (H - h)] + 20 \quad (2.3\text{-}2)$$

式中：$P_{上}$——切口水压上限值(kPa)；

P_1——地下水压力(kPa)；

P_2——静止土压力(kPa)；

P_3——变动土压力(kPa)，一般取20kPa；

γ_w——水的重度(kN/m^3);

h——地下水位以下的隧道埋深(计算至隧道中心)(m);

K_0——静止土压力系数;

γ——土的重度(kN/m^3);

H——隧道埋深(计算至隧道中心)(m)。

b. 切口水压下限值:

$$P_{\text{下}} = P_1 + P_2' + P_3 = \gamma_w \cdot h + K_0 \cdot [(\gamma - \gamma_w) \cdot h + \gamma \cdot (H - h)] - 2 \cdot C_u \cdot \sqrt{K_a} + 20 \tag{2.3-3}$$

式中:$P_{\text{下}}$——切口水压下限值(kPa);

P_2'——主动土压力(kPa);

K_a——主动土压力系数;

C_u——土的内聚力(kPa)。

②掘进时切口水压

盾构掘进时的切口泥水压力应介于理论计算值上下限之间,并根据地表建(构)筑物的情况和地质条件做适当调整。在逆洗过程中,由于泥水仓或盾构机内的排泥管处于堵塞状态,因此逆洗时应增大排泥流量,但不能减小切口水压。盾构机推进、逆洗和旁通三状态切换时的切口水压偏差值均控制在 -20 ~ +20kPa。

③掘进速度

正常掘进条件下,掘进速度应设定为 15~30mm/min;在特殊掘进条件下,掘进速度应控制在 10~20mm/min。

盾构掘进速度设定时,应注意以下几点:

a. 盾构启动时,盾构司机需检查千斤顶是否顶实,开始推进和结束推进之前速度不宜过快。每环掘进开始时,应逐步加大掘进速度,防止因启动速度过大而冲击扰动地层。

b. 每环正常掘进过程中,掘进速度值应尽量保持恒定,减少波动,以保证切口水压稳定和送、排泥管的畅通。在调整掘进速度时,应逐步调整,避免速度突变对地层造成冲击扰动,造成切口水压变化幅度过大。

c. 推进速度的快慢必须满足每环掘进注浆量的要求,保证同步注浆系统始终处于良好工作状态。

d. 选取掘进速度时,必须注意其与地质条件和地表建筑物条件相匹配,避免速度选择不合适对盾构机刀盘、刀具造成非正常损坏,导致对隧道周边土体扰动过大。

(2)掘削量的控制

盾构掘进实际掘削量 V_R 可由下式计算得到:

$$V_R = (Q_1 - Q_0) \cdot t \tag{2.3-4}$$

式中:V_R——实际掘削量(m^3/环);

Q_1——排泥流量(m^3/min);

Q_0——送泥流量(m^3/min);

t——掘削时间(min)。

当发现掘削量过大时,应立即检查泥水密度、黏度和切口水压。此外,可以利用探查装置调查土体坍塌情况,在查明原因后应及时调整有关参数,确保开挖面稳定。

(3)泥水指标控制

①密度 ρ 为 $1.15 \sim 1.30\text{g/cm}^3$;

②漏斗黏度 ν 为 $25 \sim 35\text{s}$;

③析水率 $X_S < 5\%$;

④pH 值为 $8 \sim 9$;

⑤泥浆压滤失水量 $<30\text{mL}/30\text{min}$。

(4)同步注浆

①注浆压力

注浆压力设定为 $3 \sim 5\text{kg/cm}^3$,管片注浆口的实测注浆压力为 $2 \sim 4\text{kg/cm}^3$。

②注浆量

理论注浆量:

$$V = \pi/4 \times (12.64^2 - 12.2^2) \times 2 = 17.17(\text{m}^3)$$

实际注浆量为理论建筑空隙的 $150\% \sim 180\%$,即为 $22.3 \sim 34.28\text{m}^3$。

(5)二次注浆

①注浆压力

注浆压力设定为 $0.5 \sim 0.6\text{MPa}$。

②注浆量

二次注浆范围为管片外围 0.6m,注浆量为:

$$V = \pi/4 \times (13.4^2 - 12.2^2) \times 2 = 48.25(\text{m}^3)$$

二次注浆量一般控制为设计值的 $80\% \sim 100\%$,即为 $13.4 \sim 16.8\text{m}^3$。

(6)径向注浆

①注浆压力

注浆压力设定为 $0.4 \sim 1.5\text{MPa}$。

②注浆量

$$V = 3\pi \times 5 \times 0.35 = 16.49(\text{m}^3)$$

径向注浆量一般控制为设计值的 $80\% \sim 100\%$,即为 $13.19 \sim 16.49\text{m}^3$。

2.3.2 盾构掘进参数统计分析

1)泥水压力变化规律

对泥水平衡盾构掘进 3 号—2 号盾构区间 $1 \sim 863$ 环每环的切口水压进行统计分析,得到其沿区间纵向的变化规律,如图 2.3-25、图 2.3-26 所示。其统计值见表 2.3-8。

切口水压统计值(单位:bar) 表 2.3-8

观测环数	最大值	最小值	中位数	均值	标准差	方差	偏度	峰度
863	3.11	0.68	2.33	2.316	0.390	0.152	−0.5888	1.0465

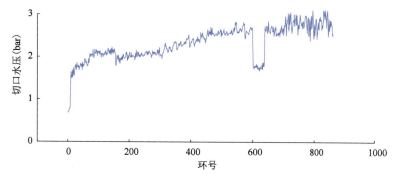

图 2.3-25　3 号—2 号盾构区间 1~863 环切口水压变化图

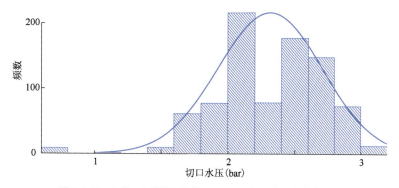

图 2.3-26　3 号—2 号盾构区间 1~863 环切口水压分布直方图

从图 2.3-25、图 2.3-26 和表 2.3-8 中可以看出：

前 160 环粉质黏土段，切口水压较为稳定，均值约 2bar。160 环后进入复杂互层，水压有所下降后慢慢上升，600 环左右达 2.5bar。600~640 环受桥梁影响波动后恢复。700 环以后含卵石量增加，水压明显波动在 2.8bar 左右。

相比盾构始发阶段，水压变化范围扩大，均值显著提高，呈现非正态分布。这是因为随着掘进深入，地层趋于复杂化，土体压力增大，需要更高水压来维持掌子面平衡。

总体来看，地层条件变化导致切口水压整体增大且波动加剧。

2）盾构推力变化规律

在盾构推进的过程中，总推力总是随着掘进位置的变化而变化。根据现场泥水平衡盾构掘进 3 号—2 号盾构区间 1~863 环每环盾构操作记录，统计分析现场实测总推力数据，得到了不同地层条件下总推力的变化曲线和分布直方图，分别如图 2.3-27、图 2.3-28 所示。3 号—2 号盾构区间 1~863 环总推力概率分布如图 2.3-29 所示。总推力统计值见表 2.3-9。

总推力统计值（单位：kN）　　　　　　　　表 2.3-9

观测环数	最大值	最小值	中位数	均值	标准差	方差	偏度	峰度
863	103731	19758	48686	49768	13826.9	1.91×10^8	0.456	0.146

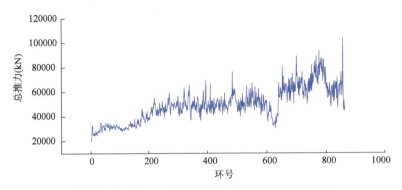

图 2.3-27　3 号—2 号盾构区间 1~863 环总推力变化图

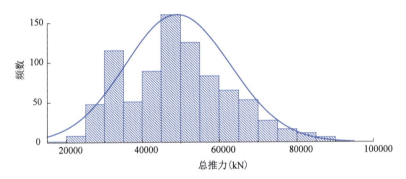

图 2.3-28　3 号—2 号盾构区间 1~863 环总推力分布直方图

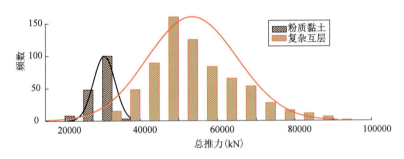

图 2.3-29　3 号—2 号盾构区间 1~863 环总推力概率分布图

盾构总推力变化特征可以概括为：

前 160 环粉质黏土段，总推力较为稳定，均值约 30400kN。160 环后进入复杂互层段，推力明显增大至平均 53400kN，增幅达 75.66%，这主要是因地层条件变化导致的。600~640 环段受桥梁影响有所波动后恢复。700 环以后含卵石量大幅度提高，推力在 60000~90000kN 之间剧烈波动，表现为不稳定状态。

与盾构始发阶段相比，总推力变化范围扩大，均值提升，已从单峰分布转为双峰分布，这是因为随着掘进的进行，地层趋于复杂化，土体压力上升，外壳摩擦阻力和正面推进阻力均有所增大。160 环之后均值远高于之前，双峰分布特征显著。

总之，地层条件变化是推力变化的主因。随着复杂互层的出现，推力整体大幅增长且波动加剧，呈现出新的双峰分布态势。

3) 刀盘扭矩变化规律

对 S-1050 泥水平衡盾构掘进 3 号—2 号盾构区间 1~863 环每环的刀盘扭矩进行统计分析,得到其沿区间纵向的变化规律,如图 2.3-30~图 2.3-32 所示。刀盘扭矩统计值见表 2.3-10。

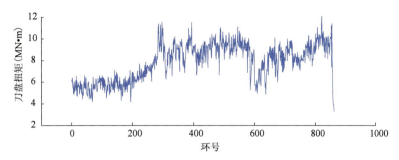

图 2.3-30　3 号—2 号盾构区间 1~863 环盾构扭矩变化图

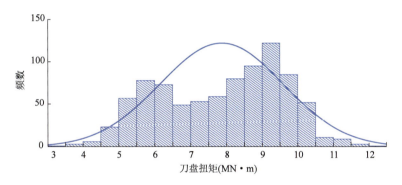

图 2.3-31　3 号—2 号盾构区间 1~863 环刀盘扭矩分布直方图

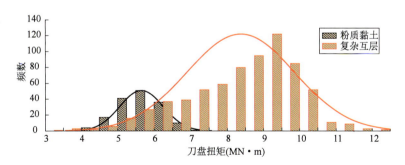

图 2.3-32　3 号—2 号盾构区间 1~863 环盾构扭矩概率分布图

刀盘扭矩统计值（MN·m） 表 2.3-10

观测环数	最大值	最小值	中位数	均值	标准差	方差	偏度	峰度
863	12.1	3.33	8.157	7.868	1.719	2.954	−0.218	−0.991

图 2.3-30 是盾构扭矩变化图,从图可以观察随盾构掘进扭矩的变化。盾构刀盘扭矩随着掘进呈现出两段不同的变化趋势：

(1)前225环粉质黏土段,扭矩较为稳定,均值约为5.75MN·m。
(2)225环后复杂互层段,扭矩明显增大,均值升至8.42MN·m,增长46.43%。600~640环受桥梁影响有所波动后恢复。700环后含卵石量增多,扭矩继续增大至9MN·m左右。

扭矩的增长主要是由地质条件变化所致,与刀盘转速、掘进速度变化幅度不匹配。复杂互层段扭矩波动范围大于粉质黏土段。

从图2.3-31和图2.3-32可以看出,随着掘进深度增加,地层覆盖厚度增大,含砂砾量上升,扭矩呈双峰分布,已经偏离正态分布,变化范围扩大,均值升高。表明土体压力增大,刀盘摩擦扭矩和周边摩擦扭矩都有所增加。

4)掘进速度变化规律

对盾构掘进3号—2号盾构区间1~863环每环的掘进速度进行统计分析,得到其沿区间纵向的变化规律,如图2.3-33、图2.3-34所示。掘进速度统计值见表2.3-11。

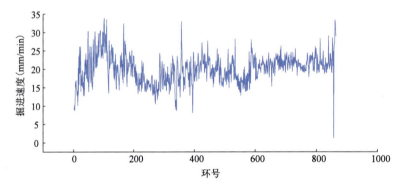

图2.3-33　3号—2号盾构区间1~863环掘进速度变化图

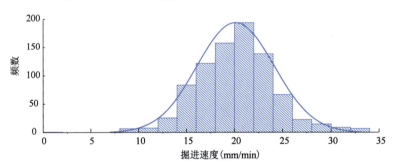

图2.3-34　3号—2号盾构区间1~863环掘进速度分布直方图

掘进速度统计值(单位:mm/min)　　　表2.3-11

观测环数	最大值	最小值	中位数	均值	标准差	方差	偏度	峰度
863	33.9	1.3	20.3	20.1	4.01	16.1	0.109	1.09251

从图2.3-33可以看出,粉质黏土段掘进速度较快,平均为20.49mm/min。复杂互层段掘进速度下降至18.23mm/min,变化率11.03%。图2.3-34和表2.3-11中可以看出,掘进速度波动较大,基本呈正态分布。

与始发阶段相比,掘进速度变化范围扩大,均值微增,是为了应对地层复杂化而适当放缓掘进速度。

不同地质下,粉质黏土段推力、扭矩较低且集中,复杂互层段推力、扭矩增大且波动范围扩大。随着掘进深度增加,地层趋于复杂,盾构适当放缓掘进速度,使推力、扭矩增大,但波动范围有所扩大,以适应地质变化。

2.3.3 盾构掘进参数相关性分析

对清华园隧道泥水平衡盾构3号—2号盾构区间工程的掘进速度、盾构推力、刀盘转速、刀盘扭矩和泥水压力等参数进行了详细的统计分析,并得出以下结论:

掘进速度与刀盘转速:在粉质黏土地层段,这两个参数的随机性很大,没有明显的线性关系,相关系数为0.440;在复杂互层地层,掘进速度与刀盘转速匹配性较差。掘进速度与刀盘转速关系见图2.3-35。

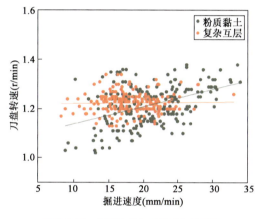

图2.3-35 掘进速度与刀盘转速关系图

盾构推力与刀盘转速:在粉质黏土地层段,这两个参数的随机性很大,没有明显的线性关系,相关系数为0.518;在复杂互层地层,盾构推力和刀盘转速之间存在一定关系,刀盘转速随盾构推力的增大而减小。盾构推力与刀盘转速关系见图2.3-36。

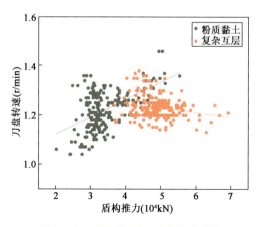

图2.3-36 盾构推力与刀盘转速关系图

掘进速度与刀盘扭矩:在粉质黏土地层和复杂互层地层中,这两个参数大致呈区域性均匀分布。散点图无明确的相关性,匹配性差。两地层相关系数分别为0.191和0.297,呈弱正相关,掘进速度与刀盘扭矩关系见图2.3-37。

盾构推力与刀盘扭矩:在粉质黏土地层段,这两个参数存在一定的线性关系,相关系数为0.331;在复杂互层地层,数据分布相对离散,大致呈区域性均匀分布,匹配性较差。盾构推力与刀盘扭矩关系见图2.3-38。

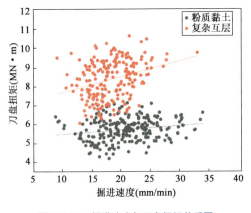

图2.3-37 掘进速度与刀盘扭矩关系图　　图2.3-38 盾构推力与刀盘扭矩关系图

掘进速度与泥水压力:在粉质黏土地层段,泥水压力分布特征明显;剔除少量离散点后,掘进速度和泥水压力之间表现出一定的线性相关性,相关系数为0.478。掘进速度与泥水压力关系见图2.3-39。

盾构推力与泥水压力:在粉质黏土地层段,这两个参数之间存在一定的线性关系,相关系数为0.433。盾构推力与泥水压力关系见图2.3-40。

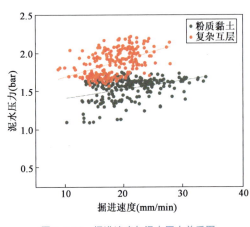 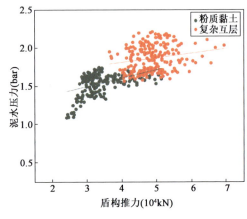

图2.3-39 掘进速度与泥水压力关系图　　图2.3-40 盾构推力与泥水压力关系图

刀盘扭矩与泥水压力:在粉质黏土地层段,泥水压力分布较集中;剔除少量离散点后,表现出一定的线性相关性。相关系数为0.426。刀盘扭矩与泥水压力关系见图2.3-41。

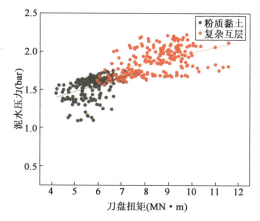

图 2.3-41　刀盘扭矩与泥水压力关系图

2.3.4　卵石地层泥浆配合比应用

为了确定与清华园隧道实际地层所匹配的泥浆配合比,基于泥浆性能参数的基本分析结果,配置了不同含砂的泥浆,开展室内泥浆渗透试验探索泥浆的最佳配合比。

1)地层模拟

泥浆采用现场纳基膨润土、粉土和羧甲基纤维素钠(CMC)进行配制。该膨润土粒径分布在 0.075mm 以下的颗粒含量大于 95%。羧甲基纤维素钠(CMC)用于改善溶液的黏度。为让 CMC 完全溶于水,先将其配制成溶液,再与泥浆混合。由于泥浆的性质会随着时间发生变化,统一使用静止 12h 后的泥浆进行渗透试验。

2)泥浆的配制

考虑现场泥浆材料样本中含有细砂。在此采用控制变量法,研究泥浆含砂率对泥浆在高渗透性砂土地层中渗透成膜过程的影响。含砂率由 NA-1 型含砂量计测定。将每千克水含砂量分为 6 个级别,组成 6 组泥浆。其中,泥浆的含砂量采用粒径为 0.25~0.075mm 的细砂颗粒调控,具体组成见表 2.3-12。

地层渗透系数的测量　　　　　　　　　　　　　　　　　　　表 2.3-12

组号	膨润土用量(g)	粉土用量(g)	细砂用量(g)	羧甲基纤维素钠(CMC)用量(g)	水用量(g)	含砂率(%)
1	120	80	50	0.3	1000	4.2
2	120	80	100	0.3	1000	6.1
3	120	80	150	0.3	1000	9.6
4	120	80	200	0.3	1000	13.4
5	120	80	250	0.3	1000	15.7
6	120	80	300	0.3	1000	18.2

3)渗透现象

在合理的泥浆配合比下开展泥浆渗透试验,地层中的渗透现象为:渗透开始后,出水量较大,主要原因是地层渗透系数较大,泥浆正在侵入地层,形成封堵;3s 后,泥浆的滤失量迅速减小,并且趋于稳定。总体来看,整个渗透过程中并未明显观察到泥浆渗透进入地层的现象,只是在渗透开始初期有较大的泥浆滤失。产生较大滤失量的同时,有大量的细砂颗粒进入地层。通过观察图 2.3-42 泥浆的渗透结果可以看出,部分泥浆浸入地层,渗透前后地层与泥浆的界限非常清晰。

图 2.3-42　泥浆的渗透结果

4)试验泥浆渗透滤失量分析

以 3 号泥浆的渗透成膜为例,其泥浆滤失量表现出了明显的阶梯状(图 2.3-43),且在每级压力下泥膜均能有效阻止泥浆的滤失。开始阶段盾构对地层适应性好,在不同压力加载下渗透滤失量曲线呈阶梯状,泥膜阻止继续渗透。

3 号泥浆形成较好泥膜,不同压力下滤失量可在短时间内稳定。压力越大,泥膜越稳定,地层越密实。

总体来看,通过提高泥浆的含砂量后,泥浆均能在该地层中成膜。不同的是,随着含砂量的增大,整个过程的泥浆滤失量逐渐减小。在每一级压力下,滤失量随着含砂量的增大而减小,泥浆含砂量的增大对泥浆在高渗透性砂土中的渗透成膜过程有着显著的影响。

6 种泥浆在各级压力下单位面积的滤失量如图 2.3-44 所示。

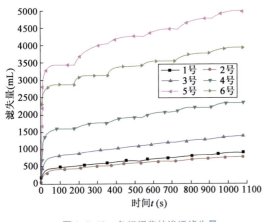
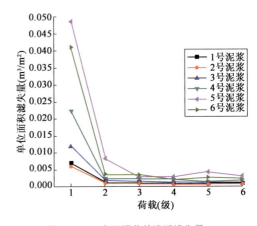

图 2.3-43　各组泥浆的渗透滤失量　　　　图 2.3-44　各组泥浆的渗透滤失量

从图 2.3-44 中可以看出,1 号和 2 号泥浆含砂量分别是 50g/1000g、100g/1000g,单位面积的泥浆渗透滤失量在渗透初期大于 $0.04\text{m}^3/\text{m}^2$。1 号泥浆在二级压力作用下,滤失量明显大于其他泥浆,1 号和 2 号泥浆在后续几级压力下的滤失速度有明显的波动,特别是在第五级压力加载后。当含砂量增大到150g/1000g时,一级压力下,泥浆渗透滤失量降低了50%,且在后续几级压力下,滤失速度均保持在一个较低的水平。

泥浆中的含砂量对高渗透性地层的成膜有较大影响。通过试验后发现,在实际工程中采用粒径为0.25~0.075mm的细砂颗粒,将泥浆含砂量调至9.6%,能起到显著且稳定的成膜效果,该结果在施工现场得到了验证。

2.3.5 泥浆主要性能指标

根据长期的施工经验并参考国内外对泥浆的研究,认为泥浆的密度和黏度是卵石土地层泥浆的主要性能指标,这两个指标是所有泥水平衡盾构施工中首要考虑的,其他参数针对不同的地层条件各有侧重。含砂量、酸碱性和胶体率可以作为评价泥浆性能的指标,但并非主要性能指标。目前,国内工程中确定泥浆参数的方法主要还是工程类比法(经验法),《盾构隧道》一书中指出了泥浆的最佳特性指标:可渗比n(地层孔隙直径与泥浆有效直径的比值)为14~16、密度为$1.15g/cm^3$、漏斗黏度为25~30s、胶体率>97%(24h静置后)、pH为7~10,可为工程中提供参考。制备泥浆的性能指标见表2.3-13。

制备泥浆的性能指标　　　　　表2.3-13

序号	项目	性能指标	检测方法
1	密度	$1.08~1.18g/cm^3$	泥浆比重计
2	黏度	25~30s	500mL/700mL漏斗法
3	含砂量	<3%	含砂量测定杯
4	酸碱性	7~10	pH试纸
5	胶体率	>97%(24h静置后)	量杯法

2.3.6 泥浆的应用情况

分析不同地质、不同掺和料对泥浆性能和经济指标的影响,关注了不同配合比泥浆的环均成本和当时的掘进进度。

(1)对于北京卵石土地层,孔隙比大,漏失量也大,纯膨润土浆液损失大,不利于泥膜形成,密度$1.1g/cm^3$左右的泥浆悬浮能力有限,所以盾构施工前期纯膨润土泥浆能达到的效果不理想,因此通过试配添加各种掺和料来提高泥浆悬浮能力。同时提高泥浆中大颗粒物质含量,以有利于在孔隙比较大的地层形成有效泥膜。最终选取$1.15~1.20g/cm^3$为理想密度值。

(2)从地层上看,砂性土地层需要的泥浆黏度应大于黏性土地层,地下水丰富的地层需要的泥浆黏度应大于没有地下水的地层。从设备上看,过高的黏度又会影响旋流器的工作能力。在一定范围内,增大泥浆的黏度,形成泥膜的能力、护壁能力、携渣能力都会提高,但是分离效果差。从现场施工情况来看,黏度选取30s左右为理想值。

(3)黏度为20~30s时,含砂率应小于4%。

(4)黏度为20~30s时,失水量一般小于20mL。

(5)pH值一般以8~10为宜。

(6)经济性:前期纯膨润土浆液成本较低,但综合指标不满足需求,导致施工效率较低;中期使用掺和料,虽然提高了泥浆施工效率,但是成本成倍攀升;后期通过继续调制泥浆,综合成本、效率两方面因素,在保证进度的同时,做好施工成本控制,得到合理的泥浆调制方案。

2.3.7 卵石地层处理

盾构机在 252~338 环掘进参数呈推力大、扭矩大、速度低的现象。

在265环位置,掘进地层为近2/3的卵石土,大卵石极少,以小型卵石为主,夹杂少量硬塑粉质黏土及密实粉砂,大黏土块增加。推进速度 5~8mm/min,扭矩 8~15MN·m,泥团内包裹卵石,且黏度很大。渣样见图 2.3-45。

图 2.3-45 高致密性黏黏土夹卵石地层渣样示意图

切削下的渣土在开挖仓底部及气垫仓底部容易形成堆积,环流系统不能充分把渣土带走,有部分遗留,造成刀具的二次开挖且增大了刀具切削阻力,进一步引起扭矩的增大;泥浆浆液密度较大,达 1.25g/cm³,泥浆密度大,切削下来的渣土不容易分散,形成泥团或泥饼,增大了刀具开挖阻力。因此,积极采取以下措施,提高盾构掘进效率。

(1)降低水土压力设定

以地面到盾构的覆土厚度为基准采用纯水压力控制,适当减小原水土压力值(可减小 0.3~0.5bar)。由于北京地区粉质黏土及砾石土的自身土拱效应,既能保证开挖面稳定,又能控制地面沉降,利于减小刀盘面作用力,从而减小扭矩。

(2)加大中心冲刷及循环流量

采取加大中心冲刷或冲刷刀等方式,以及拼装过程不间断冲刷的方式,排空或防止泥饼黏结或泥团的形成。

(3)降低泥浆密度

采取加水措施,从经济和进度等方面综合考虑需降低泥浆密度,减小土体黏结力,降低泥饼或泥团的形成概率。

(4)全面更换改进型撕裂刀和常压可更换刮刀

进一步改进刀具,为刀具适当装配(保证安全装拆的情况下)大齿重型合金块,使刀具既适当锋利,又抗冲击。

(5)重点关注刀具磨损检查及更换

所有刀具更换都是基于对开挖面有效切削和对刀盘的全面保护,尤其保证刀盘不受损伤。

根据当前地质状况及前期掘进经验积累,目前正常的扭矩参数为 12~14.5MN·m(额定扭矩的 80%以内),如果扭矩超过 15MN·m 以上,则判定刀具已产生重度磨损,最大的磨损部位在刀盘正面与外缘过渡部位的 30~34 号刀处,应对其重点关注。根据掘进参数情况,可每掘进 20 环左右(如果扭矩参数未变化也可适当延长,若异常,需对该部位 5 把刀加大检查频率)进行检查验证,其他部位刀具重点关注撕裂刀磨损情况,一般掘进 70~80 环再进行重点检查。以上情况必须以同推力下的扭矩是否变化异常为依据,若发生异常,则及时停机检查。

(6)缩短盾构机设备故障排查及修复时间

加强维保人员配置,做好现场应急协调管理,缩短设备故障处置时间,增加有效的掘进时间,至少保证平均每天 6 环,每班 3 环的掘进时间。其他工作必须以实现该最低掘进指标来控制,尤其要保证废弃泥浆外运及处理能力,要满足每天平均 6 环进度要求。

采取以上措施取得显著成效:5 月份掘进完成 300m,较 4 月份掘进长度增加 132m,效率提高 2 倍以上。

2.4 常压换刀与刀具耐磨改良技术

2.4.1 常压换刀优势

(1)换刀的整个过程均在常压下进行,作业人员不需要置身于高压环境中开展换刀作业,施工安全系数高且对作业人员身体健康无影响。

(2)常压条件下换刀人员施工效率更高,同时省掉了带压换刀时加压进仓、减压出仓等操作,并消除了带压换刀作业时间受限的不利影响,常压换刀比带压换刀的施工效率提高了 4~5 倍。

(3)减少了带压进仓作业所需的高黏度泥浆制备、泥浆置换、专业潜水作业及操仓等人员,精简了作业工序。

2.4.2 常压刀具更换

清华园隧道穿越长达 2400m 的卵石土地层,卵石含量为 65%~75%(其余为粉土),卵石粒径为 20~60mm(60%),最大粒径 200mm,密实,无胶结,遇水松散。卵石土地层对刀具的磨损非常严重,且自稳能力较差,从而导致掘进效率降低,制约施工进度。图 2.4-1 为地层中排除的卵石,图 2.4-2 为严重磨损的刀具。

在该地层盾构掘进时应采用合理的掘进参数、优质的循环泥浆,加强刀具检修,对刀具进行改进。

常压换刀是指施工人员在常压下由通道进入装有磨损刀具的主刀臂内,利用液压缸并配合刀腔闸板,在常压条件下将刀具从刀腔内抽出,对刀具进行必要的检查与更换后,将刀具装回,实现常压刀具更换。

图 2.4-1 卵石

图 2.4-2 严重磨损的刀具

盾构机刀盘由主刀臂和辅臂组成,其中主刀臂采用空心体形式。根据刀盘刀具分布位置不同,将部分刀座采用背装式,并使这部分刀座上的刀具切削轨迹覆盖整个刀盘。背装式刀具刀腔内设置闸板,人员可在常压下通过刀盘中心体直接进入主刀臂内,从刀腔内抽出刀具;然后关闭导墙闸板,将刀盘前方高压仓与刀臂常压仓隔开;检查更换刀具后,打开闸板,装回刀具,实现常压更换刀具。常压更换刀具流程如图 2.4-3 所示。

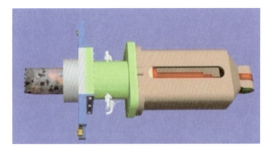
步骤一:安装换刀装置

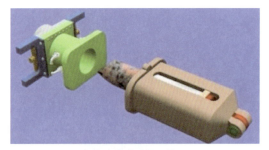
步骤二:抽出破损刀具

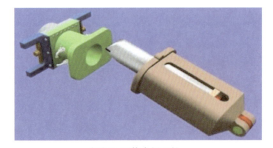
步骤三:更换全新刀具

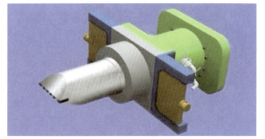
步骤四:新刀安装就位

图 2.4-3 常压更换刀具流程

1)准备工作

(1)换刀前进行泥水大循环,尽可能多地排出土仓内的渣土,以防止细小砂砾在换刀时进入刀腔,造成刀具安装困难。

(2)转动刀盘,使所需更换刀具的刀臂呈竖直方向位于底部,连接气管和高压水管(开关刀具闸门时起冲洗作用)并接好仓内安全照明。

(3)根据换刀专用图纸,选择对应的液压缸、刀箱。

2)刀具更换

(1)初始状态(图2.4-4):打开盖上的球阀进行放气,必须关闭外壳的球阀。

(2)移除盖:松开螺栓,移去盖,过程如图2.4-5所示。

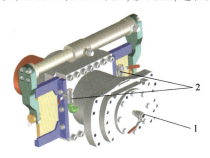

图2.4-4　刀具初始状态

1-盖上的球阀;2-外壳上的球阀

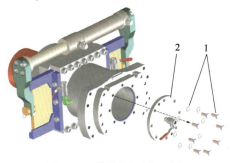

图2.4-5　盖子移除过程示意图

1-带垫圈的螺栓;2-盖

(3)伸缩液压缸安装(过程如图2.4-6所示):安装伸缩液压缸;放进螺栓,并将其拧紧(拧至指定扭矩)。

(4)刀具更换设备安装(过程如图2.4-7所示):固定好刀具更换设备的位置,观察机械编码;插入插销,用弹簧将其固定;放进螺栓,并将其紧固(拧至指定转矩);连接液压管。

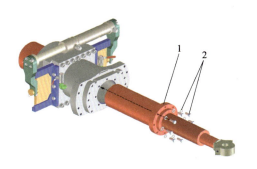

图2.4-6　伸缩液压缸安装过程示意图

1-伸缩液压缸;2-带垫圈的螺栓

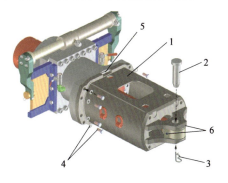

图2.4-7　刀具更换设备安装过程示意图

1-刀具更换设备;2-插销;3-弹簧销;4-带垫圈的螺栓;5-防扭保护、机械编码;6-液压管连接点

(5)移去刀具,松开螺栓,如图2.4-8所示。

图2.4-8　螺栓松动过程示意图

(6)液压管与液压缸安装(过程如图 2.4-9 所示):连接液压管,安装闸门夹钳和液压缸。

(7)移去刀具,闭合设备(过程如图 2.4-10 所示):缩回伸缩液压缸(外壳和里面的刀具回缩);缩回滑块和液压缸,使之闭合。

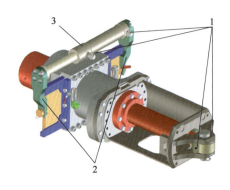

图 2.4-9　液压管与液压缸安装过程示意图
1-液压连接点;2-夹钳;3-液压缸

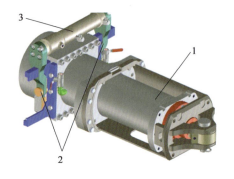

图 2.4-10　设备闭合过程示意图
1-外壳;2-闭合设备滑块;3-液压缸

(8)压力补偿(过程如图 2.4-11 所示):当闸门关闭后,利用球阀进行压力补偿。将水管拆除,观察刀腔内是否有压力以及泥浆流出。如果存在压力和泥浆流出,说明闸门没有完全关闭;如果不存在压力和泥浆,就可以将刀具安全抽出。压力补偿完毕后,关闭球阀。

(9)移去刀具更换设备(过程如图 2.4-12 所示):松开螺栓;用工具移去刀具更换设备;刀具抽出后,根据刀头磨损情况更换刀头。

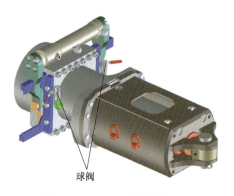

图 2.4-11　压力补偿过程示意图

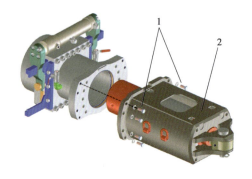

图 2.4-12　刀具更换设备移除过程示意图
1-带垫圈的螺栓;2-刀具更换设备

小空间常压换刀是指从刀盘辐臂内进行常压换刀的技术。其刀具可以多次在常压下进行更换,直至完成整个隧道的掘进。该换刀技术为长距离泥水盾构换刀作业提供安全环境,工作人员在刀盘辐臂内部作业,不会因地层坍塌而受到伤害,也避免了高气压作业对人体健康的危害,因此小空间常压换刀更为安全,现场小空间常压换刀见图 2.4-13。

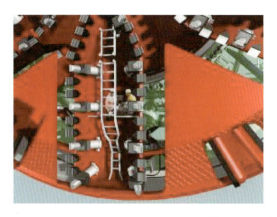 

图 2.4-13　小空间常压换刀

2.4.3　盾构刀具耐磨改良

京张清华园项目以常压换刀作业为主,常压换刀较为频繁,共换刀 200 余把。为了高效、经济实施常压换刀作业,项目部在提升刀具磨损耐久性、降低磨损损耗、改善刀具排布等方面进行积极优化。

1)刀具磨损案例分析

以盾构隧道段 -4~447 环为依托,统计分析这一施工期间盾构刀具的磨损与更换情况。在这期间,进行 5 次常压进仓作业,对刀具进行检查,并更换磨损量大的刀具。

经检测,撕裂刀和刮刀有发生较大的磨损现象,存在偏磨和崩裂,但中心部位的刀具没有发生大的磨损或偏磨现象,主要原因是中心旋转线速度小,目前的地层还不足以使中心刀具旋转起来而引起偏磨。19 号撕裂刀磨损情况见图 2.4-14。

图 2.4-14　19 号撕裂刀磨损情况

在盾构掘进过程中,盾构刀具的磨损情况较为复杂,大部分刀具的磨损量在 15mm 以上,最大磨损量可达 65mm,磨损情况十分严重,刀具寿命较短,情况不容乐观。刀具的磨损主要集中在撕裂刀和刮刀,其中外围撕裂刀偏磨较为严重,偏磨量可达 65mm。外围撕裂刀不能充分发挥撕裂刀的作用,应尝试采取一定的措施,减少撕裂刀的偏磨。

图 2.4-15 所示为部分刀具在盾构掘进区间的前段(始发~DK17+646.29)与掘进后段(DK17+646.29~DK17+402.04)的磨损系数情况比对。

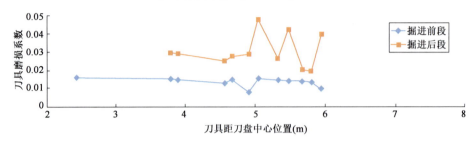

图 2.4-15　不同掘进段刀具磨损情况比对

由图 2.4-15 可知,盾构掘进初期刀具磨损情况较轻,需更换的刀具较少,随着刀具与刀盘中心距离的变化,刀具磨损系数的变动较小,这是由于掘进始发段地层较为理想,含砂砾卵石较少,对盾构刀具的磨损相对较少。

当掘进到一定程度,盾构机部分处于卵石土地层,导致刀具磨损比较严重,需要更换的刀具增加,且刀具磨损系数随着刀具位置的变化变动大,影响掘进效率。这是由于该段地层砂卵石含量增大,且黏土与卵石互层,地层情况复杂。该段典型地层情况如图 2.4-16 所示。

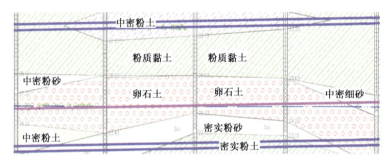

图 2.4-16　掘进后段典型地层情况

地层变化使得刀具运行时的线速度不稳定,刃口部位极易承受很大的冲击荷载,导致磨损加剧,应采取一定的措施对刀具进行改造,以适应卵石土地层的掘进。

总的来说,在砂卵石及黏土混合地层掘进,更换刀具较多;而在粉质黏土为主的地层掘进,则很少更换刀具。这充分表明了砂砾、卵石对盾构刀具的巨大破坏作用。

减少刀盘刀具磨损措施:首先应该根据地层情况对刀具进行改造调整,使用适于相应地层的刀具;其次应该根据地层情况,控制好推进速度和转速、盾构推力、泥水压力等;最后应对刀具的品质问题进行严格的检查和把关。建议结合刀具磨损和工程量要求两方面,对盾构掘进参数的取值进行进一步修正和选定。根据刀具磨损现状,进行了盾构刀具磨损试验。

2)磨损试验装置

切刀磨损不仅与其直接接触的土质有关,也受到刀盘刀具设计结构参数、施工工艺等的影响。室内模型试验测试环境与实际盾构在土体中的掘进环境相似,其凭借直观、全面的优点,成为在地下工程领域被广泛应用的一种研究手段。

通过研制模拟单盘刀具整体切削能力的自制室内掘进模型试验装置(图 2.4-17、图 2.4-18),来直观地观测切削砂土对刀具磨损的影响。

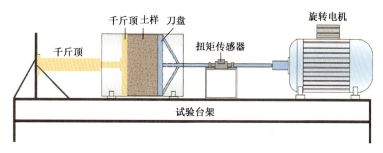

图 2.4-17 室内掘进模拟试验装置原理图

图 2.4-18 室内掘进模拟试验装置实物图

试验过程如下：

试验土样放置于钢制圆筒内,圆筒的左端放置液压千斤顶,通过加压垫板向土样加载,形成土压力。土样右侧为仿真铁质刀盘,刀盘由后方的电机驱动,电机与刀盘之间设置扭矩传感器。试验时控制千斤顶向圆筒内土样加压,稳压的条件下驱动圆筒内的土样向着刀盘做相对靠近运动,同时转动刀盘实现模拟地层掘削。试验刀盘实物及其立体设计图分别见图 2.4-19、图 2.4-20。

图 2.4-19 试验刀盘实物　　图 2.4-20 试验刀盘立体设计图

为了更好地稳定液压千斤顶对土仓内砂土施加的压力,营造较为封闭的掘削环境,在刀盘背后安装挡片,以阻挡砂土的过快流动,实现试验过程中长时间的保压切削。安装挡片后刀盘外观见图 2.4-21,模拟试验的辐条刀盘见图 2.4-22。

图 2.4-21　安装挡片后的刀盘外观

图 2.4-22　模拟试验的辐条刀盘

3）切刀安装方位对磨损的影响

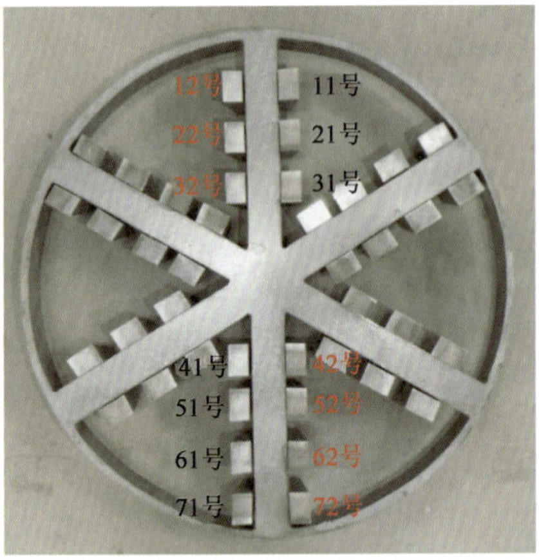

切刀的安装方位包括安装半径和安装朝向。刀具安装朝向的规定：将辐条法线方向与刀盘转动线速度方向平行的两侧分为迎土侧和背土侧，对不同安装方位的切刀进行编号（图 2.4-23），观察记录不同编号切刀的初始外观形态和初始质量。待试验结束后，再次观察记录磨损后的外观形态和质量，对比分析试验前后的差异。

用液压千斤顶对砂土施加 0.1MPa 的压力，设定刀盘转速为 1r/min，持续掘进 120min 后观察切刀磨损后形态变化。切刀细部照片以及 30 倍放大微观见图 2.4-24，其中微观图是从剪头视角观察到的侧视图。

图 2.4-23　刀具位置编号

如图 2.4-24 所示，试验刀具的棱角部位均发生了明显磨损，安装半径越大的切刀，刀刃棱角被磨损得越严重。磨损首先发生在刃尖处，逐渐向前刃面和后刃面发展，主要是向前刃面发展，最终导致刃尖处磨损与相邻前刃面磨损程度接近，造成刃尖被磨圆。磨损从刃尖部位最先开始的原因是：砂性地层属于软土，在相同的施工参数下，刀具在软土地层中更容易达到更深的切削深度，随着刀具切削深度的增大，刃尖部位正面挤压砂土，正面接触力较大，而刀具前后刃面承受的是砂土的侧向力，远小于刀刃刃尖正面挤压的接触力（图 2.4-25）。所以切刀的外观磨损是从刀刃处开始的。在实际砂性地层掘进中，鉴于切刀主要起到剥离较分散砂土的作用，锋利刀刃所起的功能不明显，为了减少刃尖的磨损，可适当减小刃角。

4）泡沫改良对磨损的影响

土体改良技术是在土体中加入土体改良剂，使得土体达到理想的"塑性流动状态"。这种技术可以减小盾构掘进时的推力和刀盘扭矩，从而减少刀具的磨损。其效果主要受发泡剂浓度、泡沫的气液比和泡沫体积的注入比（FIR）的影响。注入比是指泡沫的体积占被改良渣土体积的比值，表明泡沫的注入量多少，其计算公式如下：

$$\mathrm{FIR} = \frac{V_1}{V_2} \times 100\% \tag{2.4-1}$$

式中:V_1——泡沫体积;

V_2——渣土体积。

本次试验泡沫发泡倍率统一定为 15 倍,发泡剂浓度取该发泡剂最佳发泡浓度 3%。参考实际工程,注入率选取 35%。

a)安装半径4.5cm

b)安装半径7cm

c)安装半径8.5cm

d)安装半径10cm

图 2.4-24 棱角磨损细部图

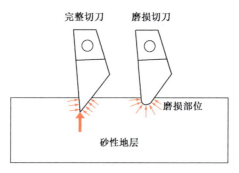

图 2.4-25 新旧刀具受力磨损示意图

5)泡沫的制备

在试验中采用自制泡沫发生装置进行泡沫起泡作业(图 2.4-26)。其制备流程为:称取 30mL 泡沫剂和 970mL 纯净水,将泡沫剂原液加入纯净水中搅拌均匀,得到 3% 的泡沫剂溶液;使用发泡装置对溶液进行起泡作业,设定发泡气液比为 15∶1,产生的泡沫见图 2.4-27;将新鲜泡沫注入试验砂土中进行搅拌,控制注入时间以达到 35% 的注入比为准,搅拌均匀后得到改良后的砂土(图 2.4-28、图 2.4-29)。

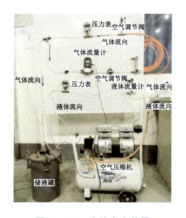

图 2.4-26 泡沫发生装置

图 2.4-27 产生的泡沫

图 2.4-28 用手持搅拌机进行搅拌

图 2.4-29 改良后的砂土

6）结果与分析

为了进一步验证泡沫改良是否能够有效减缓砂性地层中切刀的磨损，在相同试验环境下，对改良前迎土切刀、改良前背土切刀、改良后迎土切刀和改良后背土切刀四者的磨损情况进行对比，见图2.4-30。

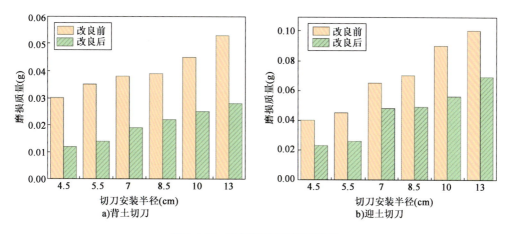

图2.4-30　改良前后切刀磨损量变化

由图2.4-30可见，通过向砂土注入泡沫的确有较明显的减磨作用，尤其对于背土面切刀，能有效减磨近40%，对于迎土面切刀，减磨效果也有近30%。

泡沫的减磨效果产生的原理可从注入泡沫的减压、降低密实度、增加流动性和冷却作用四个方面进行分析。

(1)减压：注入的泡沫剂可对高压提供缓冲，填充在刀具土颗粒之间，缓冲土颗粒之间的接触力和摩阻力，使砂土体更易扰动，流塑性增强。

(2)降低密实度：柔性泡沫代替原本砂颗粒的位置，增加了砂颗粒的分散程度（图2.4-31），可减弱刀具与土体之间的相互作用。

(3)增加流动性：注入的泡沫在土颗粒之间充当润滑剂，降低砂土的渗透性，有助于土颗粒之间受力相互移动，改善土体的流塑性，呈现流动型的切削形式。

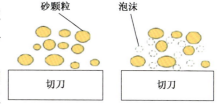

图2.4-31　改良后"土颗粒-泡沫-刀具"接触

(4)冷却作用：高温会增加刀具的磨损。刀具因与土颗粒摩擦而产生的热量，部分被源源不断产生的新鲜泡沫带走，降低了刀具表面的温度，所以可以通过注入泡沫来改善工作条件，减轻砂土对刀具表面造成的磨损。

试验过程中实时采集试验刀盘所受扭矩数据，数据采集间隔为1s。对掘进稳定时间段内扭矩变化进行分析，扭矩随时间的变化见图2.4-32。

由图2.4-32可知，加入泡沫改良后，扭矩的变化波动明显减小，试验刀盘所受摩阻力更加稳定。对选取片段内的数值进行计算，改良前1500个扭矩数值的标准差为9.27，改良后1500个扭矩数值的标准差为0.26。注入泡沫有助于土压力均匀传递，起到稳压效果。泡沫改良前，土压力在较短时间内多次突增突减，对刀盘的机械运行易造成不利影响，而稳定的土压力有利于延长盾构刀盘刀具寿命。

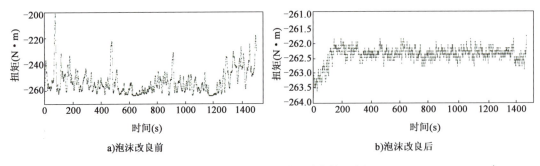

图 2.4-32　泡沫改良前后扭矩变化情况对比

2.5　清华园盾构隧道泥浆输送

2.5.1　清华园盾构隧道泥浆输送性能评价

根据地质勘察报告,得出盾构段所处地层 d_{50} 约为 60mm。对该地层段内 100 环的掘进数据进行统计分析,得到平均出浆流量约为 2357m³/h,即浆体平均流速约为 4.12m/s,平均出浆密度约为 1.23g/cm³,平均进浆黏度约为 23.8s。根据 Wasp E J 公式计算得到临界流速约为 3.11m/s。通过实地考察,得到现场泥浆循环管路在盾体段虽然有部分转弯和倾斜管路,但转弯角度多大于 90°,转弯和倾斜管路在整个管路中占比较小,管径无变化。由表 2.5-1 可知,管道布置复杂程度系数约为 0.18。清华园隧道盾构工程中泥浆输送指标见表 2.5-2。

管道布置复杂程度系数取值标准　　　　　　　　　　　　　　表 2.5-1

管道布置复杂程度	系数取值
管线布置单一、转弯少、转弯角度均大于 90°	0~0.25
管线布置简单、转弯较少,但转弯急,管径基本无变化	0.25~0.5
管线布置较复杂、转弯较多,管径变幅适中	0.5~0.75
管线布置复杂、转弯多,管径变幅较大	0.75~1

清华园隧道盾构工程中泥浆输送指标　　　　　　　　　　　　表 2.5-2

浆体流速与临界流速比值 C1	出浆密度(g/cm³) C21	进浆黏度(s) C22	地层土平均粒径 d_{50}(mm) C3	管道布置复杂程度系数 C4	管道内径与地层最大颗粒粒径比值 C5
1.32	1.23	23.8	60	0.18	3

1）建立分类标准

通过调研工程资料和文献得到表2.5-3所示的对应的各评价指标在各评价等级下的分类标准。

各评价指标在各评价等级下的分类标准　　　表2.5-3

评价指标	评价等级			
	Ⅰ	Ⅱ	Ⅲ	Ⅳ
浆体流速与临界流速比值 C1	1～1.2	1.2～2.2	2.2～3.2	≥3.2,≤1
出浆密度（g/cm³）C21	1～1.3	1.3～1.7	1.7～2.0	≥2.0
进浆黏度（s）C22	≥25	20～25	16～20	15～16
地层土平均粒径 d_{50}（mm）C3	≤0.02	0.02～0.07	0.07～0.25	≥0.25
管道布置复杂程度系数 C4	≤0.25	0.25～0.5	0.5～0.75	0.75～1
管道内径与地层最大颗粒粒径比值 C5	≥2.5	2.5～1.8	1.8～1.2	1～1.2

2）建立权重集

权重的计算采用基于排列质心的权重计算法即ROC法进行计算并结合专家调研的方法对重要性进行排序。本书认为影响因素重要性顺序为浆体流速、浆体参数、浆体中固体颗粒粒径、管路布置方式、管道内径，得出各因素的影响权重，见表2.5-4。

各影响因素权重　　　表2.5-4

影响因素	权重值 ω_{Bi}
浆体流速 B1	0.457
浆体参数 B2	0.257
浆体中固体颗粒粒径 B3	0.156
管路布置方式 B4	0.09
管道内径 B5	0.04

同理得到其他各指标的权重并整理为权重集：

$$\omega_B = \{0.457, 0.257, 0.156, 0.09, 0.04\}$$

$$\omega_{C1} = \{1.0\}$$

$$\omega_{C2} = \{0.75, 0.25\}$$

$$\omega_{C3} = \{1.0\}$$

$$\omega_{C4} = \{1.0\}$$

$$\omega_{C5} = \{1.0\}$$

3）建立隶属度矩阵

建立隶属度矩阵需要确定隶属度函数，常用的隶属函数有岭形函数、正态函数、三角形模糊数和梯形函数等，通常而言，不同评价指标所构建的模糊隶属函数是不同的。若得到实际工程中各指标的量值，则可根据表2.5-3带入相应的隶属度函数，即可得到各指标相应的单因素隶属度向量，由单因素隶属度向量即可建立隶属度矩阵。

根据表 2.5-2 即可建立相应的评价指标集,同时通过隶属度函数得到隶属度矩阵。在模糊评价中,通常认为区段分界点是最模糊的点,而区段中点是模糊集中最清晰的点,该点所属的模糊评语隶属度为 1,相邻模糊评语隶属度为 0。本书参考模糊评价已有成果,采用宽域与窄域相结合的方式构建隶属函数,区段内函数选用线性函数。地层土平均粒径 d_{50} 隶属度函数构建如图 2.5-1 所示。

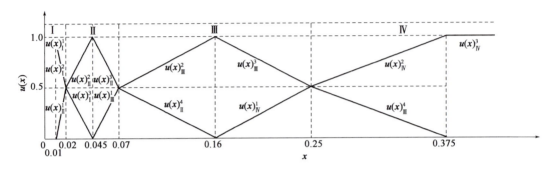

图 2.5-1　地层土平均粒径 d_{50} 隶属度函数构建示意图

以图 2.5-1 为例,进行详细阐述:

假设隶属度函数为 $u(x)$,下面以地层土平均粒径 d_{50} 为例进行阐述。如图 2.5-1 所示,第一区间和最后一个区间部分采用宽域方式。第一区间为 $[0,0.02]$,其中点为 $x=0.01$,则 x 在 $[0,0.01]$ 范围内仅有模糊等级 Ⅰ 的隶属度,且隶属度函数为 $u(x)_{\mathrm{I}}^{1}=1$;而在 $[0.01,0.02]$ 范围内,x 既有模糊等级 Ⅰ 的隶属度,也有模糊等级 Ⅱ 的隶属度,且总隶属度为 1。根据条件 $u(0.01)_{\mathrm{I}}^{2}=1$、$u(0.02)_{\mathrm{I}}^{2}=0.5$ 可得,该范围内属于模糊等级Ⅰ的隶属度函数为 $u(x)_{\mathrm{I}}^{2}=-50x+1.5$;根据隶属模糊原则,则该范围内属于模糊等级Ⅱ的隶属度函数为 $u(x)_{\mathrm{II}}^{1}=1-u(x)_{\mathrm{I}}^{2}=50x-0.5$。同理可得到后续区间各模糊等级的隶属度函数。对于最后一个区间 $x \geqslant 0.25$,取点 $x = 0.25 + 0.25/2 = 0.375$ 作为区间中点。若得到某地层土平均粒径 $d_{50}=0.015$,则该指标的单因素隶属度矩阵为 $\{0.750.2500\}$。对于实例工程而言,可得到指标 C3 的隶属度矩阵为:

$$\boldsymbol{R}_{34} = \{0 \quad 0 \quad 0 \quad 1\}$$

同理可得到评价指标 C1、C2、C4、C5 的隶属度矩阵:

$$\boldsymbol{R}_{14} = \{0.38 \quad 0.62 \quad 0 \quad 0\}$$

$$\boldsymbol{R}_{24} = \begin{Bmatrix} 0.73 & 0.27 & 0 & 0 \\ 0.26 & 0.74 & 0 & 0 \end{Bmatrix}$$

$$\boldsymbol{R}_{44} = \{0.1 \quad 0.9 \quad 0 \quad 0\}$$

$$\boldsymbol{R}_{54} = \{0.7 \quad 0.3 \quad 0 \quad 0\}$$

得到上述隶属度矩阵后,即可进行具体评价:

1) 一级模糊综合评价

在本书的评价体系下,一级模糊综合评价结果如下:

$$\boldsymbol{R}_{\mathrm{B1}} = \omega_{\mathrm{C1}} \cdot \boldsymbol{R}_{14} = \{0.38 \quad 0.62 \quad 0 \quad 0\}$$

$$\boldsymbol{R}_{\mathrm{B2}} = \omega_{\mathrm{C2}} \cdot \boldsymbol{R}_{24} = \{0.61 \quad 0.39 \quad 0 \quad 0\}$$

$$\boldsymbol{R}_{\mathrm{B3}} = \omega_{\mathrm{C3}} \cdot \boldsymbol{R}_{34} = \{0 \quad 0 \quad 0 \quad 1\}$$

$$R_{B4} = \omega_{C4} \cdot R_{44} = \{0.78 \quad 0.22 \quad 0 \quad 0\}$$
$$R_{B5} = \omega_{C5} \cdot R_{54} = \{0.7 \quad 0.3 \quad 0 \quad 0\}$$

2）二级模糊综合评价

在本书的评价体系下，二级模糊综合评价结果如下所示：

$$S = \omega_B \cdot R = \{0.457 \quad 0.257 \quad 0.156 \quad 0.09 \quad 0.04\} \cdot \begin{Bmatrix} 0.38 & 0.62 & 0 & 0 \\ 0.61 & 0.39 & 0 & 0 \\ 0 & 0 & 0 & 1 \\ 0.78 & 0.22 & 0 & 0 \\ 0.7 & 0.3 & 0 & 0 \end{Bmatrix}$$

$$= \{0.429 \quad 0.415 \quad 0 \quad 0.156\}$$

若按最大隶属度原则，对比评语集 V 可得泥浆输送性能为优。

3）模糊向量单值化

按加权平均原则，可得泥浆输送性能得分：

$$\text{TPM} = 25 \sum_{i=1}^{n} s_i v_i = 25 \times (4 \times 0.429 + 3 \times 0.415 + 2 \times 0 + 0.156) = 77.9$$

则可得到在该盾构段内泥浆输送性能为中，符合盾构工程穿越卵砾石地层时泥浆管路磨损较大的特点。

2.5.2 排浆管路磨损分析

大粒径卵石在循环管路中翻滚和跳动，极容易造成管路的磨损，甚至带来击穿的风险。以京张高铁清华园隧道泥水平衡盾构穿越卵石土地层为背景，对 2 号—1 号盾构区间 0～447 环的管路磨损情况进行分析。

在泥水平衡盾构循环系统的整个管路中，由于排浆管路中卵石的含量极高，故排浆管路的磨损最为严重，其主要表现为冲蚀磨损。根据现场资料，当泥水平衡盾构自始发掘进至 447 环时，部分磨损较严重的情况如图 2.5-2 所示。从图 2.5-2 中亦可以看出，在循环管路的弯管及接头处磨损的程度较为严重，而在其他部位磨损严重的概率相对较低。

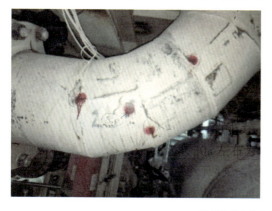

a）循环管路弯管处磨损

图 2.5-2

b)循环管路接头处磨损

c)循环管路其他部位磨损

图 2.5-2　清华园隧道 2 号—1 号盾构区间前 447 环管路部分磨损情况

采用超声波测厚仪(其测量范围为 0.75~30mm,分辨率为 0.01mm),对泥浆循环系统的关键部位管壁进行测量。以弯管、接头处为重点测量对象,测量时对每个位置进行 3 次测量,记录 3 次测量结果的平均值。图 2.5-3 给出了不同测量部位管路管壁厚度随环数的变化。需要特别说明的是,所测量的管路均为排浆管路。

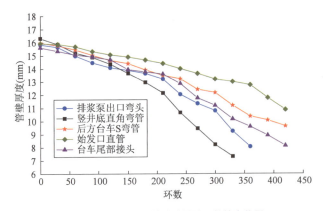

图 2.5-3　泥浆循环管路壁厚随环数的变化图

从图 2.5-3 可以看出,随着泥水平衡盾构的不断掘进,各部位的管壁磨损量逐渐增加,但增加量及增加速率有所不同。由于管壁的磨损速度与管路形状有关,排浆泵出口弯头、竖井底直角弯管及台车尾部接头处的磨损速度较大。这是因为大粒径卵石在管路弯头、接头处较易发生碰撞和跳跃,与卵石在该处的运移状态密切相关,这与上文中的试验现象是一致的。其中每掘进 100m 平均磨损量分别为 1.1mm、1.37mm、0.96mm;经观察同样可以发现,后方台车 S 弯管和始发口直管处的磨损速度相对较小,每掘进 100m 平均磨损量分别为 0.76mm、0.60mm。

排浆管中卵石振动引起的管路磨损原因可以解释如下:一方面是大粒径卵石在管路内周期性跳跃,导致管流的压力、速度和密度等参数随位置和时间发生变化,卵石在管路内形成了剧烈的振动;另一方面,管路内的大量卵石在运输过程中,在管路弯头和泥浆泵处发生剧烈碰撞,形成激振力,最终引发管路系统的强烈振动。

泥水平衡盾构泥浆环流系统管路磨损的改进措施:

(1)减少 90°直角管路的使用,并综合考虑转弯前后的角度,可以达到减少磨损的效果,可以考虑采用 135°的管路代替 90°直角管路。在泥浆环流系统由水平管路向竖直管路转换时可采用图 2.5-4 的连接方式;当泥浆环流系统由高处水平管路向低处水平管路转换时,可考虑采用图 2.5-5 的连接方式。

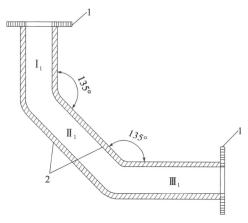

图 2.5-4 泥浆环流系统 135°管路模式一
1-管路接口;2-135°管路;下同

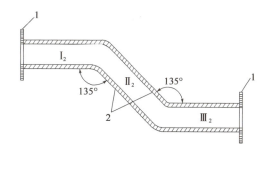

图 2.5-5 泥浆环流系统 135°管路模式二

(2)减少管路之间连接接头的数量,尽量采用整体铸造的方式,这样可以有效减少接头处的管路磨损。

(3)在出口弯头薄弱处应提前设置耐磨钢焊板,从而延长出口弯头的使用寿命。

(4)对于管路其他部位磨损概率较大且无法采用上述减磨措施的区域,应采用局部加厚的方式来增加其耐磨性。

第 3 章

卵石土地层泥浆渗透成膜机理及开挖面稳定性控制技术

大时代

盾智行

构未来

在泥水盾构施工中，泥膜的形成及稳定性控制直接关系到盾构施工的安全及效率。本章研究泥浆在不同地层的渗透、成膜规律，进一步对泥浆配合比及制备进行优化，形成泥浆制备优化技术；结合盾构施工参数与注浆控制技术，有效保证了盾构开挖面的稳定性；相关技术可以推广应用到其他类似工程。

3.1 泥浆静态渗透成膜机理

3.1.1 渗透试验装置

泥浆渗透室以有机玻璃作为侧壁，上下利用铁盖结合高分子橡胶圈进行封闭，底部设置过水层，连接处均设置高分子橡胶圈进行密封。整个装置呈柱体，柱高 1m，内径 30cm，外径 32cm，壁厚 1cm。顶盖安装两个阀门和一个气压监测表。气压监测表可以实时读取压力室内的气压值。两个阀门分为一个进气阀门，一个泄气阀门。进气阀门通过压力输送管与空气压缩机相连，泄气阀门用于人工调节。进气阀门和泄气阀门共同配合使用，达到稳定调节压力仓内气压的目的。泥浆渗透模拟装置见图 3.1-1。

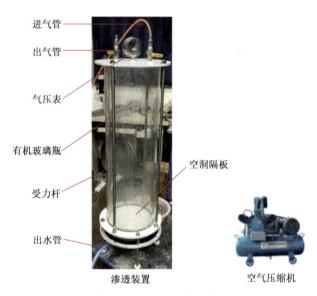

图 3.1-1 泥浆渗透模拟装置

3.1.2 渗透试验材料

1) 地层的模拟

该试验的设计依托于京张高铁清华园隧道穿越复杂卵石土地层盾构工程，采用砂粒模拟砂卵石。试验针对复杂的卵石土地层配制了 4 种不同渗透系数的砂土地层，以模拟泥浆在不同渗透系数地层中的成膜过程。

(1)地层颗粒的级配曲线

利用标准振筛机将不同粒径的河沙筛分别装袋,通过不断尝试配制出了5种不同渗透系数的砂粒地层(D_1、D_2、D_3、D_4、D_5)。5种地层的颗粒级配曲线如图3.1-2所示。

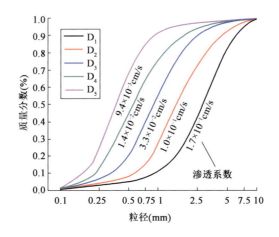

图3.1-2　五种地层的颗粒级配曲线

(2)测定地层的渗透系数

渗透系数是综合反映地层的性质指标,而颗粒级配、颗粒形状和干密度是影响砂土渗透系数从强到弱的主要因素。通过室内常水头渗透试验对5种不同的试验地层进行渗透试验,以测定地层的渗透系数。

常水头渗透试验可以用来测定砂土的渗透系数,其主要原理是保持进水面和出水面的水头高度不变。当渗流稳定后,测出一定时间内的渗透量,从而根据公式计算得出地层的渗透系数,见表3.1-1。

各地层渗透系数　　　　　　　　　　　　　　　　　　　表3.1-1

地层	D_1	D_2	D_3	D_4	D_5
渗透系数(cm/s)	1.7×10^{-1}	1.0×10^{-1}	3.3×10^{-2}	1.4×10^{-2}	9.4×10^{-3}

2)泥浆的配制

本试验旨在研究泥浆在不同渗透系数的砂卵石中的渗透规律,研究泥浆在不同卵石土地层中的成膜性能。配制泥浆的主要材料为清水、膨润土、粉土颗粒、羧甲基纤维素钠(CMC)、碳酸钠。先利用膨润土和清水组成基础浆液,再加入羧甲基纤维素钠(CMC)和粉土来调节泥浆的密度、黏度及滤失量,具体的泥浆配合比见表3.1-2。

泥浆配合比　　　　　　　　　　　　　　　　　　　表3.1-2

泥浆	清水(mL)	膨润土(g)	粉土(g)	羧甲基纤维素钠(CMC)用量(g)	碳酸钠(g)
试验泥浆	1000	100	120	0.16	4

3.1.3 泥浆在地层中的渗透过程分析

渗透成膜试验中,泥浆配合比保持与京张高铁清华园隧道输入的泥浆配合比一致。通过分析泥浆在级配卵石土地层中的渗透规律,研究泥浆在复杂地层渗透成膜的适应性。

对同种泥浆在 5 种不同的地层($D_1 \sim D_5$)中的渗透过程进行观察。

1)泥浆在 D_1 地层(渗透系数为 1.7×10^{-1} cm/s)中的渗透现象

D_1 地层渗透系数较大。从图 3.1-3 可以看出,泥浆快速流失,未形成泥皮。滤液初期为清澈的自来水,后变浑浊。试验表明,泥浆未形成有效泥膜。地层孔隙较大,泥浆颗粒未填堵渗透通道,也未在地层表面形成泥皮和渗透带。

图 3.1-3 泥浆渗透过程

2)泥浆在 D_2 地层(渗透系数为 1.0×10^{-1} cm/s)中的渗透现象

泥浆在 D_2 地层中的渗透现象(图 3.1-4)为:泥浆渗入后滤失量较大,后逐渐减小至稳定。滤液初期为清水,后变浑浊。加压后滤失量先增加后趋于稳定。泥浆颗粒在地层孔隙中淤积,逐渐减小了地层的渗透系数,最终在地层表面形成了泥皮和渗透带泥膜。

a)渗透前　　　　　　　　　　b)渗透后

图 3.1-4 渗透前后对比图

3)泥浆在 D_3 地层(渗透系数为 3.3×10^{-2} cm/s)中的渗透现象

泥浆在 D_3 地层的渗透过程可以根据 6 级压力分为 6 个阶段(图 3.1-5),未加载时泥浆未渗透。在 0.05MPa 压力下,泥浆达到稳定渗透速度,未穿透地层;0.1MPa 压力下,泥浆渗透深度增大,未穿透地层;0.15MPa 压力下,泥浆完全穿透地层,进入碎石垫层;0.2MPa 压力下,泥浆渗透深度继续增大,未穿透垫层;0.25MPa 压力下,泥浆渗透深度基本无变化。泥浆在逐级加压过程中逐渐渗透和充填地层,促进泥压转化为支护力,但在 0.2MPa 压力下出现泥浆穿透地层的现象。虽然形成泥皮和渗透带泥膜,在碎石垫层有浑浊液渗出,但是滤液一直为清水。

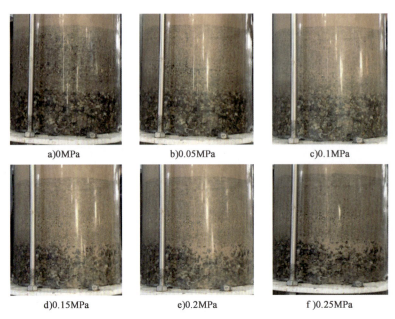

图 3.1-5 泥浆在 D_3 地层中不同阶段地层形态

4)泥浆在 D_4 地层(渗透系数为 1.4×10^{-2} cm/s)中的渗透现象

泥浆在 D_4 地层的渗透过程可以根据 6 级压力分为 6 个阶段(图 3.1-6),泥浆在 D_4 地层的渗透也可以分 6 个阶段。未加载时无泥浆渗入;0.05MPa 压力下,右侧有泥浆渗入,左侧无;0.1MPa 压力下,两侧泥浆渗入距离基本无变化;0.15MPa 压力下,两侧渗入距离略有增加;0.2MPa 和 0.25MPa 压力下,渗入距离几乎无变化。在整个过程中滤液一直为清水。观察可知,泥浆难以渗入 D_4 地层,泥浆颗粒几乎不能进入 D_4 地层。

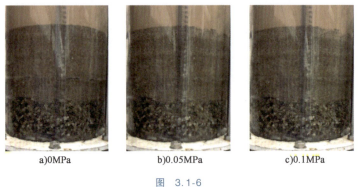

图 3.1-6

d)0.15MPa　　　　　e)0.2MPa　　　　　f)0.25MPa

图 3.1-6　泥浆在 D_4 地层中不同阶段地层形态

5) 泥浆在 D_5 地层(渗透系数为 $9.4×10^{-3}$cm/s)中的渗透现象

泥浆在 D_5 地层中的渗透现象为(图 3.1-7):整个渗透过程中并未观察到泥浆渗透进入地层的现象。由于地层渗透系数低于 $1×10^{-2}$cm/s,地层孔径已经降低到泥浆颗粒无法进入的状态。在地层表面仅仅有少量的水在压力作用下进入地层,所以泥浆渗透前后泥浆几乎没有浸入地层,渗透前后地层与泥浆的界限非常清晰,最终仅在地层表面形成了一层薄薄的泥浆堆积覆盖层。

a)渗透前　　　　　b)渗透后

图 3.1-7　渗透前后对比图

3.1.4　泥浆在不同级别的卵石土地层中的滤失量分析

通过对一种泥浆在 5 种不同地层中的渗透试验,研究泥浆渗透过程中滤失量的变化。将 5 种地层下的泥浆在各级压力下渗透的滤失量绘制成散点图,以研究泥膜形成过程的难易程度和泥膜质量的好坏。

1) 泥浆在 D_1 地层(渗透系数为 $1.7×10^{-1}$cm/s)中的滤失量

从图 3.1-8 中可以看出泥浆在 D_1 地层中渗透过程非常快,在一级压力(0.05MPa)的作用下,泥浆很快流失,滤液前段是饱和地层的清水,随后颜色逐渐变深,最后泥浆原液被排出。这说明泥浆中的颗粒毫无阻碍地通过了地层孔隙,且未在地层表面形成淤积。该渗透过程对应渗透类型一,即泥浆在地层中贯穿流失,没有形成稳定的渗透带,也不能在地层表面形成泥皮。

2）泥浆在 D_2 地层（渗透系数为 1.0×10^{-1} cm/s）中的滤失量

如图 3.1-9 所示，泥浆在 D_2 地层的渗透较 D_1 地层更稳定。第一级压力下泥浆快速渗入，滤失量增大后趋稳定，滤液变浑浊。说明泥浆颗粒淤积形成泥皮。更高压力下滤失速度仍会突增后趋稳定，但速度变化不大。最后形成 5mm 泥皮和渗透带。但是各压力级泥浆滤失量无明显阶梯状变化，泥膜质量较低，无法有效阻止泥浆继续滤失。

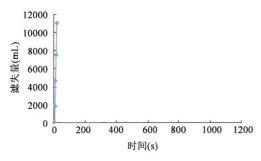

图 3.1-8　泥浆在 D_1 地层中的滤失量　　　　图 3.1-9　泥浆在 D_2 地层中的滤失量

3）泥浆在 D_3 地层（渗透系数为 3.3×10^{-2} cm/s）中的滤失量

如图 3.1-10 所示，泥浆在 D_3 地层显示出较好的适应性，滤失量呈明显阶梯状变化。第一级压力下泥浆快速进入地层导致大量滤失，然后滤失量减小。更高压力下也出现滤失量先增加后减小的过程。随压力升高，泥膜越致密，达到稳定时间越短。每级压力下泥膜均能有效控制滤失。最后泥浆形成质量较好的泥膜，能快速将滤失量降低到较小值，达到稳定的渗透速度。

4）泥浆在 D_4 地层（渗透系数为 1.4×10^{-2} cm/s）中的滤失量

如图 3.1-11 所示，泥浆在 D_4 地层中的渗透过程有明显的阶梯化，泥浆逐步渗透进入地层，并在较短时间内达到稳定。

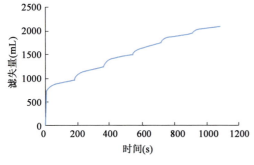
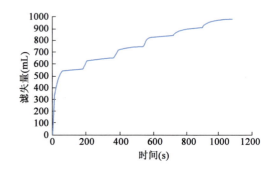

图 3.1-10　泥浆在 D_3 地层中的滤失量　　　　图 3.1-11　泥浆在 D_4 地层中的滤失量

泥浆在 D_4 地层中渗透形成了质量较好的泥膜，在每级压力加载后滤失量都能在较短时间内降低到一个较小的值。

5）泥浆在 D_5 地层（渗透系数为 9.4×10^{-3} cm/s）中的滤失量

如图 3.1-12 所示，泥浆几乎未进入 D_5 地层，泥粒被阻止在地层表面。滤失量呈明显阶梯状变化。每级压力下泥浆水快速进入地层导致滤失，泥粒留在表面形成泥皮，滤失量随后减小。随压力增加，泥皮越致密，泥浆滤失速度越小。泥浆在 D_5 地层形成质量良好的泥皮型泥膜,能够快速将滤失量降低到稳定低值。

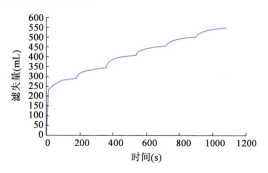

图 3.1-12　泥浆在 D_5 地层中的滤失量

综上所述,泥浆在 5 种不同级别的砂土地层中的渗透滤失过程有非常明显的差别。针对 5 组试验中各级压力下泥浆在地层单位面积的滤失量进行了统计,见表 3.1-3。

在各级压力、地层单位面积的滤失量　　　　表 3.1-3

荷载	D_1 (m^3/m^2)	D_2 (m^3/m^2)	D_3 (m^3/m^2)	D_4 (m^3/m^2)	D_5 (m^3/m^2)
一级荷载	—	0.142688	0.013694	0.007922	0.004145
二级荷载	—	0.068189	0.00389	0.001273	0.00075
三级荷载	—	0.036004	0.003834	0.001386	0.000905
四级荷载	—	0.027092	0.003466	0.001372	0.000665
五级荷载	—	0.029497	0.002688	0.00092	0.000679
六级荷载	—	0.036004	0.002193	0.001019	0.000637
总计	全部滤失	0.339474	0.029766	0.013892	0.007781

将表 3.1-3 反映成折线,如图 3.1-13 所示。

泥浆在 D_2、D_3、D_4、D_5 地层中均形成了泥膜,在 D_1 地层中则完全滤失。闵凡路等提到泥浆总的滤失量大于 $100 \times 10^{-3} m^3/m^2$ 时(在泥浆压力 50kPa,时间 1min 左右),泥浆直接从地层孔隙中流出,无法形成泥膜。通过计算,泥浆在 D_2 地层中在泥浆压力为 50kPa,时间 1min 左右的单位面积滤失量为 $0.098 m^3/m^2$,其值略小于 $0.1 m^3/m^2$,刚好形成了泥膜。从图 3.1-13 中可以看出,在前面 4 级压力作用下,泥浆在 D_2 地层中的各级渗透滤失量逐渐

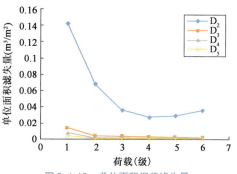

图 3.1-13　单位面积泥浆滤失量

减小,虽然也形成了泥膜,但是在后两级压力作用后,滤失量出现增大的趋势,表明泥膜并不稳定,并且有破坏的可能。而 D_3、D_4、D_5 中,泥浆的各级渗透滤失量均是逐级减小,可见形成泥膜并不能代表泥膜的稳定,各级压力下滤失量是否稳定减小可以作为泥膜是否有效的判断标准。

3.1.5 泥浆在不同级别的卵石土地层中成膜性状分析

根据相关研究表明,泥浆在地层中的渗透结果有三个类型:类型一为无泥膜生成,泥浆完全滤失;类型二为形成泥皮和渗透带型泥膜;类型三为形成泥皮型泥膜。泥膜包括地层表面的泥皮和地层中的渗透带,泥皮直接阻挡了泥浆继续渗透,而泥浆在地层中形成的渗透带有效降低了地层的渗透性。

1)泥皮厚度

试验采用同一种泥浆在 5 种不同配合比的卵石土地层中进行渗透成膜,结果表明,泥浆在 D_1 地层中完全滤失,在 D_2 地层中形成了泥皮加渗透带型泥膜,在 D_3 地层中形成了泥皮加渗透带型泥膜,在 D_4 地层中形成了泥皮型泥膜,在 D_5 地层中形成了泥皮型泥膜。泥浆在 D_1 地层中完全滤失,图 3.1-14 ~ 图 3.1-17 给出了泥浆在 D_2、D_3、D_4、D_5 地层中所形成的泥皮现象。

图 3.1-14 泥浆在 D_2 地层中形成的泥皮图　　图 3.1-15 泥浆在 D_3 地层中形成的泥皮

图 3.1-16 泥浆在 D_4 地层中形成的泥皮　　图 3.1-17 泥浆在 D_5 地层中形成的泥皮

泥浆在 D_2 地层中形成了泥皮加渗透带型泥膜(图 3.1-14),泥皮厚度为 5mm;泥浆在 D_3 地层中形成的泥皮厚度约为 10mm(图 3.1-15)。

从图 3.1-16、图 3.1-17 可以看出,由于 D_4、D_5 地层的渗透系数在 1×10^{-2}cm/s 左右,地层本身的孔隙大小几乎已经达到阻止泥浆入侵的程度,使泥浆颗粒难以进入地层。整个有压渗透过程完成后,在地层表面形成的泥浆颗粒淤积覆盖层,与致密的泥皮有较大的差别,覆盖层较为松软。

2) 渗透深度

泥浆在有压作用下渗透进入地层过程中,一部分泥浆颗粒对地层孔隙进行填堵,另一部分泥浆组分在地层表面吸附、淤积,进入地层的泥浆组分形成了泥浆渗透带,而在地层表面淤积的部分形成了泥皮。泥浆的渗透深度就是渗透带的长度。由于地层的颗粒分布不能达到绝对均匀(在实际工程中可能性很小,在试验过程中不容易控制),所以渗透深度难以进行量化。这里结合泥浆的渗透进行定性分析,对5次试验过程中泥浆渗透进入地层的实际情况进行了统计,见表3.1-4。

泥浆在不同地层中的渗透深度(单位:cm)　　表3.1-4

荷载	D_1	D_2	D_3	D_4	D_5
0.05MPa	30	30	14	0	0
0.10MPa	30	30	25	0	0
0.15MPa	30	30	30	0	0
0.20MPa	30	30	30	0	0
0.25MPa	30	30	30	0	0
0.30MPa	30	30	30	0	0

通过观察试验中泥浆的渗透过程,结合泥浆在各地层(地层厚度30cm)中的渗透深度可以得出:

泥浆在地层中的渗透深度主要受地层渗透性的影响。渗透系数高的D_1、D_2地层,泥浆在一级压力下就迅速穿透。D_3地层的渗透深度随压力升高而变化明显,每级压力下能达到稳定值。D_4、D_5地层的渗透系数很小,0.3MPa压力下泥浆基本无法进入,只在地表形成覆盖层。因此,地层渗透性越大,泥浆渗透深度越大;渗透性越小,泥浆越难进入地层。

3) 泥皮渗透系数

随着泥浆的侵入,泥皮会逐渐在地层表面形成,地层的渗透性最终会被泥饼代替,在此过程中地层渗透性随时间有一个变化,为了描述这种变化与堵塞效果之间的关系,假设泥皮的厚度为1mm,结合泥浆的渗透滤失量,计算出该过程中每个时刻泥皮渗透系数。

图3.1-18中给出了11条比较有代表性的渗透系数变化过程,当纯膨润土泥浆在D_3地层中渗透,渗透系数出现缓慢减小的形态,加载5min后其渗透系数均减小到1×10^{-6}cm/s左右,此时泥皮的渗透性相对较大,质量较差;从曲线S_4-D_3可以得出,细砂的加入使得渗透系数走势发生了较大的变化,在渗透开始后的10s内,渗透系数就减小到1×10^{-6}cm/s以下,60s减小到1×10^{-7}cm/s以下,之后渗透系数进入缓慢减小阶段,最终加载5min后泥皮渗透系数减小到3.56×10^{-8}cm/s;S_1-D_2和S_2-D_2的曲线变化与之在D_3地层中渗透相比有所变化,渗透系数减小的速度更快,最终也达到了1×10^{-7}cm/s以下;泥浆在加入粉土后,渗透开始前25s,渗透系数迅速减小,60s后均减小到1×10^{-7}cm/s左右,相比之下,粉土的加入也有助于地层渗透系数的快速减小;对于S_1-D_3和S_1-D_6可知,地层孔隙的增大,也会影响地层渗透系数的减小过程。

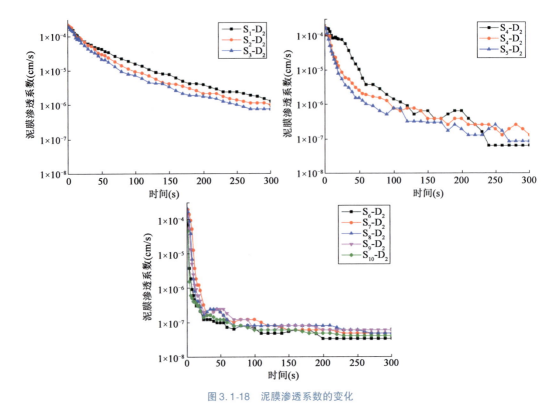

图 3.1-18　泥膜渗透系数的变化

滤饼的形成速度越快,说明泥浆对地层孔隙的堵塞越有效。对于同一个地层来说,增大泥浆中粗颗粒含量对渗透过程中渗透系数的减小有显著的促进作用。在纯膨润土中加入细砂或是粉土都是粗颗粒在起作用。通过对比还发现,在地层匹配的情况下,浆液渗透形成滤饼后,其渗透系数并没有太大差别;加砂后的纯膨润土浆液和既含砂又含粉土的浆液形成的滤饼渗透系数基本相同。

3.2　泥浆动态渗透成膜机理

实际工程中,泥水盾构的泥膜属于动态泥膜,刀盘转动时旧泥膜被切削破坏,泥浆重新渗入新鲜地层形成新泥膜。泥膜的质量取决于形成时间。如果新泥膜形成时间过长,会导致泥浆大量渗漏,压力波动,掘进面稳定性差。因此,研究刀盘破坏情况下的泥浆动态渗透规律非常必要。

通过试验模拟地层和泥浆的动态成膜过程,研究刀盘破坏下泥浆的渗透特征,初步得到泥浆在该条件下的动态成膜渗透规律。

3.2.1　考虑刀盘破坏的封闭式泥浆成膜试验系统设计

本试验采用自行研制设计的封闭式动态泥浆成膜试验系统,如图 3.2-1 和图 3.2-2 所示。

系统包含稳定架、刀盘旋转系统、试样渗透系统、压力加载系统和量测系统五大部分。稳定架固定及稳定其他装置;刀盘旋转系统带动刀盘转动;试样渗透系统实现泥浆与地层接触;压力加载系统提供压力;量测系统监测刀盘和滤水量。该系统可以模拟泥浆动态成膜过程。

图 3.2-1　考虑刀盘破坏的封闭式泥浆成膜试验装置

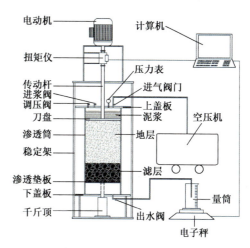

图 3.2-2　考虑刀盘破坏的封闭式泥浆成膜试验系统

由于目前常用的面板辐条式刀盘上一般有 6~8 个辐条,表 3.2-1 为泥水盾构施工中泥膜从破坏到形成,再到破坏的时间间隔估算表。试验模型中的刀盘是根据清华园隧道盾构机刀盘特别设计制作的,开口率为 36%。该刀盘装配 30 个刀具,刀盘最外围轮廓轨迹上布置有 10 把刀具。图 3.2-3、图 3.2-4 分别为京张高铁清华园隧道的刀盘实物图及本试验中的刀盘模型图。

泥水盾构施工中泥膜从破坏到形成,再到破坏的时间间隔估算表　表 3.2-1

刀盘转速 (r/min)	刀盘转动一周所用时间 (s)	泥膜从破坏到形成再 破坏的时间间隔(s)	备注
0.4	150	15	
0.5	120	12	
0.6	100	12	
0.8	75	7.5	
1.0	60	6	按盾构机的刀盘为面板辐条式,对称布置10个辐条来计算
1.2	50	5	
1.5	40	4	
1.8	33.3	3.33	
2.0	30	3	

  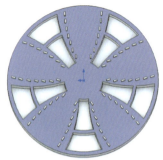

图 3.2-3 京张高铁清华园隧道刀盘实物图　　　　图 3.2-4 试验中的刀盘模型图

3.2.2 试验地层及泥浆制备

1）地层的模拟

该试验是针对京张高铁清华园盾构隧道工程在卵石土地层中掘进而设计的,故采用级配砂模拟卵石土地层。采用 D_3 和 D_4 两种典型地层来模拟,地层的渗透系数分别为 3.3×10^{-2} cm/s 和 1.4×10^{-2} cm/s。

2）泥浆的配置

本试验旨在探究泥浆在刀盘转动情况下泥浆渗透成膜规律。试验泥浆的主要材料为清水、膨润土、粉土颗粒。先利用膨润土和清水组成基础浆液,再加入粉土来调节泥浆的密度和黏度。

待泥浆搅拌调制完成后,静置 48h。在静置过程中每隔 12h 充分搅拌一次。在做试验之前同样使用搅拌机将泥浆充分搅拌均匀。

3.2.3 试验结果及分析

已完成 10 组试验,其中 4 组获得有价值数据,对这些数据取平均值进行分析。泥浆渗透过程的 9 个阶段,包括未加载前、4 次加压以及 4 次刀盘转动。结果显示,泥浆形成泥皮和渗透带泥膜,而刀盘转动会破坏泥膜。滤失量呈现明显的阶梯状变化,加压后先急速增大后逐渐趋于稳定。

图 3.2-5 给出了试验泥浆在 D_3 地层中渗透前后对比图。泥浆的渗透过程经历了未加载、4 次加压及 4 次刀盘转动过程。下面将针对这 9 个阶段进行详细的描述。泥浆在 D_3 地层中形成了泥皮加渗透带型泥膜,泥皮厚约 6mm(图 3.2-6)。

a）渗透前　　　　b）渗透后

图 3.2-5 考虑刀盘破坏情况下的泥浆成膜渗透试验渗透前后对比图（D_3 地层）　　图 3.2-6 泥浆在 D_3 地层中形成的泥皮

图 3.2-7 为泥浆在 D_3 地层中渗透产生的滤失量曲线。图 3.2-8 为各级压力下泥浆在 D_3 地层中渗透产生的滤失量。从图 3.2-7 可以看出渗透过程呈明显的阶梯状。

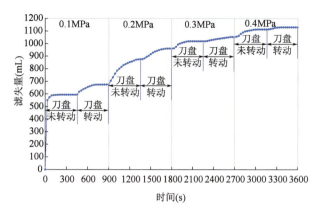

图 3.2-7　泥浆在 D_3 地层中渗透的滤失量曲线

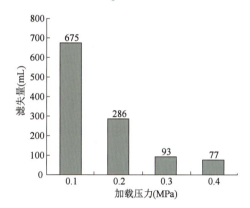

图 3.2-8　加压下泥浆在 D_3 地层中渗透的滤失量

D_3 和 D_4 两种不同渗透系数的地层泥浆渗透规律基本一致，但滤失量有所差异（图 3.2-7～图 3.2-10）。与静态泥膜相比，动态泥膜的滤失量相对较小。该试验在一定程度上反映了盾构机停机和刀盘转动时泥浆的动态成膜过程，可在一定程度上模拟实际情况。

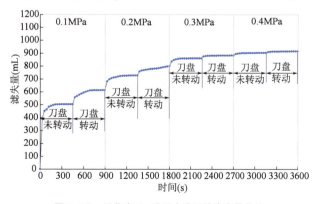

图 3.2-9　泥浆在 D_4 地层中渗透的滤失量曲线

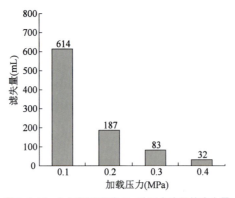

图 3.2-10　加压下泥浆在 D_4 地层中渗透的滤失量

3.3　开挖面稳定性流固耦合数值模拟

泥水平衡盾构施工过程中泥水仓压力是维持开挖面平衡的关键所在。开挖面的泥水压力一方面用以平衡前方土压力,另一方面用以平衡前方的水压力。泥浆压力过大会导致泥膜失效,严重者可能导致开挖面出现泥浆劈裂,开挖面失稳;反之,开挖面泥水压力偏小,会导致开挖面支护应力不足。加之开挖面前方孔隙水大量流出,土体有效应力增大,开挖面形变进一步扩大。因此,有必要针对泥水平衡盾构开挖面的流固耦合问题开展相关研究。

流固耦合研究内容从学科上看涉及了动力学、流体力学、固体力学、计算机力学、控制理论等多门学科知识;流固耦合的研究对象包括:①渗流场作用下固体介质的各种行为;②固体介质的变形或运动对渗流场的影响。

下面主要针对卵石土地层泥水平衡盾构开挖面问题进行研究,利用 FLAC3D 有限差分软件建立三维空间模型进行流固耦合计算,研究不同地层埋深和不同的泥水压力下开挖面稳定性。数值计算中通过将开挖面的泥水压力分为孔隙水压力和法向应力,其分别作用开挖面,以准确模拟实际工程中泥水对开挖面的作用机理。之后通过模型试验并依托工程数据探寻泥水平衡盾构开挖面土体稳定规律。

3.3.1　FLAC3D 在流固耦合分析中的应用

1) 基本方程

FLAC3D 计算岩土体流固耦合效应时,将岩体视为多孔介质,流体在孔隙介质中流动依据 Darcy 定律,同时满足 Biot 方程。进行流固耦合计算时主要有以下几个方程:

(1) 平衡方程

对于小变形,流体质点平衡方程为:

$$-q_{ij} + q_v = \frac{\partial \zeta}{\partial t} \tag{3.3-1}$$

式中:q_{ij}——渗流速度(m/s);

q_v——被测体积的流体源强度(1/s);

ζ——单位体积孔隙介质的流体体积变化量。

$$\frac{\partial \zeta}{\partial t} = \frac{1}{M}\frac{\partial p}{\partial t} + \alpha\frac{\partial \varepsilon}{\partial t} - \beta\frac{\partial T}{\partial t} \tag{3.3-2}$$

式中：M——Biot 模量(N/m^2)；

p——孔隙压力(Pa)；

α——Biot 系数；

ε——体积应变；

T——温度(℃)；

β——考虑流体和颗粒热膨胀系数(1/℃)。

(2) 运动方程

流体运动用 Darcy 定律来描述。对于均质、各向同性固体和流体密度是常数的情况，该方程为：

$$q_i = -k(p - \rho_f x_j g_j) \tag{3.3-3}$$

式中：k——介质的渗流系数(m/s)；

ρ_f——流体密度(kg/m^3)；

$g_j(j=1,2,3)$——重力加速度的 3 个分量(m/s^2)；

x_j——3 个方向上的距离梯度。

(3) 本构方程

体积应变的改变引起流体孔隙压力的变化；反之，孔隙压力的变化也导致体积应变的发生。孔隙介质本构方程的形式为：

$$\Delta\sigma_{ij} + \alpha\Delta p\delta_{ij} = H_{ij}(\sigma_{ij}, \Delta\varepsilon_{i,j}) \tag{3.3-4}$$

式中：$\Delta\sigma_{ij}$——应力增量；

Δp——孔隙水压力增量；

H_{ij}——给定的函数；

$\Delta\varepsilon_{i,j}$——总应变增量。

(4) 相容方程

应变率和速度梯度之间的关系为：

$$\varepsilon_{ij} = 0.5\left(\frac{\partial u_i}{\partial x_j} + \frac{\partial u_j}{\partial x_i}\right) \tag{3.3-5}$$

式中：u——介质中某点的速度。

2) 边界条件

岩土体渗流发生在特定空间流场内，唯一确定该渗流场的条件称为边界条件。基于稳定渗流场的数学模型，确定基本微分方程的边界条件为：

(1) 已知水头边界条件

又称为第一类边界条件，其表达式为：

$$\begin{cases} H(x,y,z)|_{\Gamma_1} = \varphi(x,y,z,t) \\ (x,y,z) \in S_1 \end{cases} \tag{3.3-6}$$

式中：$\varphi(x,y,z,t)$——已知的水头分布函数；

S_1——区域内水头已知的边界集合。

(2)流量边界条件

又称为第二类边界条件,其表达式为:

$$\begin{cases} k\dfrac{\partial H}{\partial n}\big|_{\Gamma_2} = q(x,y,z) \\ (x,y,z) \in S_2 \end{cases} \quad (3.3\text{-}7)$$

式中:q——渗流区域边界上单位面积流入(出)量;

S_2——区域内法向流速已知的边界集合;

n——边界法向方向。

(3)自由面边界和溢出面边界条件

自由面边界条件为:

$$\begin{cases} \dfrac{\partial H}{\partial n} = 0 \\ H(x,y,z)\big|_{\Gamma_3} = z(x,y) \\ (x,y,z) \in S_3 \end{cases} \quad (3.3\text{-}8)$$

溢出面边界条件为:

$$\begin{cases} \dfrac{\partial H}{\partial n} = 0 \\ H(x,y,z)\big|_{\Gamma_4} = z(x,y) \\ (x,y,z) \in S_4 \end{cases} \quad (3.3\text{-}9)$$

式中:$z(x,y)$——流场内位置点的高程;

S_3、S_4——分别为自由面和溢出面边界。

3.3.2 数值模型

为研究不同隧道埋深和水压作用下泥水平衡盾构隧道开挖稳定性,数值模拟中建立了三种埋深的盾构隧道,埋深分别为 $1.0D$、$2.0D$ 和 $3.0D$(D 为隧道直径,取 3.5m)。地下水位为 0m,即隧道中心水压分别为 $1.0D\gamma$、$2.0D\gamma$ 和 $3.0D\gamma$,其中 γ 为水的重度。模型横向长度和纵向长度分别为 15m 和 22m。三维模型所用边界条件分为力学边界条件和渗流边界条件。力学边界条件为地表自由边界、模型四周法向位移约束、模型底部固定边界。渗流边界条件为模型上表面零孔压边界,其余不透水边界。数值计算中通过固定开挖面节点孔隙水压力和施加法向应力来模拟泥浆压力对开挖面的作用。

数值模型中卵石土地层采用均值实体单元模拟,管片衬砌采用壳单元进行模拟。其中,土体采用摩尔-库仑本构模型,衬砌采用弹性本构模型。土体和衬砌的物理力学参数见表3.3-1、表3.3-2。

土体物理力学参数　　　　　　　　表 3.3-1

内摩擦角(°)	孔隙率	黏聚力	泊松比	渗透系数(m/s)	干密度(kg/m³)
36	0.53	0	0.26	2.0×10^{-5}	1.269

衬砌物理力学参数　　　　　　　　　表3.3-2

名称	弹性模量(GPa)	密度(kg/m³)	泊松比	厚度(m)
管片衬砌	35.5	2500.0	0.20	0.55

针对3种不同隧道埋深和相应的水压,研究不同的开挖面泥水压力条件下泥水平衡盾构开挖面的稳定性。如前所述,数值计算中通过固定不同的开挖面节点孔隙水压力来模拟不同的泥浆压力对开挖面孔隙水压力的作用[图3.3-1a)],同时对开挖面施加不同的法向应力来模拟不同的泥浆压力对开挖面的支护作用。具体实施时,通过提取自重平衡条件下掌子面节点土压力和水压力[图3.3-1b)],在隧道开挖后通过不同的比例将土压力和水压力施加到掌子面,以此来研究不同的掌子面泥水压力比条件下泥水平衡盾构开挖面稳定性。

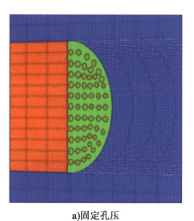

a)固定孔压　　　　　　b)水、土荷载

图3.3-1　泥水压力的模拟

为研究不同泥水压力作用下开挖面前方地层应力、孔隙水压力、有效应力和位移的变化规律。在开挖面前方1.5m位置设置了竖向应力监测断面,在开挖面前方0.2~12m范围设置了超孔隙水压力和有效应力监测断面。测点分布见图3.3-2。

3.3.3　结果分析

1)开挖面前方水体的渗流

以隧道埋深1.5D为例,研究开挖面在不同的泥水压力比和孔压比条件下周围水体的渗流特征。不同的开挖面固定孔压比下水体的渗流特征如图3.3-3所示。由图3.3-3可见,开挖面的固定孔压比小于1.0时,即泥水压力小于前方的水压。开挖面前方的水体不断流向开挖面,且随着开挖面固定孔压比的减小,水体向开挖面的流速不断增大。

开挖面的固定孔压比大于1.0时,即泥水压力大于前方的水压,开挖面附近的水体不断流向开挖面前方,且随着开挖面的固定孔压比的增大,孔隙水向开挖面前方的流速不断增大。

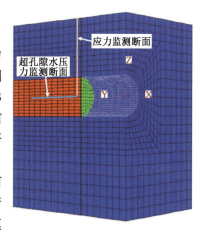

图3.3-2　测点分布

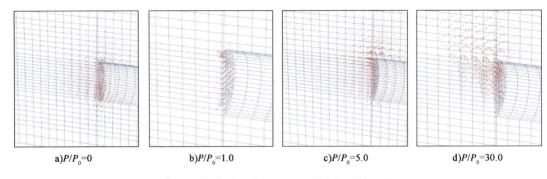

图 3.3-3　不同泥水压力作用下开挖面孔隙水渗流矢量图

2）开挖面前方土体孔隙水压力分布

图 3.3-4 所示为隧道埋深 $1.5D$ 时开挖面前方土体孔隙水压力分布云图。由图 3.3-4 可见，当开挖面的泥水压力小于前方水压时，地层最小孔隙水压力出现在开挖面附近。该种情况下，土体的孔隙水在压力差的作用下大量涌向开挖面，容易造成开挖面失稳。当开挖面的泥水压力大于前方水压时，地层最大孔隙水压力出现在开挖面附近。该种情况下，土体的孔隙水在压力差的作用下大量涌向开挖面前方，容易造成泥水劈裂。

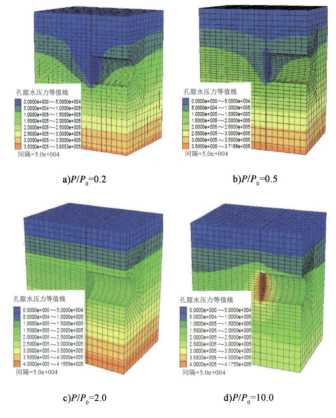

图 3.3-4　隧道埋深 $1.5D$ 时开挖面前方土体孔隙水压力分布云图

3）开挖面土体位移

图 3.3-5 所示为 1.5D 埋深下不同泥水压力时开挖面位移云图。由图 3.3-5 可见，泥水压力小于开挖面的水土压力时，开挖面的土体向隧道内发生位移。随着泥水压力逐渐减小，开挖面的土体向隧道内的位移不断增大。泥水压力比为由 0.3 减小到 0.2 时，即泥水压力由开挖面前方水土压力的 30% 减小到 20%，开挖面的土体位移最大值由 10.2cm 骤增到 69.1cm，且挖面的位移延伸到了地表。可见，此时为泥水盾构开挖面失稳临界点。

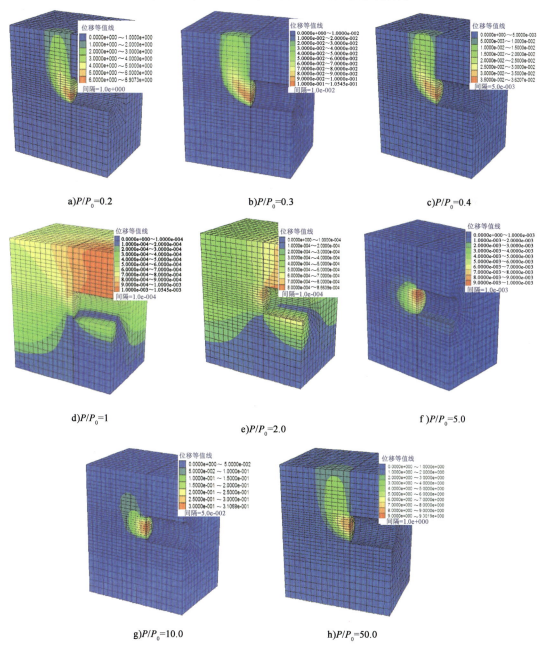

a) P/P_0=0.2   b) P/P_0=0.3   c) P/P_0=0.4

d) P/P_0=1   e) P/P_0=2.0   f) P/P_0=5.0

g) P/P_0=10.0   h) P/P_0=50.0

图 3.3-5　埋深 1.5D 时不同泥水压力下开挖面位移

由图3.3-5还可知,泥水压力大于开挖面的水土压力时(泥水压力比大于1.0),开挖面的土体向开挖面前方发生位移。随着泥水压力逐渐增大,开挖面的土体向开挖面前方的位移不断增大。与泥水压力比小于1.0不同,泥水压力比由1.0逐渐增大至50,开挖面的土体位移整体呈线性增大的趋势。

图3.3-6所示为3.0D埋深下不同泥水压力比时开挖面位移云图。由图可见,泥水压力比由1.0减小到0.3时,开挖面位移近乎均匀增大至9.5cm。泥水压力比由0.3减小至0.2时,即泥水压力由开挖面前方水土压力的30%减小到20%,开挖面的土体位移最大值由9.5cm骤增到27.7cm,且开挖面的位移延伸到了地表。可见,此时为泥水盾构开挖面失稳临界点。

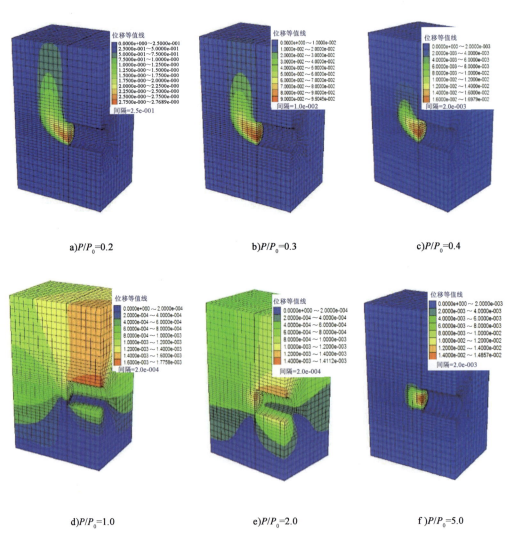

a) P/P_0=0.2　　　　b) P/P_0=0.3　　　　c) P/P_0=0.4

d) P/P_0=1.0　　　　e) P/P_0=2.0　　　　f) P/P_0=5.0

图 3.3-6

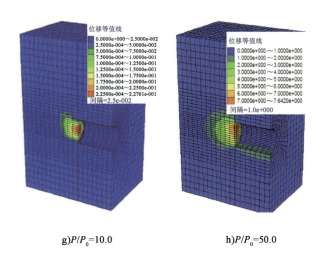

g) $P/P_0=10.0$ h) $P/P_0=50.0$

图 3.3-6 埋深 3.0D 时不同泥水压力比下开挖面位移

3.0D 埋深下开挖面前方土体位移情况同埋深 1.5D。

图 3.3-7 所示为 4.5D 埋深下不同泥水压力比时的开挖面位移云图。由图 3.3-7 可见，泥水压力比由 1.0 减小到 0.3 时，开挖面位移近乎均匀增大至 9.2cm。泥水压力比由 0.3 减小至 0.2 时，即泥水压力由开挖面前方水土压力的 30% 减小到 20%，开挖面的土体位移最大值由 9.2cm 骤增到 40.9cm，且开挖面的位移延伸到了地表。可见，此时为泥水盾构开挖面失稳临界点。

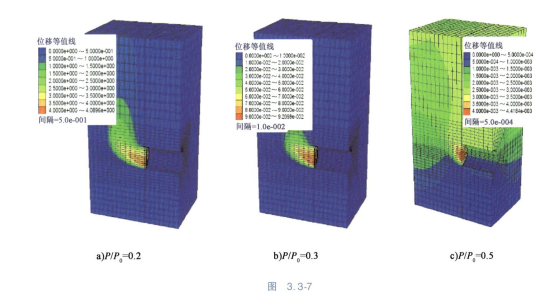

a) $P/P_0=0.2$ b) $P/P_0=0.3$ c) $P/P_0=0.5$

图 3.3-7

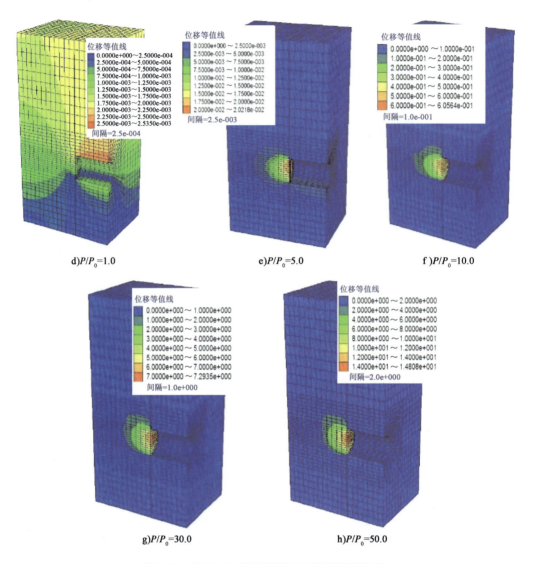

图 3.3-7 埋深 4.5D 时不同泥水压力比下开挖面位移

4.5D 埋深下开挖面前方土体位移情况同埋深 1.5D。

4）开挖面前方土体超静孔隙水压力和土体有效应力关系

图 3.3-8 所示为隧道埋深 1.5D 条件下泥水压力比为 0.5 时开挖面前方不同位置处的土体超静孔隙水压力和土体有效应力演变关系。流固耦合程序计算时先关闭渗流场进行力学模块计算,待力学状态平衡后,再打开渗流场进行流固耦合计算。

由图 3.3-8 可以看出,力学场计算阶段由于支护应力不足,开挖面处等同卸载作用,开挖面的土体有效应力不断减小。与之相对应,土体的孔隙水压力有所回升,导致超静孔隙水压力不断减小。此后由于流固耦合作用,开挖面附近土体中的水向开挖面附近不断渗流,导致土体负孔压不断增大,同时土体颗粒的有效应力不断增大。总体而言,距离开挖面越远的测点,泥浆压力引起的土体超孔压越小,同时土体颗粒的有效应力增大幅度越小。

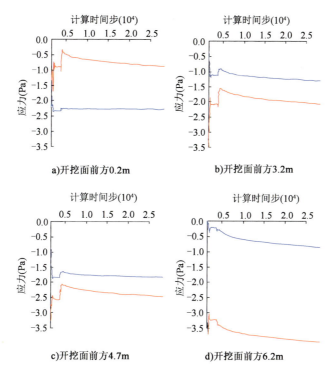

图 3.3-8　埋深 1.5D 时开挖面前方土体超孔隙水压力和土体有效应力变化（$P/P_0=0.5$）

图 3.3-9 所示为隧道埋深 1.5D 条件下泥水压力比为 5.0 时开挖面前方不同位置处的土体超静孔隙水压力和土体有效应力演变关系。由图 3.3-9 可见，力学场计算阶段由于支护应力偏大，开挖面处等同加载作用，开挖面的土体有效应力不断增大。与之相对应，土体的孔隙水压力有所增大（正孔隙水压力），导致超静孔隙水压力不断增大。此后由于流固耦合作用，开挖面附近孔隙水向开挖面前方不断渗流，导致土体正孔压不断减小，同时土体颗粒的有效应力不断增大。总体而言，距离开挖面越远的测点，泥浆压力引起的土体超孔压越小，同时土体颗粒的有效应力增大幅度越小。

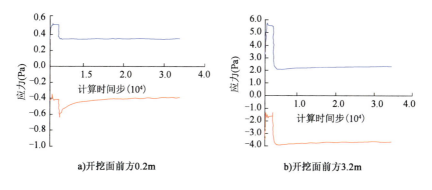

图 3.3-9

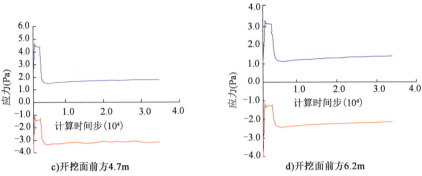

c) 开挖面前方4.7m　　　　　　d) 开挖面前方6.2m

图3.3-9　埋深1.5D时开挖面前方土体超孔隙水压力和土体有效应力变化（$P/P_0 = 5.0$）

5）开挖面前方土体应力状态

图3.3-10、图3.3-11为隧道埋深1.5D、不同泥水压力比时开挖面前方土体应力分布。开挖面泥水压力比小于1.0时，由图3.3-10a）和图3.3-11a）可见，随着开挖面前方土体应力释放，表现为竖向土压力和水平土压力同时减小。这部分土体应力释放使得泥水盾构开挖面前方区域土颗粒沿竖向产生松动，导致竖向土压力明显减小。同时可见，开挖面泥水压力为0.5P_0时，开挖面前方竖向高度为5～13m区域的土体水平应力超过土体初始水平应力。说明土拱效应逐渐形成，水平方向土体由于受两侧土体的挤压，土颗粒之间相互楔紧，导致水平向土压力增加。随着开挖面泥水压力进一步减小，土体出现局部剪切破坏区域，土拱高度不断增加，土拱区向地表移动，新的土拱逐渐形成并发挥强度。可以看出泥水盾构开挖面失稳破坏是一个渐进破坏的过程，伴随着土拱的形成、发挥和发展，产生了松动破坏区。开挖面泥水压力比大于1.0时，由图3.3-10b）图3.3-11b）可见，随着开挖面泥水压力比的增大，开挖面前方土体的竖向和水平向土压力同时增大，且自地表到开挖面高度的土体应力都有不同程度增大。其中以开挖面附近区域增量最为明显。

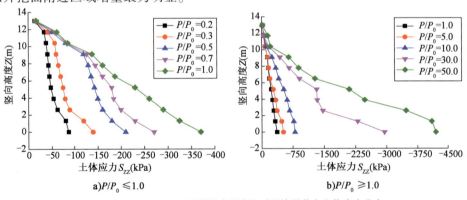

a) $P/P_0 \leqslant 1.0$　　　　　　b) $P/P_0 \geqslant 1.0$

图3.3-10　埋深1.5D、不同泥水压力比时开挖面前方土体应力分布

图3.3-12、图3.3-13为隧道埋深3.0D、不同泥水压力比时开挖面前方土体应力分布。开挖面泥水压力比小于1.0时，由图3.3-12a）和图3.3-13a）可见，随着开挖面前方土体应力释放，表现为竖向土压力和水平土压力同时减小；开挖面泥水压力为0.3P_0时，开挖面前方竖向高度为10～23.5m区域的土体水平应力超过土体初始水平应力，说明土拱效应逐渐形成，平方向土体由于受两侧土体的挤压，土颗粒之间相互楔紧，导致水平向土压力增加；开挖面泥水压力为0.2P_0

时,开挖面前方竖向高度为18~23.5m区域的土体水平应力超过土体初始水平应力,说明随着开挖面泥水压力的不断减小,土体出现局部剪切破坏区域,土拱高度不断增加,土拱区向地表移动,新的土拱逐渐形成并发挥强度。开挖面泥水压力比大于1.0时,由图3.3-12b)和图3.3-13b)可见,随着开挖面泥水压力大的增大,开挖面前方土体的竖向和水平向土压力同时增大,且自地表面到开挖面高度的土体应力都有不同程度增大。其中以开挖面附近区域增量最为明显。

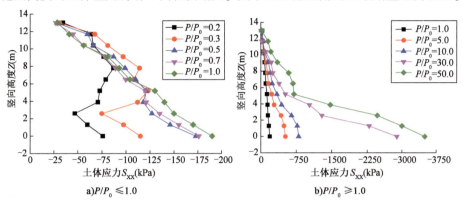

图3.3-11　埋深1.5D、不同泥水压力比时开挖面前方土体应力分布

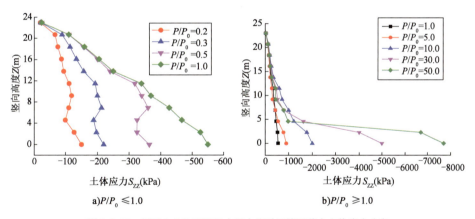

图3.3-12　埋深3.0D、不同泥水压力比时开挖面前方土体应力分布

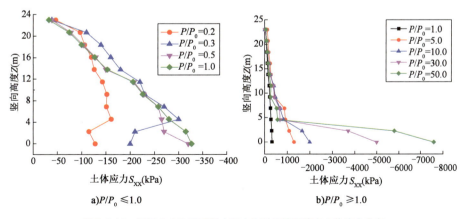

图3.3-13　埋深3.0D、不同泥水压力比时开挖面前方土体应力分布

图 3.3-14、图 3.3-15 为隧道埋深 4.5D、不同泥水压力比时开挖面前方土体应力分布。开挖面泥水压力比小于 1.0 时,由图 3.3-14a)与图 3.3-15a)可见,随着开挖面前方土体应力释放,表现为竖向土压力和水平土压力同时减小;开挖面泥水压力为 0.5P_0 时,开挖面前方竖向高度为 10~35m 区域的土体水平应力超过土体初始水平应力,说明土拱效应逐渐形成,平方向土体由于受两侧土体的挤压,土颗粒之间相互楔紧,导致水平土压力增加;开挖面泥水压力为 0.2P_0 时,开挖面前方竖向高度为 21~35m 区域的土体水平应力超过土体初始水平应力,说明随着开挖面泥水压力的不断减小,土体出现局部剪切破坏区域,土拱高度不断增大,土拱区向地表移动,新的土拱逐渐形成并发挥强度。开挖面泥水压力比大于 1.0 时,由图 3.3-14b)和图 3.3-15b)可见,随着开挖面泥水压力大的增大,开挖面前方土体的竖向和水平向土压力同时增大,且自地表到开挖面高度的土体应力都有不同程度增大。其中以开挖面附近区域增量最为明显。

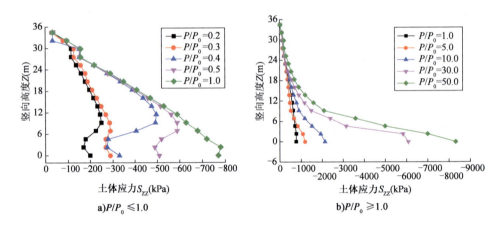

图 3.3-14 埋深 4.5D、不同泥水压力比时开挖面前方土体应力分布

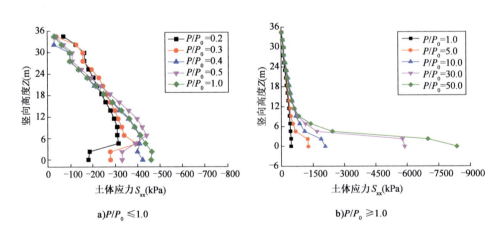

图 3.3-15 埋深 4.5D、不同泥水压力比时开挖面前方土体应力分布

6)开挖面极限支护力

开挖面位移随开挖面泥水压力比的变化关系曲线如图 3.3-16 所示。由图 3.3-16 可见,不

同埋深条件下开挖面位移随开挖面泥浆压力比的发展呈现相似的规律。开挖面的泥水应力比小于1.0时,随着泥浆压力的减小,开挖面位移变化过程可分为两个阶段:第一阶段开挖面位移呈线性增大趋势,该阶段土体抗剪强度逐渐发挥;第二阶段开挖面位移呈非线性增大趋势,该阶段土体的剪应力超过土体抗剪强度,开挖面开始失稳破坏。开挖面的泥水应力比大于1.0时,随着泥浆压力的增大,开挖面位移整体呈线性增加趋势。

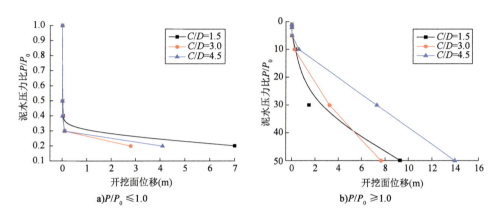

图3.3-16 开挖面位移随开挖面泥水压力比的变化关系曲线

由图3.3-16还可见,不同埋深下开挖面的失稳破坏($P/P_0<1.0$)的临界泥浆压力比基本一致,即泥水压力比约为0.2时,开挖面发生失稳破坏。

3.3.4 清华园隧道开挖面稳定性分析

1)模型建立

为研究清华园隧道泥水平衡盾构掘进过程中关键施工参数对地层位移和超孔隙水压力的影响,以2号区间学院南路段为依托工程,2号区间由2号竖井2a始发井始发向南依次下穿知春路(地铁10号线)、北三环、学院南路至1号接收井接收。2号区间的始发段在平面上呈直线形态,而其纵断面在进洞后展现为2%的坡度。该区段的平均埋深为22m。

通过建立三维数值模型(图3.3-17)模拟泥水平衡盾构步步掘进。在本模型中,盾构掘进步为1.0m,即每开挖1.0m进行一次流固耦合平衡计算。如前所述,渗流边界条件为:模型上表面为零孔压边界(计算过程中水位保持不变),其余边界均为不透水边界。数值计算中通过固定不同的开挖面节点孔隙水压力来模拟不同的泥浆压力对开挖面孔隙水压力的作用;同时对开挖面施加不同的法向应力,来模拟不同的泥浆压力对开挖面的支护作用。本次研究针对不同的泥膜渗透系数和开挖面泥水压力进行分析,研究开挖面前方超孔隙水压力和地表位移的演变规律,并将数值计算结果与现场实测数据进行对比分析,以期得到地层位移和超孔隙水压力的变化规律。拟研究的泥膜渗透系数和开挖面泥水压力工况见表3.3-3。

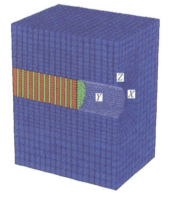

图3.3-17 依托工程数值模型

开挖面泥水压力、泥膜渗透系数　　　　　表 3.3-3

开挖面泥水压力(×开挖面水、土压力)	泥膜渗透系数(×地层渗透系数)	开挖面泥水压力	工况
0.8 倍	0.001 倍、0.01 倍、0.1 倍	A	A1、A2、A3
1.0 倍	0.001 倍、0.01 倍、0.1 倍	B	B1、B2、B3
1.2 倍	0.001 倍、0.01 倍、0.1 倍	C	C1、C2、C3

2）超孔隙水压力演变特征

图 3.3-18 为工况 A 条件下开挖面前方土体超孔隙水压力随掘进步的演变过程。总体而言，由于开挖面泥水压力偏小，开挖面的孔隙水大量泄出，土体逐渐出现负孔隙水压力，即超孔隙水压力表现为负值。当开挖面到达监测断面时，负孔隙水压力值达到最大。随着盾构的远离，孔隙水压力由于地下水渗流作用逐渐恢复并维持在一个稳定值。由图 3.3-18 还可见，同一种开挖面支护压力下泥膜的渗透系数对开挖面前方土体的超孔隙水压力有一定的影响，具体表现为泥膜的渗透系数越大，监测点的超孔隙水压力值越大。这主要是由于泥膜的渗透系数增大会促使开挖面的孔隙水加速渗出，引起超孔隙水压力值不断增大。

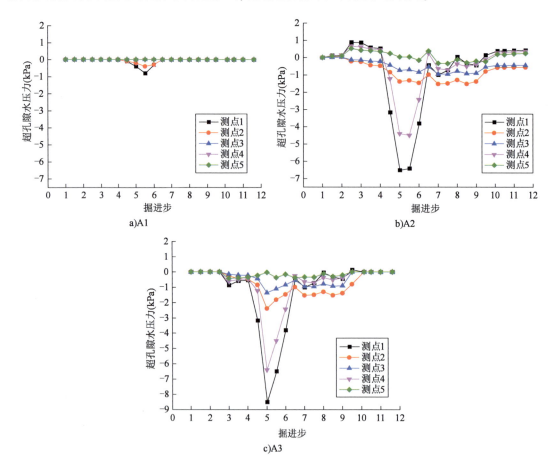

图 3.3-18　开挖面前方土体超孔隙水压力随掘进步的演变过程（工况 A）

图 3.3-19 为工况 B 情况下开挖面前方土体的超孔隙水压力随掘进步的演变过程。由图 3.3-19 可见,开挖面泥水压力和前方水土压力平衡时,随着盾构的推进,前方土体的超孔隙水压力表现为负值;随着泥膜渗透系数的增大,前方土体的超孔隙水压力值不断增大。这表明,泥水盾构施工过程中,泥浆压力和泥膜的渗透系数对维持开挖面稳定都具有重要作用。即使开挖面泥水压力和前方水土压力相平衡,也难以避免开挖面前方孔隙水渗出。维持开挖面的稳定性要同时,要兼顾开挖面的泥水压力平衡和泥膜的质量。

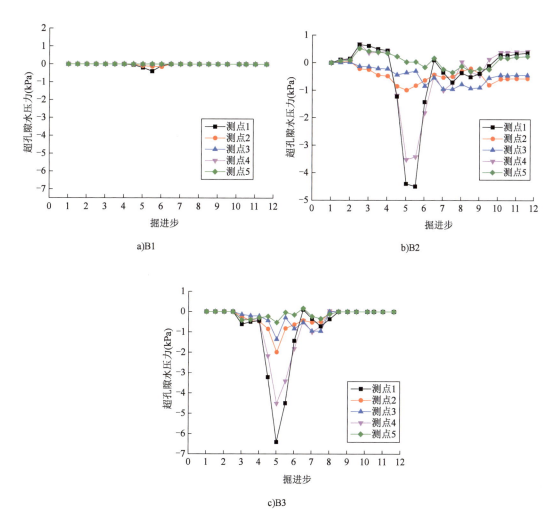

图 3.3-19　开挖面前方土体超孔隙水压力随掘进步的演变过程(工况 B)

图 3.3-20 为工况 C 条件下开挖面前方土体的超孔隙水压力随掘进步的演变过程。由图 3.3-20 可见,开挖面泥水压力大于前方水土压力平衡时,随着盾构的推进,前方土体的超孔隙水压力表现为正值。随着泥膜渗透系数的增大,前方土体的超孔隙水压力值不断减小。这主要是由于膜渗透系数的增大导致更多孔隙水泄出,引起土体的正超孔隙水压力值不断减小。

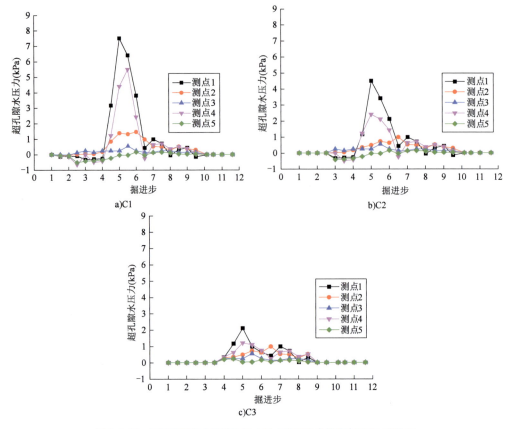

图 3.3-20 开挖面前方土体超孔隙水压力随掘进步的演变过程(工况 C)

3)地表位移和超孔隙水压力关系

图 3.3-21 为工况 A 条件下开挖面前方地表位移和土体超孔隙水压力之间的演变关系。由图 3.3-21 可见,随着掘进的进行,地表测点的沉降量不断增大;开挖面到达监测断面时,地层的超孔隙水压力增幅达到最大,此时地表的沉降量亦呈现最大增幅。这表明地层的超孔隙水压力变化和地表位移存在必然的联系。地层的负孔隙水压力不断增大,使土体有效应力增加,从而导致地表沉降量不断增大。

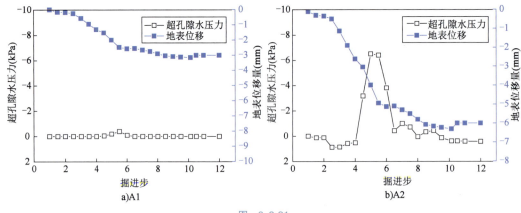

图 3.3-21

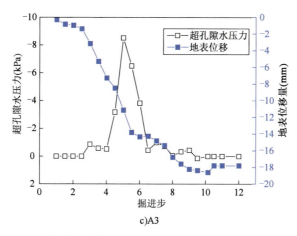

c)A3

图 3.3-21　开挖面前方地表位移和土体超孔隙水压力之间的演变关系（工况 A）

泥膜的渗透系数越小,地表沉降量越小。开挖面远离地表位移测点后,地表沉降量有所减小。这主要是由于地下水位恢复,土体的孔隙水得到补充,土体有效应力得以减小。

图 3.3-22 为工况 B 条件下开挖面前方地表位移和土体超孔隙水压力之间的演变关系。与工况 A 类似,随着掘进的进行,地表测点的沉降量不断增大;开挖面到达监测断面时,地层的超孔隙水压力增幅达到最大,此时地表的沉降量亦呈现最大增幅。由于维持开挖面的水土压力要大于工况 A,可以看出同一种泥膜渗透系数下工况 B 的地表位移要明显小于工况 A。

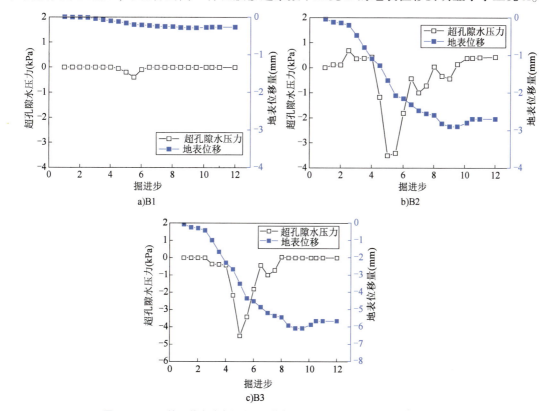

图 3.3-22　开挖面前方地表位移和土体超孔隙水压力之间的演变关系（工况 B）

图 3.3-23 为工况 C 条件下开挖面前方地表位移和土体超孔隙水压力之间的演变关系。由图 3.3-23 可见，开挖面到达测点下方时，超孔隙水压力（正）达到最大，此时地表隆起量增幅最大。由于维持开挖面的水土压力要大于开挖面前方的地层的水土压力，可以看出不同泥膜渗透系数下地表均出现了一定程度隆起。随着泥膜渗透系数的增大，地表隆起量有所减小。这主要是由于开挖面孔隙水的渗流作用降低了地层的超孔隙水压力（正）。同时可见，开挖面远离地表位移测点后，地表隆起量有所减小。这主要是由于地下水位恢复，土体的孔隙水得到补充，土体有效应力逐渐得以恢复。

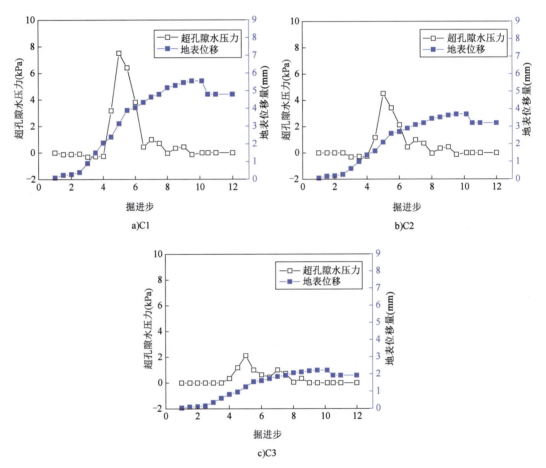

图 3.3-23　开挖面前方地表位移和土体超孔隙水压力之间的演变关系（工况 C）

4）现场位移和超孔隙水压力测点布置

本标题下的内容以清华园隧道 3 号—2 号盾构区间为依托，针对地表沉降、地中水平位移、地层超孔隙水压力进行现场监测。综合考虑清华园隧道区间平面图、地质纵断面图和现场沿线情况，选取典型地层设置监控断面。在 DK17+400～DK17+412 区间断面布置地中水平位移测试监测点；在隧道轴线上方地表每隔 5m 布置一个地表监测点。地层孔隙水压力监测点位于拱顶上方 1.5m 位置。地表位移测点分布如图 3.3-24 所示，地中水平位移沉降监测点如图 3.3-25 所示，地层的超孔隙水压力计安装如图 3.3-26 所示。

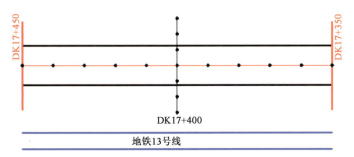

图 3.3-24 地表位移测点分布

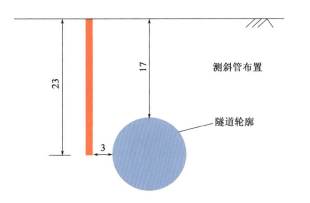

图 3.3-25 地中水平位移沉降监测点(尺寸单位:m)

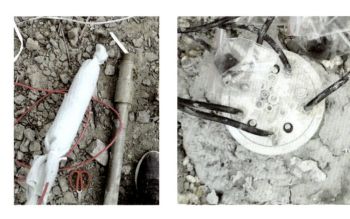

图 3.3-26 地层的超孔隙水压力计安装

5)测试结果分析

(1)地表位移和孔隙水压力

图 3.3-27 所示为实测地表位移和超孔隙水压力变化曲线。由图 3.3-27 可见,实测地表位移规律和地层超孔隙水压力变化有明显的对应关系。随着开挖面接近测试断面,地层的超孔隙水压力测点逐渐呈现负超孔隙水压力。开挖面到达测试断面时,负超孔隙水压力出现峰值。与之相对应,超孔隙水压力测点正上方地表沉降量随着超孔隙水压力的增大逐渐增大。盾构开挖面远离监测点后,测点的超孔隙水压力量值受管片衬砌壁后注浆的影响出现波动,随后趋于稳定(0)。由图 3.3-28 可见,现场实测地表沉降与数值模拟沉降的结果类似。

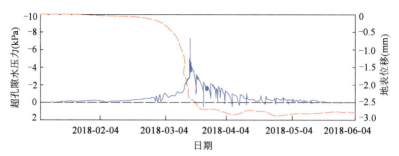

图 3.3-27 实测地表位移和地层超孔隙水压力变化曲线

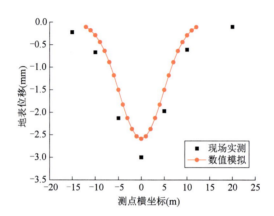

图 3.3-28 地表位移和地层超孔隙水压力关系(工况 C)

(2) 地中水平位移

通过测量测斜管轴线与铅垂线之间的夹角变化量,可获得土、岩石、围护结构内部不同深度的水平位移。为获取泥水平衡盾构掘进过程中地中土体水平位移变化规律,现场采用测斜管监测地中土体水平位移。现场监测时以测斜管管底为固定点,测斜仪竖向每间隔 1m 测量一次土体水平位移。为抵消测量误差,每个测斜管纵向、横向各测量两次。根据盾构拼环情况确定测量频率,当盾构机切口距离监测断面小于 20m 时,每拼完一环测量一次数据。当盾构切口远离监测断面 20m 后降低数据采集频率。

测斜管水平位移正、负号规定:横断面,轴线两侧土体以向轴线侧移动为正,纵断面以盾构掘进方向为正。DK17+400 断面测点的地中水平相对位移随深度变化如图 3.3-29、图 3.3-30 所示。DK17+400 断面测点地中水平位移随盾构掘进变化如图 3.3-31、图 3.3-32 所示。

由图 3.3-29 和图 3.3-31 可以看出,盾构机到达监测断面前,隧道侧方土体的横向位移值在 -1~1mm 范围内波动,说明该期间掘进对土体横向扰动影响甚微;盾构机通过期间,其横向位移值逐渐变为正值,即土体朝向隧道方向移动。在盾构机脱环前后,地层位移明显增大。其原因是盾尾通过期间,壁后注浆未能及时硬化,导致较大的地层损失;当盾构继续向前推进,土体横向移动趋于稳定,此时盾构掘进对地层的影响趋弱,后续位移主要是土体固结变形。土体的横向水平位移最大值发生在盾构脱环后,约为 3.8mm。

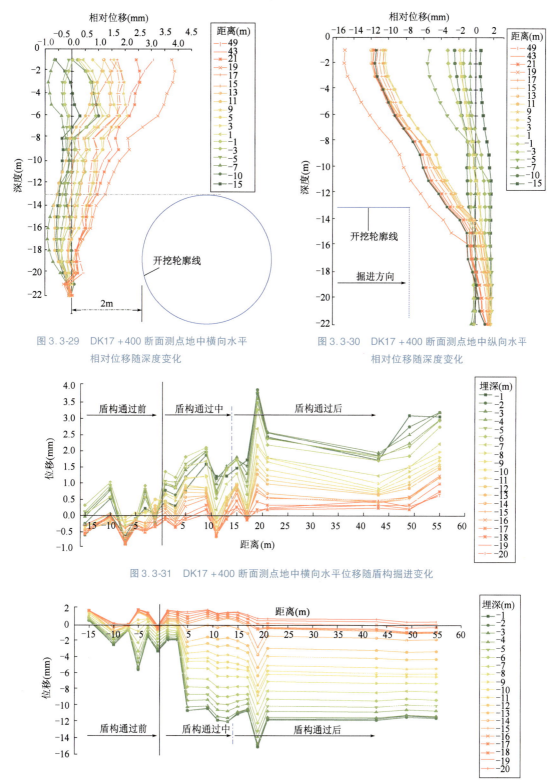

图 3.3-29 DK17+400 断面测点地中横向水平相对位移随深度变化

图 3.3-30 DK17+400 断面测点地中纵向水平相对位移随深度变化

图 3.3-31 DK17+400 断面测点地中横向水平位移随盾构掘进变化

图 3.3-32 DK17+400 断面测点地中纵向水平位移随盾构掘进变化

由图 3.3-31 和图 3.3-32 可以看出,土体纵向水平位移与横向位移有明显的差别。盾构到达前 10m 左右时,纵向位移为负值,即与盾构前进方向相反;盾构机到达监测断面后,纵向位移值出现明显增大趋势,土体向盾尾移动;盾尾通过断面 3~5m 出现峰值,约为 15mm。

土体横向水平位移规律:盾构机到达前,土体横向位移不明显;盾体通过时,两侧土体向着隧道方向产生明显位移;盾尾通过期间由于壁后注浆的原因,土体位移陡增并达到最大值。

土体纵向水平位移规律:盾构机到达前,土体纵向位移不明显;盾构切口临近时,土体由于盾构机的挤压效应开始背离掘进方向而产生位移;盾体通过时,土体向背离掘进方向加速位移;盾构脱环之后土体的纵向位移达到峰值。

综上所述,土体的水平位移主要发生在盾体通过期间及脱盾之后,且盾构姿态调整、刀盘超挖、土仓压力和壁后注浆压力等都会引起土体变形。

现场实测和数值模拟结果一致,证明工程所用泥浆在现场的成膜效果较好,实现了掘进面稳定性控制,且有效控制了地表沉降和地中位移。现场实测和数值模拟同样佐证了泥浆配合比试验的可靠性,盾构掘进引起的地表沉降及深层土体水平位移均在规范允许的范围内,证明了试验泥浆配合比能形成有效泥膜,以稳定掘进面。

3.4 开挖面稳定控制技术

清华园隧道 2 号—1 号井盾构区间下穿知春路主要控制措施为盾构施工控制及洞内注浆控制,包括盾构掘进操作、洞内二次及多次注浆、浆液配合比控制等。

3.4.1 掘进参数控制

根据盾构始发及试掘进的参数不断优化,最终确定了盾构机掘进的参数控制值。在掘进过程中参数控制须遵循"监测—修正—再监测—再修正"的过程。

1)泥水压力

盾构切口水压设定参考 2.3.1 节"盾构始发试掘进参数控制及数值模拟"。盾构机掘进时的切口泥水压力应介于理论计算上下限之间,根据地表建筑物的情况和地质条件进行适当调整。盾构逆洗过程中,由于泥水仓或盾构机的排泥管处于堵塞状态,因此逆洗时应提高排泥流量,但不能降低切口水压。盾构机推进、逆洗和旁路三状态切换时的切口水压偏差值均应控制在 ±20kPa。

2)掘进速度

正常掘进条件下,掘进速度应设定为 15~30mm/min。在盾构机掘进特殊地层时,掘进速度应控制在 10~20mm/min。本工程盾构下穿道路掘进速度控制在 20mm/min 左右,稳步均匀推进。

3.4.2 泥水管理流程与指标

1)泥水管理流程

泥水管理流程见图 3.4-1。

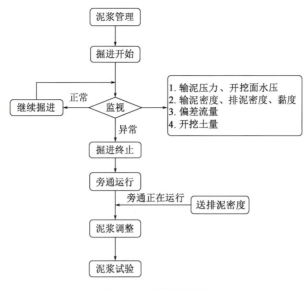

图 3.4-1　泥浆管理流程

2）泥水指标控制

不同土体的泥水管理要求和方法不同。根据需要调节密度、黏度等参数，使其成为一种可塑流体，泥水平衡盾构使用泥水的目的是用泥水来稳定开挖面，在防止塌方的同时，将切削下来的土体形成泥水并被输送到地面。

（1）密度：泥水密度范围应为 $1.08\sim1.25\text{g/cm}^3$，下限为 1.08g/cm^3，上限根据施工的特殊要求而定；在砂性土中施工、保护地面建筑物、盾构穿越浅覆层等，必要时选取泥水密度 1.25g/cm^3；局部时段根据监测结果甚至可选取 1.30g/cm^3。通过设置在送排泥管处的差压式密度计和 γ 射线密度计自动测量循环泥浆密度。泥浆试验中使用泥浆天平测量泥浆密度。

（2）黏度：泥水的黏度是另一个主要控制指标。从土颗粒的悬浮性要求及泥水处理系统的配套来讲，要求泥水的胶凝强度（静切力）适中；从流动性考虑，运动黏度不宜过高。考虑到泥水处理系统的自造浆能力，随着在黏土层中推进环数的增加，泥浆浓度越来越大，密度也呈直线上升，其相应的漏斗黏度也会增大，但并非说明泥浆的质量越来越好。若在砂性土中施工，黏度甚至会下降，因此，泥水黏度的范围应保持在 20~35s。考虑到黏度的调整有一个过程，故在泥浆黏度为 22s 时（调整槽黏度），即可逐渐增加制浆剂，添加量的多少视黏度下降的趋势而定。

泥浆的黏度可以用黏度自动连续测量装置测定，如图 3.4-2 所示。

（3）屈服值（YV）：YV 是流体处于流动状态对保持流动所需的剪切力测定值，流动阻抗是由泥水中所含土粒间的牵引力而产生，是维持泥水良好状态的一项重要指标。屈服值（YV）与漏斗黏性测定有一定的相关性，因此可以用漏斗黏性测定来代替 YV 的测定。

（4）含砂率：透水系数大的岩土体，泥浆中的砂粒对岩土体孔隙有堵塞作用，故泥膜形成与泥浆中砂的粒径及含量有很大关系。含砂量可用筛分装置测定，也可用砂量仪代测。

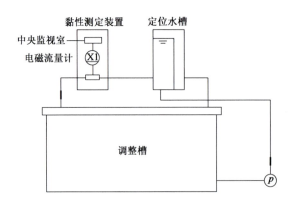

图 3.4-2　黏度自动连续测量装置

（5）泥水处理的目的是保留有用的黏土颗粒，去除粒径 74μm 以上的大部分砂颗粒及粒径 50μm 以上的部分粉土颗粒，这样可形成适当的固相颗粒级配，有利于开挖面形成泥膜。因此，在泥水处理中，工作泥浆中的含砂量控制同样是一个重要指标。

（6）析水量和 pH 值：泥水的析水量须小于 5%，pH 值须呈碱性，降低含砂量、提高泥浆的黏度、在析浆槽中添加纯碱，是保证析水量合格的主要手段。在砂性、粉砂性土中掘进时，由于工作泥浆不断被劣化，需要不断调整泥水的各项参数，添加黏土、膨润土、制浆剂；在黏土、淤泥质黏土中掘进时，由于黏性颗粒不断增加，使排放的泥浆浓度越来越大，采用压滤与添加清水进行稀释则成为主要手段。

（7）泥浆压滤失水量：该指标是衡量泥浆性能的主要指标，应低于 30mL/30min，如不够则添加降失水剂。

3.4.3　开挖面稳定技术措施

盾构施工引起的地层损失、盾构隧道周围受扰动或受剪切破坏的重塑土的再固结以及地下水的渗透，是导致地表、建筑物及管线沉降的重要原因。为了减少和防止沉降，在盾构掘进过程中，要尽快在脱出盾尾的衬砌管片背后注入足量的浆液材料，以充填盾尾环形建筑空隙。

1）注浆目的

管片衬砌背后注浆是盾构施工中的十分重要的工序，其目的主要有以下三个方面：

（1）及时填充盾尾建筑空隙，支撑管片周围岩体，有效控制地表沉降；

（2）凝结的浆液将作为盾构施工隧道的第一道防水屏障，增强隧道的防水能力；

（3）为管片提供早期稳定并使管片与周围岩体一体化，有利于控制盾构掘进方向，并能确保盾构隧道的最终稳定。

注浆工艺流程见图 3.4-3。

2）注浆方式

在盾构掘进过程中采取以下 3 种注浆方式：

（1）在掘进的同时通过盾尾注浆管进行同步注浆；

（2）管片脱出盾尾后，通过管片上预留的注浆孔进行二次注浆；

（3）二次注浆后进行的深孔径向注浆。

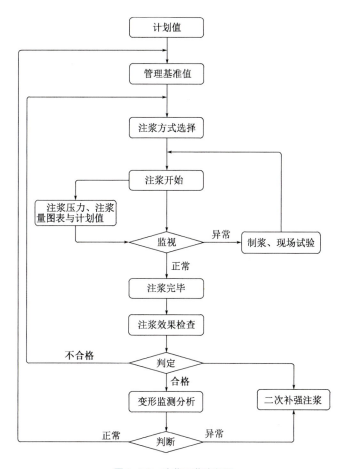

图 3.4-3 注浆工艺流程图

3）同步注浆

同步注浆采用盾构机自带的 3 台双活塞注浆泵在盾尾分 6 路同时注入，及时填充管片与地层间环形空隙，控制地层变形、稳定管片结构、控制盾构掘进方向、加强隧道结构自防水能力；对建筑空隙采用盾尾内置的注浆管进行同步注浆。

（1）注浆配合比

根据盾构穿越地层的不同，对砂浆配合比随时进行调整。

（2）浆液主要性能指标

胶凝时间：其一般为 3~10h。根据地层条件和掘进速度，通过现场试验加入促凝剂及变更配合比来调整胶凝时间。对于强透水地层和需要注浆提供较高早期强度的地段，可通过现场试验进一步调整配合比和加入早强剂，进一步缩短胶凝时间，以获得早期强度，保证良好的注浆效果。

固结体强度：1d 不小于 0.2MPa（相当于软质岩层无侧限抗压强度），28d 不小于 2.5MPa（略大于强风化岩天然抗压强度）。

浆液结石率：>95%，即固结收缩率<5%。

浆液稠度:8~12cm。

浆液稳定性:倾析率(静置沉淀后上浮水体积与总体积之比)小于5%。

(3)注浆模式

注浆可根据需要采用自动控制方式或手动控制方式。自动控制方式即预先设定注浆压力,由控制程序自动调整注浆速度,当注浆压力达到设定值时,自行停止注浆。手动控制方式则由人工根据掘进情况随时调整注浆流量,以防止注浆速度过快而影响注浆效果。一般不从预留注浆孔注浆,以大幅降低从管片渗漏水的可能性。

(4)注浆设备

搅拌站:盾构机在洞外施工场地配置自行设计建造的砂浆搅拌站一座,搅拌能力 $50m^3/h$。

同步注浆系统:配备 KSP20 液压注浆泵 3 台,注浆能力 $3 \times 20m^3/h$,6 个盾尾注入管口及其配套管路,并预留 6 个盾尾注入管。

(5)主要参数

①注浆压力

要求在地层中的同步注浆浆液压力大于该点的静止水压与土压力之和,以做到填补地层空隙,避免注浆导致劈裂地层。注浆压力过大,隧道将会被浆液扰动而造成后期地层沉降及隧道本身的沉降,并易发生跑浆;而注浆压力过小,浆液填充速度过慢,填充不充足,会使地表变形增大。本工程同步注浆压力设定为 0.3~0.5MPa,并根据监控量测结果做适当调整。

②注浆量

同步注浆量为建筑间隙的 150%~180%,即 $23.4~28m^3$。

③注浆时间及速度

盾构机向前掘进的同时,进行同步注浆,同步注浆的速度与盾构机推进速度相匹配。

④注浆顺序

采用 6 个注浆孔同时压注,在每个注浆孔出口设置压力检测器,以便对各注浆孔的注浆压力和注浆量进行检测与控制,从而实现对管片背后的对称均匀压注。

(6)注浆结束标准和注浆效果检查

注浆结束采用双指标标准,即注浆压力达到设计压力或注浆压力未达到设计压力,但注浆量达到设计注浆量,即可停止注入。

注浆效果检查主要采用分析法,即根据注浆压力-注浆量-时间(P-Q-t)曲线,结合掘进速度及衬砌、地表与周围建筑物变形量测结果进行综合分析判断,必要时采用无损探测法进行效果检查。

(7)同步注浆系统双液浆功能

由于盾构隧道洞身地层穿越粉细砂层和卵石土较多,地层渗透系数大,透水性强,为适应盾构通过该段地层的需要,盾构机同步注浆系统具备注双液浆的功能。

4)二次注浆

同步注浆后使管片背后环形空隙得到填充,多数地段的地层变形沉降得到控制。在局部地段同步浆液凝固过程中,可能存在局部不均匀、浆液的凝固收缩和浆液的稀释流失。为提高背衬注浆层的防水性及密实度,并有效填充管片后的环形间隙,根据检测结果,必要时进行二次注浆。

原材料水泥强度等级为 P.O.42.5，水玻璃为 45°Bé，水灰比一般为 0.6∶1~0.7∶1，水玻璃含量 14% 左右(水泥浆和水玻璃体积比 1∶1)，可根据地层情况做适当调整。

二次补偿注浆采用 KBY-50/70 注浆泵。二次补偿注浆采用自制注浆管路，能够实现快速接卸以及密封不漏浆的功能，并配有止浆阀。二次补偿注浆的注浆压力为 0.3~0.5MPa。注浆量根据监测到的空隙和监控量测的结果确定。

(1)注浆设备

盾构区间径向注浆采用双液气动隔膜注浆泵 2 台(注浆流量 50L/min，注浆压力 0.6MPa)，防喷止浆阀装置 5 个，DN25 径向注浆聚乙烯(PE)管(5 根/环)，50m φ32 注浆软管 3 条(1 条备用)，注浆球阀 1 个。

盾构区间下穿知春路洞内径向注浆管长度为 3.7m，材料为 DN25 PE 管，分三节，每节之间采用螺纹连接，从管片预留注浆管打入地层内。径向注浆管第一节和第二节每节长度为 1.2m，注浆管间距 0.2m，呈梅花状布置 φ6mm 注浆孔；第三节长度 1.3m，其末端 0.7m 范围内不设注浆孔且露出管片 0.15m。在第三节外露端加工外螺纹，安装一个球阀，注浆球阀与注浆管相连，实现径向注浆。

(2)注浆时机

二次注浆完成后，开始进行径向注浆(即从脱出盾尾后第 5 环开始)。受盾构机内空间限制，径向注浆从拼装环后第 12 环结束。注浆作业时，在设计范围注入水泥浆。水泥浆水灰比为 0.8∶1，注浆终止压力控制为 1.5MPa。

(3)注浆操作

①注浆管、风镐和注浆泵就位，提前拌制好水泥浆，并准备水玻璃浆液，如发生地下水渗漏入盾构隧道，及时注入水泥浆封堵。

②考虑到盾构掘进下穿知春路时穿越段地层主要为粉质黏土，注浆管不易直接插入，可采用风镐将注浆管打入。先打开预设的注浆孔或吊装孔，利用风镐打入三节注浆管(共 3.7m 长)，第三节注浆管末端安装球阀。使用风镐打设注浆管时，注意不得损坏注浆管接头处的螺纹及管片注浆孔。注浆前，用堵漏水泥浆将注浆管与管片注浆孔之间缝隙填充密实，防止地层水渗漏或注浆浆液渗漏。

③注浆管打设到位后，进行注浆管路连接，检查注浆球阀压力表是否完好，确认注浆系统各部分连接无误后，开动注浆泵进行注浆。考虑到深孔注浆扩散缓慢，注浆时应控制注浆流量不超过 50L/min。

④持续注浆，当注浆压力达到 1.5MPa 时，关闭注浆管尾部球阀，停止注浆。

⑤一个孔注浆完成后，再打设下一根径向注浆管，进行注浆作业。每完成一环掘进，均应对拼装环后第 8~12 环管片重复进行径向注浆。

⑥在管片脱出径向注浆加固范围后，注双液浆，使注浆管内浆液固结，切除露出管片外的注浆管，同时对注浆孔填充微膨胀水泥砂浆封堵，防止因注浆孔漏水而造成后配套台车电气设备损坏。

⑦如遇临时停机，及时清洗注浆管路，保证径向注浆作业连续。

5)质量保证措施

①进行详细的浆液配合比试验，选定合适的注浆材料、添加剂及浆液配合比，保证所选浆

材配合比、强度、耐久性等物理力学指标满足工程的设计要求。

②制定详细的注浆施工设计方案、工艺流程及注浆质量控制程序,严格按要求进行注浆、检查、记录、分析,及时做出 P(注浆压力)-Q(注浆量)-t(时间)曲线,分析注浆效果,反馈指导下次注浆,并及时报告业主和现场工程师。

③成立专业注浆作业班组,由富有经验的注浆工程师和技术工人负责注浆技术工作。

④根据洞内管片衬砌变形和地面及周围建(构)筑物变形监测结果,及时反馈信息,修正注浆参数和施工方法,发现问题及时解决。

⑤做好注浆设备的维修保养、注浆材料供应,以保证注浆作业连续、顺利进行。

⑥做好注浆孔的密封,保证其不渗漏水。

第 4 章

环境控制技术

大时代

盾智行

构未来

在城市复杂环境下进行盾构施工会对城市已有地下管线和地下结构产生影响,特别是在大直径盾构隧道频繁穿越地下管线和地铁线路的情况下,盾构施工会引起结构物承载能力下降、变形过大等一系列问题,影响管线的正常工作和线路的运营。京张高铁清华园隧道穿越7条道路、3条地铁、106条管线。盾构段有88条管线,暗挖段有6条管线,明挖段有12条,共106条管线。穿越高风险源多,风险源密集,这是京张高铁清华园隧道的重点安全控制技术。本章通过风险源穿越数值模拟、风险源监测、微扰动控制等措施,为隧道安全穿越城市核心区域提供了有力保障。

4.1 主要风险源

4.1.1 清华园明挖隧道风险源

清华园隧道在清华东路处上跨地铁15号线,全隧近距离并行地铁13号线,φ1400mm上水管为北京市自来水输送主管道,在穿过基坑位置基本与新建铁路线路方向垂直,距离清华东路南侧暗挖工作竖井(DK18+496~DK18+506)为10.12m(中心里程为DK18+485.88)。自来水管外套直径为2.5m、内径为2.15m、管壁厚度为17.5cm的混凝土管道进行保护,护管管顶埋深为2.63m,护管底部距离主体结构顶部距离为1.912m。横跨基坑宽度为12.2m。如图4.1-1所示。

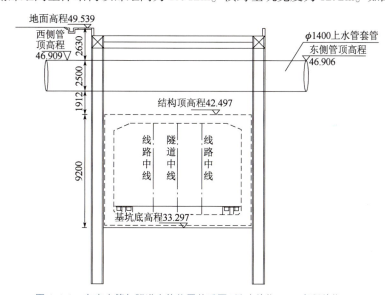

图 4.1-1 自来水管与隧道主体位置关系图(尺寸单位:mm;高程单位:m)

1) 知春路

盾构区间施工影响范围内的知春路红线宽50~70m,计算行车速度为50km/h,三幅路形式,主路设双向四车道,辅路设双向二车道及非机动车道,最外侧为人行道,见图4.1-2。

穿越位置范围:知春路南侧车行道外挡土墙墙高1.75m,距盾构结构净距20.67m;北侧人行道外挡土墙高5.25m,距盾构结构净距21.70m。穿越位置:知春路北侧车行道外挡土墙高1.75m,距清华园隧道管片外缘净距20.73m;人行道外挡土墙高5.25m,距清华园隧道管片外缘净距21.76m。知春路挡土墙现状如图4.1-3所示。

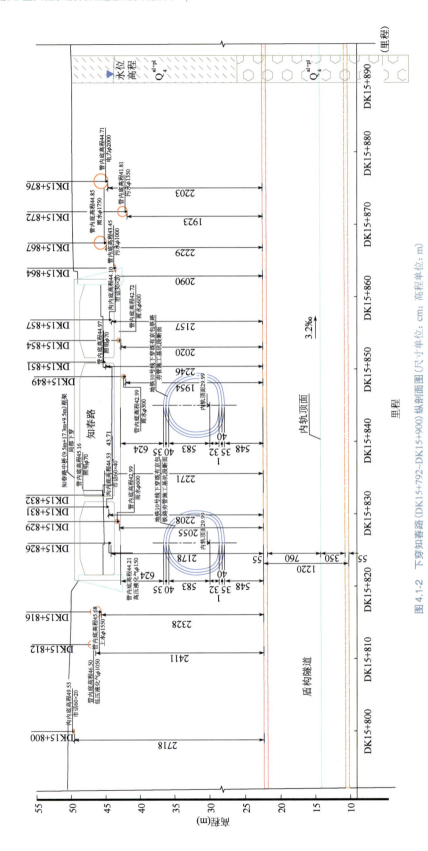

图 4.1-2 下穿知春路(DK15+792—DK15+900)纵剖面图(尺寸单位:cm;高程单位:m)

图 4.1-3　知春路挡土墙现状

2) 北三环路

清华园隧道盾构区间穿越北三环路起于桩号 K14+745.328(三环路南边线),终至桩号 K14+809.918(三环路北边线),全长 64.6m,隧道外径 12.2m、内径 11.1m,覆土深度 10.71~10.75m。盾构下穿北三环路纵剖面图如图 4.1-4 所示。

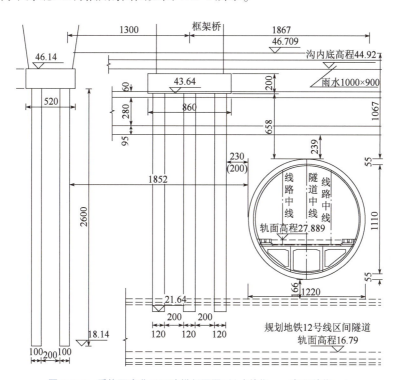

图 4.1-4　盾构下穿北三环路纵剖面图(尺寸单位:cm;高程单位:m)

4.1.2　清华园暗挖隧道风险源

1) 邻近地铁 13 号线桥梁段

该段风险等级为三级。地层自上至下围岩依次为杂填土、粉质黏土、粉土、粉砂,洞身和洞顶主要为粉质黏土。隧道洞身范围内主要为上层滞水，水位高程在38.45～44.95m之间，含水层为粉土层、粉质黏土层。该段主要风险为：

（1）本段3座桥墩，基础为直径1m钻孔灌注桩，4桩承台，承台上为混凝土方形双柱墩。

（2）新建暗挖隧道埋深4.99～5.39m。

（3）13号线桥桩距隧道结构外缘线13.79～13.99m。

2）上穿地铁15号线暗挖折返区间

该段风险等级为特级。地层自上至下围岩依次为杂填土、粉质黏土、粉土、粉砂，洞身和洞顶主要为粉质黏土。隧道洞身范围内主要为上层滞水，水位高程在38.45～44.95m之间，含水层为粉土层、粉质黏土层。暗挖隧道与地铁15号线横断面示意图如图4.1-5所示。该段主要风险为：

（1）地铁15号线区间为单洞双线隧道，采用马蹄形断面复合式衬砌结构。初期支护厚度35cm，复合式衬砌厚60cm。

（2）新建暗挖隧道仰拱底距地铁15号线折返线区间初期支护顶面1.1m。

（3）新建暗挖隧道与地铁15号线折返线区间平面交角88.8°，影响范围约15m。

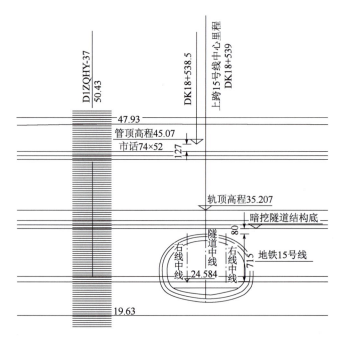

图4.1-5 暗挖隧道与地铁15号线横断面示意图（尺寸单位：m；高程单位：m）

3）盾构下穿成府路管线

盾构下穿成府路管线型号与隧道结构位置关系见表4.1-1，成府路横纵剖面图见图4.1-6。

成府路位于北京市海淀区北三环和北四环之间，位于京张里程DK17+657.7～DK17+717.7与铁路正线垂直相交，主路路宽30m，双向四车道。京张高铁盾构隧道埋深14.11～14.472m。

盾构下穿成府路管线型号与隧道结构位置关系表　　　　表 4.1-1

序号	里程	管线名称	与隧道结构位置关系	管线型号
1	DK17+681	成府路照明	与隧道间距净距约 13.04m	照明 φ70
2	DK17+682	成府路上水管	衬砌结构外缘线距管内底约 12.47m	上水管 φ300
3	DK17+684	成府路铁信	与隧道间距净距约 12.11m	铁信 74×52
4	DK17+701	成府路铁信	与隧道间距净距约 8.64m	铁信 68×46
5	DK17+703	成府路电力管	衬砌结构外缘线距管内底约 4.02m	电力 2000×2000

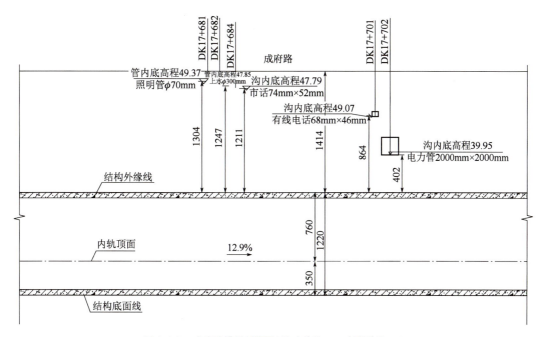

图 4.1-6　成府路横纵剖面图(尺寸单位:cm;高程单位:m)

4)盾构下穿北四环路挡土墙

盾构隧道正交下穿北四环 A7-3 号及 A7-4 号地下连续墙,下穿影响范围地下连续墙厚 0.8～1.2m,墙高 14～17m,地面以下埋入深度 8～10m。清华园隧道盾构区间与北四环地下连续墙相对关系见表 4.1-2,北四环路挡土墙见图 4.1-7。

清华园隧道盾构区间与北四环地下连续墙相对关系表　　　　表 4.1-2

位置	盾构隧道桩号(m)	挡土墙厚度(m)	挡土墙底高程(m)	盾构结构顶高程(m)	水平净距(m)	垂直净距(m)	空间净距(m)
东南侧	DK16+913.92	1.2	34.25	32.49	0.41	1.76	4.11
西南侧	DK16+916.70	1.0	36.32	32.5	11.25	3.82	13.89
东北侧	DK16+995.60	1.0	35.76	32.74	1.28	3.02	5.66
西北侧	DK16+998.35	1.0	36.81	32.75	10.38	4.06	13.26

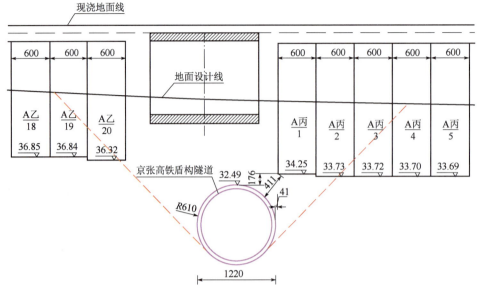

图 4.1-7 北四环路挡土墙(尺寸单位:cm;高程单位:m)

5) 盾构下穿北四环路地下管线

盾构下穿北四环路地下管线与隧道结构位置关系如图 4.1-8 所示,详见表 4.1-3。

北四环路地下管道具体信息 表 4.1-3

序号	管线名称	里程	与隧道结构位置关系	备注
1	北四环路上水管	DK16+901	衬砌结构外缘线距管内底约 12.45m,上水 $\phi2500mm$	
2	北四环路污水管	DK16+907	衬砌结构外缘线距管内底约 10.08m,污水 $\phi1550mm$	
3	北四环路雨水管	DK16+911	衬砌结构外缘线距管内底约 12.89m,雨水 $\phi1750mm$	
4	北四环路照明	DK16+974	与隧道间距净距约 10.24m,照明 $\phi80mm$	
5	北四环路天然气	DK17+011	衬砌结构外缘线距管内底约 13.5m,天然气 $\phi1550mm$	

6) 工程措施

(1) 下穿清华东路

下穿清华东路暗挖施工,待两侧导洞贯通后,在正洞拱部 120°范围内打设 $\phi50mm$ 双排小导管,然后进行正洞开挖支护。正洞开挖采用三台阶法施工,其中上台阶设置临时中隔壁和临时仰拱,正洞初期支护钢架设于侧导洞扩大基础顶部,正洞钢架与侧导洞钢架交错布设,加强支护。

加强对隧道的监控量测工作,出现不良沉降时立即停止开挖并进行必要加固,沉降稳定后再进行施工。

(2) 上跨地铁 15 号线

为防止地铁 15 号线上浮,在侧导洞开挖完成后,采取了以下措施:①施作混凝土扩大基础脚趾,将隧道底板整体连接在一起;②扩大基础完成后,在特定位置的左、右侧导洞扩大基础浇筑上表面各设置 3 道预应力锚索,总计安装 36 道预应力锚索,以增强结构稳定性。

通过这些措施,有效地增加了隧道的稳定性,预防了可能的上浮现象。

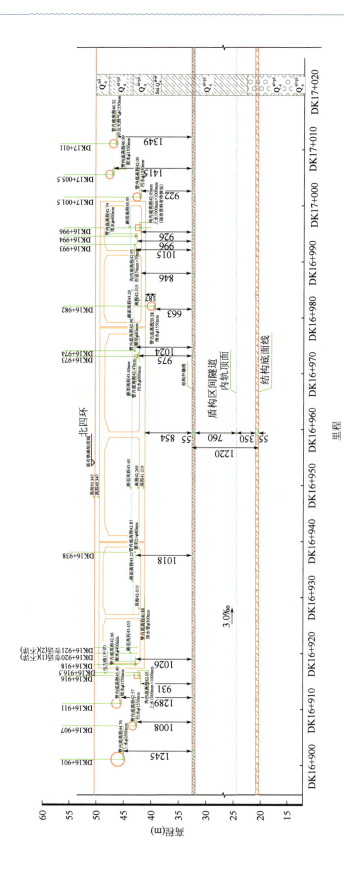

图 4.1-8 北四环路地下管线与隧道结构位置关系(尺寸单位:cm)

4.2 盾构穿越风险源模拟

4.2.1 盾构施工下穿既有结构物理模型试验

1）土压平衡盾构试验平台

建立土压平衡盾构隧道开挖试验平台,如图4.2-1所示,包含盾构机和模型试验箱两部分。盾构机实现开挖、顶进、支护等功能,可监测支护压力;模型试验箱内可进行盾构机开挖试验,通过模型试验箱箱体窗可观察所模拟的围岩水位变化。模型试验箱可调整尺寸,底部设有进水系统,可实现围岩饱和。该试验平台可以开展土压平衡盾构机械的模型试验研究,但是它所模拟的开挖、顶进、支护等过程,以及对支护压力和围岩水位变化的监测,都是盾构机穿越风险源过程中需要考虑的重要因素。该试验台也适用于泥水盾构机穿越风险源的数值模拟。

图4.2-1 直径280mm土压平衡盾构隧道开挖试验平台

该试验平台的优点为:

(1)不仅可以模拟掘真实盾构机的开挖掘进过程,还可以实现衬砌支护功能;

(2)可以实时监测刀盘前方和衬砌外部的土压力和水压力;

(3)可以进行新建盾构隧道施工过程中及施工完成后衬砌受力、变形的研究;

(4)可开展大、小两种尺寸的三维隧道开挖模型试验,尤其是可以同时进行两个小尺寸的三维隧道开挖模型试验;

(5)顶进系统采用大功率电机驱动,盾构机机身长度相同时掘进距离是以往采用液压缸顶进的盾构机的2倍;

(6)试验完成后打开侧门,可以方便清理模型试验箱内的围岩材料。

2）盾构下穿既有隧道模型试验模拟

清华园隧道在知春路处盾构段隧道下穿北京地铁10号线区间隧道与知春路地铁站,交叉角度为79°,垂直净距为6.5m。清华园隧道下穿段平面布置图见图4.2-2。新建盾构隧道直径12.6m,环宽1.2m,壁厚0.55m。穿越段地层从上到下依次是:①杂填土、②粉质黏土、②$_1$粉土、②$_2$粉砂,下部主要为卵石土,见图4.2-3。盾构隧道主要穿越卵石土地层,拱顶多为粉细砂或砂卵石,土体自稳性较差,易坍塌,且位于地下水位以下,对既有隧道安全运营极为不利。

既有地铁10号线区间段左线采用明挖法施工,截面形式为矩形,隧道断面尺寸(高×宽)为6.5m×6.2m,壁厚为0.55m;右线采用暗挖法施工,截面形式为马蹄形,截面高度为6.5m,宽度为6.2m,采用φ377mm夯管管棚支护,上下两个台阶开挖,衬砌采用C30喷射早强混凝土(厚度为0.55m),既有隧道断面尺寸如图4.2-4与图4.2-5所示。

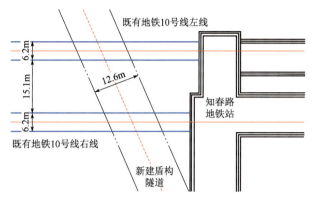

图4.2-2 清华园隧道下穿段平面布置图

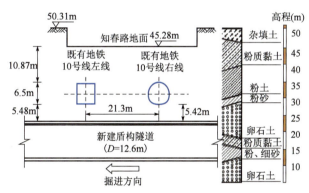

图4.2-3 清华园隧道下穿段剖面布置图

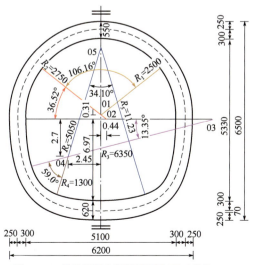

图4.2-4 马蹄形既有隧道断面图(尺寸单位:mm)

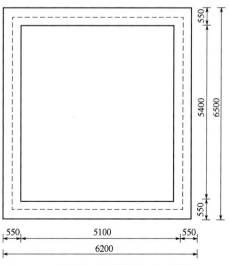

图4.2-5 矩形既有隧道断面图(尺寸单位:mm)

(1)模型试验设计

该模型试验设计主要内容:试验工况设计、试验材料、填土方案、监测方案、开挖方案。模型试验主要研究盾构隧道穿越的卵石地层条件下垂直下穿既有10号线区间隧道施工。根据项目的空间布置情况及隧道施工影响范围得到试验模型空间布置,如图4.2-6所示;试验模型侧视图如图4.2-7所示。

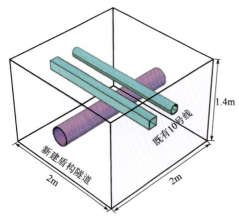

图4.2-6 试验模型空间布置示意图

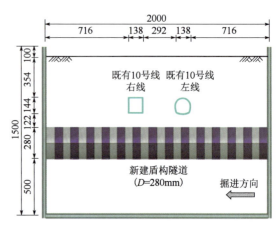

图4.2-7 试验模型侧视图(尺寸单位:mm)

(2)试验材料

低密度聚乙烯(LDPE)棒材与LDPE板材通过车床机械加工成马蹄形既有隧道及矩形既有隧道,加工完成既有隧道断面如图4.2-8所示。采用跨中加集中荷载(逐级加载)的方式对加工完成后的既有隧道进行抗弯刚度试验,如图4.2-9所示,整理试验结果可以得到马蹄形既有隧道抗弯刚度为 $8831 N \cdot m^2$,矩形既有支护结构的纵向抗弯刚度为 $15405 N \cdot m^2$。

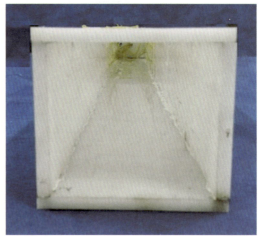

图4.2-8 既有隧道断面图

(3)填土方案

根据密度试验最终确定试验填土密度为 $1.8 g/cm^3$,孔隙比为0.46,相对密度为0.55,试验土体参数见表4.2-1,填筑过程见图4.2-10。

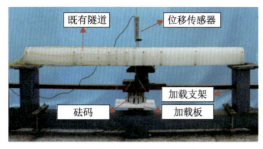

a) 马蹄形既有隧道抗弯刚度试验　　　　b) 矩形既有隧道抗弯刚度试验

图 4.2-9　既有隧道抗弯刚度试验

试验土体参数　　　　表 4.2-1

项目	填土密度 (g/cm³)	相对密度	最小干密度 (g/cm³)	最大干密度 (g/cm³)	孔隙比
参数	1.81	0.55	1.49	2.03	0.46

a) 布置模型箱　　　　b) 填筑控制水线　　　　c) 布置取土铝盒

d) 布置彩砂层　　　　e) 布置既有隧道　　　　f) 填筑完成

图 4.2-10　填筑过程

4.2.2　盾构施工对既有桩的影响研究

1) 仿真模拟试验

本试验主要研究在桩基与隧道不同水平距离以及桩基与隧道不同竖向相对位置的条件下盾构开挖对既有桩的三维影响规律。在试验工况中,地层条件为自然风干的砂土地层,通过监测结果可分析砂土地层中盾构隧道开挖对附近地层以及邻近既有桩基沉降、内力等影响。

试验主要包括不同桩长及桩隧距的条件下隧道盾构开挖。模型试验箱内共设置5根模型桩(图 4.2-11),其中一根桩底至隧道拱底,即长桩;模型俯视图见图 4.2-12。

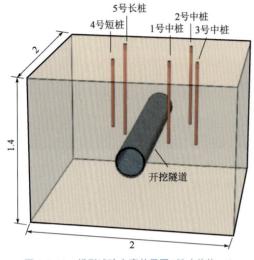

图 4.2-11 模型试验方案效果图(尺寸单位:m)

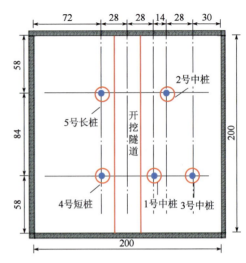

图 4.2-12 模型俯视图(尺寸单位:cm)

图 4.2-13 所示,三种不同长度的桩均从桩底起每隔 100mm 四周布置应变片,用于测量隧道开挖造成的桩身附加轴力和附加弯矩;桩底布置土压力盒,用于测量基底负荷;模型桩顶部布置顶杆位移计(图 4.2-13),用于测量桩顶的沉降。同时,为了研究隧道开挖对地层及地表的影响,使用顶杆位移对地层及地表的竖向沉降进行了测量,测点如图 4.2-14 所示。

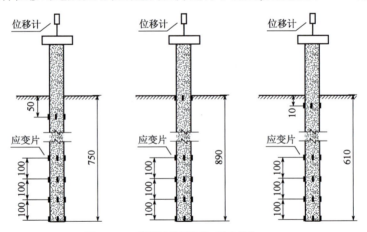

图 4.2-13 模型桩监测方案(尺寸单位:mm)

2)数据分析

通过对试验中测得的数据整理和分析,得到了一系列规律。

(1)桩身附加弯矩

图 4.2-15 所示为隧道开挖引起的附加弯矩。

隧道开挖会引起桩身产生附加弯矩,上部是负弯矩,下部是正弯矩。弯矩随隧道掘进增大,在拱顶附近达最大值。刀盘在距离桩基 1D 以前,弯矩不受影响;0.5D~0D 段影响最大。开挖方向弯矩约为垂直方向弯矩的两倍。水平和竖向距离的改变,会使弯矩峰值减小和改变位置。

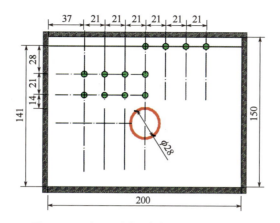

图 4.2-14 地层及地表测点布置(尺寸单位:cm)

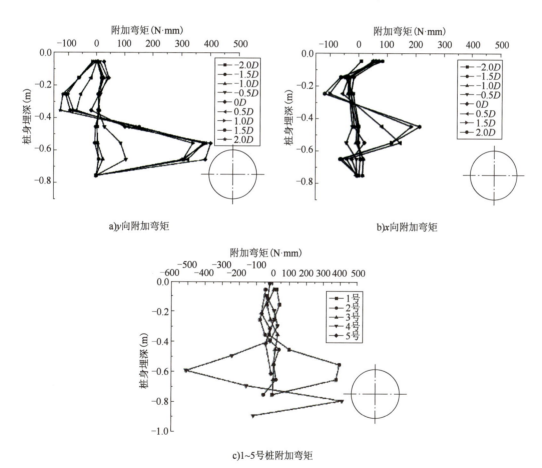

a) y 向附加弯矩

b) x 向附加弯矩

c) 1~5 号桩附加弯矩

图 4.2-15 隧道开挖引起的附加弯矩

(2) 桩身附加轴力

图 4.2-16 所示为隧道开挖引起的 1 号桩的附加轴力。可以看出,桩身附加轴力随着隧道的开挖而增加。不论隧道开挖到哪一步,桩身附加轴力的分布规律均相同,即随着桩身埋深的

增大而增大,直到隧道拱顶处出现最大值,然后逐渐减小。原因是隧道开挖造成隧道上方的围岩应力松弛,使桩的桩侧承载力减小;图4.2-17所示为隧道开挖引起的不同竖向位置桩的附加轴力。可以发现,当桩底位于隧道拱底时,桩身附加轴力最大值出现在隧道中心线处,并在中心线以下开始,原因为在隧道水平中心线以下的围岩受到隧道开挖的作用应力回弹,桩侧承载能力有了一定程度的恢复。

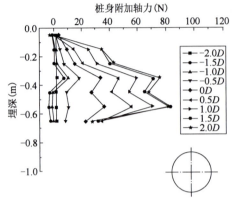

图 4.2-16 隧道开挖引起的 1 号桩附加轴力

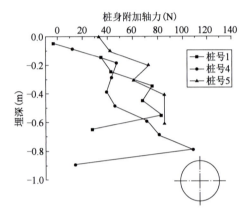

图 4.2-17 隧道开挖引起的不同竖向位置桩的附加轴力

4.2.3 盾构施工对周围土体扰动现场测试

1)测试准备

(1)测试项目

针对清华园隧道的实际工程情况,为了给地层扰动研究提供现场依据,应进行必要的现场测试,测试项目包括土体分层沉降、深层土体水平位移、孔隙水压力。

(2)土体分层沉降

地层的盾构开挖必然会引起地层的扰动,使用经校准的高精度水准仪,测量预埋入不同土层的深层标和分层标的高程变化,计算各土层的沉降量。

(3)土体水平位移

采用环形水准仪测斜法,通过测斜管倾角的变化,监测不同深度土体的水平位移。该数据可间接反映围护结构位移,以及周边建(构)筑物、道路、地下管网受到基坑施工的影响程度等。

(4)超孔隙水压力

使用压力传感器,监测盾构周围土体的超孔隙水压力变化。

(5)测试仪器

①测斜仪。

现场测试采用带数字传感器的 CX-300A 型测斜仪(图4.2-18),测量测试斜管倾角变化。

②深层位移仪。

现场采用 DL-610 型多点位移计。该多点位移计用于观测沿钻孔轴向的位移,测量土体各项位移量。

③孔隙水压力计。

图 4.2-18　水平位移监测所用仪器

2) 监测过程

使用埋置式动态土压力计,用于测量孔隙水压力。

(1) 盾构始发对地面影响监控量测

在清华园隧道工程中,为了研究盾构始发施工对周围环境的影响,在盾构进洞区进行了高密度的地面沉降监测。共设置多个测断面,安装精密仪器,监测地表处结构的竖向位移变化。针对目前的施工情况,主要对地面进行了监控量测,在 DK18+200~DK18+000 间 200m 布设 4 个监测断面,共 44 个沉降观测点,20 个隧道中线沉降监测点,具体测点布置如图 4.2-19 所示。限于篇幅,书中仅列出 DK18+198~DK18+160 断面的监测数据,如图 4.2-20 所示。

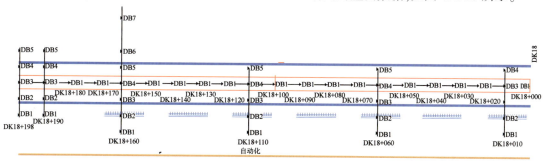

图 4.2-19　地面沉降测点布置图

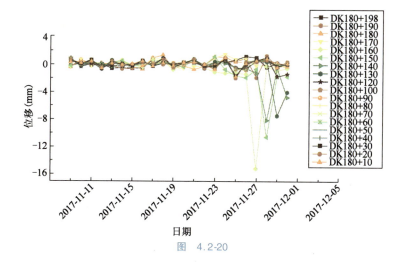

图 4.2-20

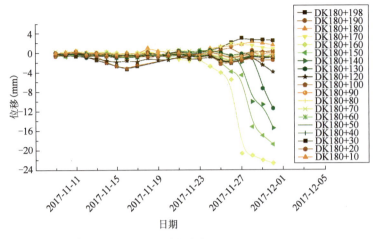

图4.2-20 地面监测数据变化速率(DK18+198~DK18+160)

(2)监测断面的选择及其地层特性

综合考虑清华园隧道区间平面图、地质纵断面图和现场沿线考察情况,选取典型地层,在里程DK14+185~DK14+225之间每间隔5m布置一系列断面,同时分别在DK17+040、DK17+050、DK17+080、DK17+100、DK17+120、DK17+135、DK17+150、DK17+165附近设置一个监测断面。监测示意图见图4.2-21、图4.2-22,监测断面布置示意图见图4.2-23。

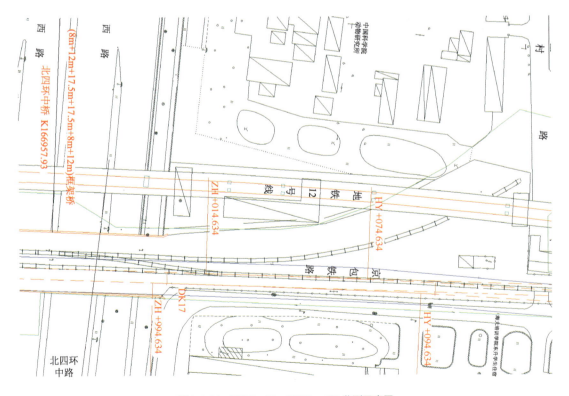

图4.2-21 DK17+20~DK17+165监测示意图

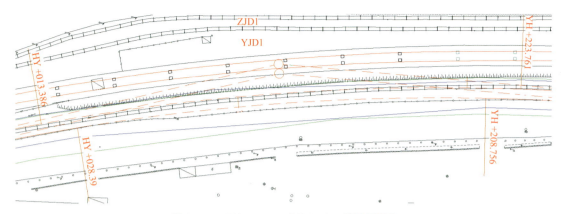

图 4.2-22　DK14+185~DK14+225 监测示意图

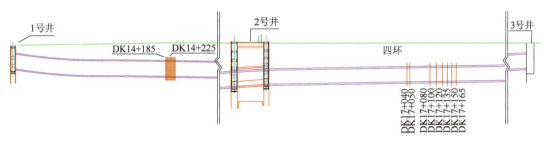

图 4.2-23　监测断面布置示意图

(3) 测点布置及现场监测

在监测断面布置水准仪、测斜仪等设备。采用水准高程法测量地表沉降,使用测斜仪测量土体深层的水平位移,布设压力传感器监测孔隙水压力。设备连接数据采集系统,确保持续不间断地记录测点数据。图 4.2-24~图 4.2-26 所示为 DK17+40~DK17+165 范围内的深层土体水平位移、土层分层位移及超孔隙水压力监测横断面图。

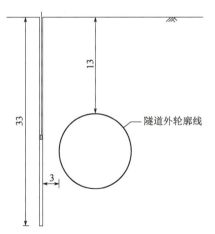

图 4.2-24　深层土体水平位移监测横断面布置示意图
（DK17+40~DK17+165）（尺寸单位:m）

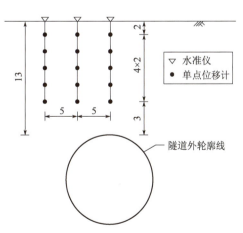

图 4.2-25　土体分层位移监测横断面示意图（DK17+40~DK17+165）（尺寸单位:m）

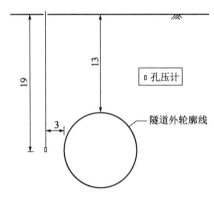

图 4.2-26　超孔隙水压监测横断面布置示意图(DK17+40~DK17+165)(尺寸单位:m)

其中,本阶段对 DK17+120~DK17+132 区间断面布置地中深层土体水平位移监测设备;在 DK17+020~DK17+040 区间断面布置超孔隙水压力监测设备以及土体分层位移监测设备,并完成以上断面的监测量测。

DK17+120~DK17+132 地中深层土体水平位移监测点布置、土体水平位移监测点与隧道关系分别如图 4.2-27、图 4.2-28 所示,地中位移计安装完成后效果如图 4.2-29,监测数据采集见图 4.2-30。

图 4.2-27　地中深层土体水平位移监测点布置
(DK17+120~DK17+132)

图 4.2-28　土体水平位移监测点与隧道的关系
(DK17+120~DK17+132)

图 4.2-29　地中位移计安装完成后效果图(DK17+120~DK17+132)

图 4.2-30　孔隙水压力计安装与现场监测数据采集

3) 监测数据

DK17+132 断面测点测点地中水平相对位移如图 4.2-31 所示。可以看出,土体水平位移随盾构通过而逐渐增大,在盾构通过后达到峰值,然后趋于稳定。水平位移正负号规定:横向上轴线两侧土体以向轴线侧移动为正,纵向上以隧道前进方向为正。

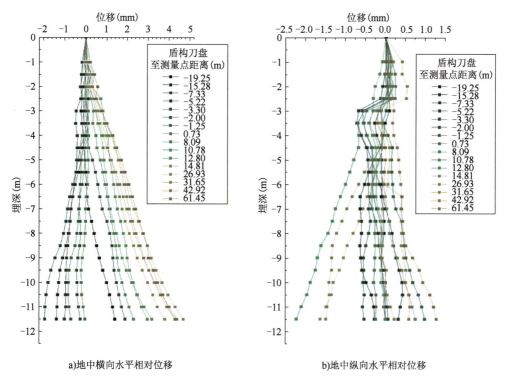

a) 地中横向水平相对位移　　　　　b) 地中纵向水平相对位移

图 4.2-31　DK14+200 断面测点地中水平相对位移

DK17+132 断面测点地中横向水平位移随盾构掘进变化如图 4.2-32 所示,DK14+200 断面测点地中纵向水平相对位移随盾构掘进变化如图 4.2-33 所示。

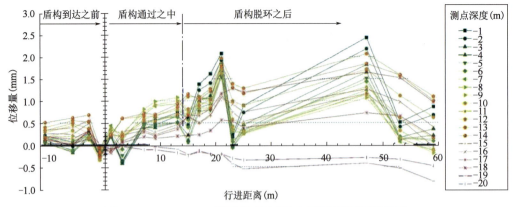

图 4.2-32 DK17+132 断面测点地中横向水平位移随盾构掘进变化

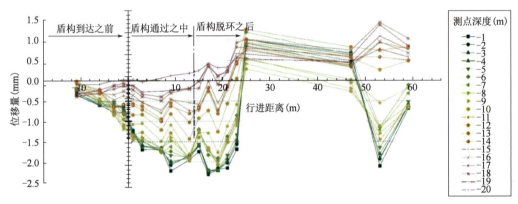

图 4.2-33 DK17+132 断面测点地中纵向水平位移随盾构掘进变化

4) 监测结果分析

土体横向水平位移规律:盾构切口到达前,土体横向位移不明显;切口临近盾体通过时,两侧土体向隧道方向产生位移;在盾尾通过期间由于壁后注浆的原因,土体位移会有大幅的波动,并达到最大位移;盾构继续向前推进后,土体横向移动逐渐趋于稳定。

土体纵向水平位移规律:盾构切口到达前,土体纵向位移不明显;在切口临近时,土体由于盾构机的挤压效应开始背离掘进方向产生位移;盾体通过期间,土体向背离掘进方向加速位移;在盾构脱环之后土体的纵向位移达到峰值;盾构继续向前推进后,土体纵向位移逐渐趋于稳定。

从上述分析中可知,土体水平位移主要发生在盾构通过期间及脱环之后。盾构姿态调整、刀盘超挖、土仓压力和壁后注浆压力不均匀等都会造成盾构土体变形的变动及差异。

4.2.4 下穿管道数值模拟分析

清华园隧道2号区间由2号竖井2a始发井向南始发至1号接收井接收,其间下穿北三环路,同时在北三环路下方、本隧道上方有一热力管道。热力管道矩形截面尺寸为4400mm×2800mm,位于隧道上方2.65m。隧道外径12.64m,衬砌管片厚度0.5m。

下穿区域地层断面图如图4.2-34所示,图4.2-34显示该地层为粉质黏土-粉砂-粉土-粉质黏土-卵石土夹互层。隧道开挖断面地质不均,开挖断面由上至下为粉土、粉质黏土及卵石土,为上软下硬地层,地层物理力学参数见表4.2-2。

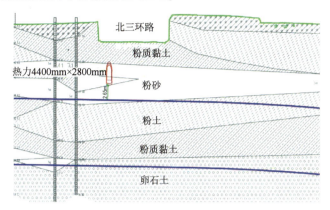

图 4.2-34 下穿区域断面地质断面图

地层物理力学参数 表 4.2-2

土层	重度 γ(kN/m³)	压缩模量（MPa）	泊松比 ν	内摩擦角 φ（°）	黏聚力 c（kPa）
粉土	20.1	6.56	0.30	18.4	33.8
粉质黏土1	19.9	8.27	0.30	25.2	24.3
卵石土1	19.4	45.5	0.28	45.0	
粉质黏土2	20.0	9.83	0.30	14.1	40.5
卵石土2	21.0	45.5	0.28	45.0	

1）三维数值模拟模型的建立

为了简单研究该地质条件下隧道开挖对热力管道的影响,建立该地层三维模型,如图4.2-35所示。利用Midas GTS建立了清华园隧道下穿热力管道的三维计算模型,模型尺寸142m×120m×45m。设置了不同土层的参数。热力管道为矩形截面,尺寸为4400mm×2800mm,埋深17m。建立模型为粉质黏土-粉砂-粉土-粉质黏土-卵石土夹互层的地层,土体划分如图4.2-36所示。

图 4.2-35 地层三维模型图

图 4.2-36 土体划分

2）盾构掘进及同步注浆的模拟

通过改变预设盾构单元的参数，模拟环节推进，每推进 2m 为一个循环步，模拟了径向注浆压力，同时考虑注浆压力大小遵循地表变形控制原则。

3）盾尾空隙及管片的模拟

需要将盾尾空隙进行简化处理，采用均质、等厚、弹性的等代层模型来模拟，如图 4.2-37b）所示。

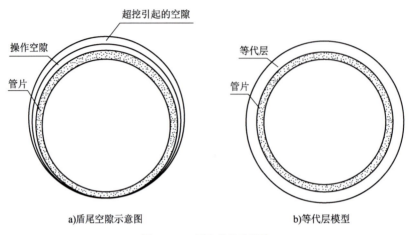

a）盾尾空隙示意图　　b）等代层模型

图 4.2-37　盾构等代层模型

城市地铁盾构隧道衬砌通常采用预制管片拼装，取管片刚度折减系数为 0.7，盾构等代层数值模型见图 4.2-38。

图 4.2-38　盾构等代层数值模型

4）动态施工过程模拟

为了研究清华园隧道下穿北三环路及热力管道对其造成的影响，建立如图 4.2-39 所示的模型，进行动态施工模拟。

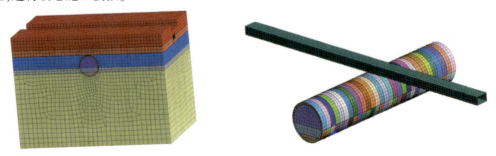

图 4.2-39　模型示意图

5）数值模拟计算结果分析

根据热力管道与清华园隧道的相对位置关系，对计算结果中既有热力管道不均匀沉降、管道内力规律进行分析。清华园隧道开挖完成后，会对热力管道产生影响，因此要对热力管道不均匀沉降及内力进行分析。

如图4.2-40所示，热力管道产生垂向不均匀位移，最大沉降位于清华园隧道轴线上方与热力管道交叉截面，位移量为10.22mm；位移由交叉截面向两侧沉降逐渐减小至位移为零，继而转为向上位移，最大隆起量为9.62mm；之后隆起逐渐减缓。

如图4.2-41所示，在清华园隧道开挖完成后，热力管道产生横向不均匀位移，最大横向位移位于清华园隧道轴线上方与热力管道交叉截面底部，位移量为3.92mm；位移由交叉界面向两侧沉降逐渐减小至位移为零，继而转为掘进反方向位移，最大掘进反方向位移出现在最边缘上侧，位移量为1.09mm。

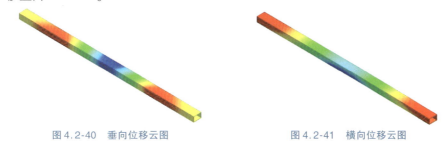

图4.2-40　垂向位移云图　　　　　　图4.2-41　横向位移云图

如图4.2-42所示，在清华园隧道开挖完成后，热力管道产生纵向不均匀位移，最大沉降位于清华园隧道两侧边与热力管道交叉截面，两侧最大位移量为10mm左右，方向均为远离清华园隧道方向，随后向两侧逐渐减小至位移为零。

如图4.2-43～图4.2-45所示，在清华园隧道开挖完成后，热力管道产生垂向不均匀应力、横向不均匀应力、垂向不均匀应力，最大值分别为6.59MPa、3.22MPa、9.52MPa，未超过C30混凝土的容许应力。

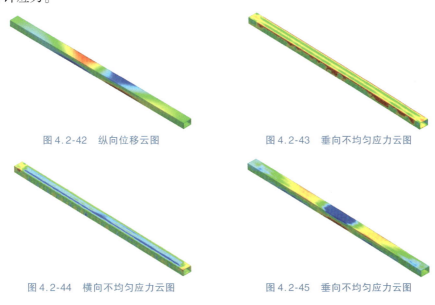

图4.2-42　纵向位移云图　　　　　　图4.2-43　垂向不均匀应力云图

图4.2-44　横向不均匀应力云图　　　　图4.2-45　垂向不均匀应力云图

4.2.5 正交下穿地铁隧道数值模拟分析

在城市地下工程中常采用盾构法修建正交下穿既有隧道,新隧道的掘进不可避免地对既有隧道产生影响。选取清华园隧道某区间,模拟分析了新建隧道从既有盾构隧道下方穿过时,对既有隧道管片位移、内力以及既有隧道上方地表沉降的影响。

1)模型建立与掘进过程

总体模型如图 4.2-46 所示,既有隧道位于粉质黏土层,新隧道位于卵石土地层。新建隧道与既有隧道呈正交下穿的关系,模型中沿盾构机掘进方向每 2m(一环管片)划分一个单元。

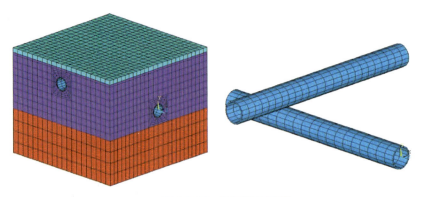

图 4.2-46　总体模型示意图

2)盾构机掘进模拟

盾构施工过程的动态模拟,采用预设单元及改变材料参数的方法。当盾构机推进时,将前方土层改为盾构参数,移除盾尾空隙单元,施加掘进面压力,考虑各力的作用,同时在管片上施加反力。盾尾脱离一段距离后,激活管片和扰动区单元。盾构推进示意图如图 4.2-47 所示。

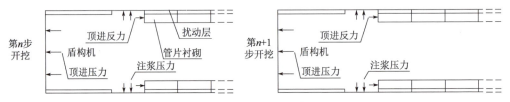

图 4.2-47　盾构掘进示意图

3)计算结果分析

针对既有隧道和地层表面划分了 5 种掘削面计算位置,见图 4.2-48。

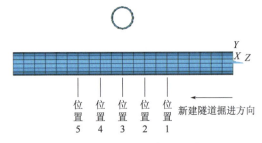

图 4.2-48　掘削面计算位置示意图

对于地表位置 1 和位置 2(既有隧道正上方地表)的沉降进行动态施工观测,新建隧道贯通后,位置 1 地表最大沉降达 19.683mm,位置 2 地表最大沉降达 17.278mm,地表整体沉降较大,但满足规定范围(一般城市地表隆沉基准为 -30 ~ +10mm)。

4.2.6 侧穿既有桥梁桩基础施工数值模拟分析

采用大型三维通用有限差分软件 FLAC3D 来进行数值模拟,分析盾构开挖推进过程,随着盾构机的掘进,既有桩基倾斜、沉降和桩基附加应力的变化和发展规律。

由于盾构始发阶段控制难度大、易发生安全事故,此处选取清华园隧道 3 号—2 号盾构区间始发段盾构掘进对邻近桩基的影响进行数值模拟。

1)模型几何参数

采用 FLAC3D 建模,模型尺寸为 142m × 120m × 45m。与隧道平行的桥梁采用简支结构,桥跨 25m。桥墩采用双柱矩形墩(图 4.2-49),基础为直径 1m 的灌注桩。盾构隧道与桥梁结构的位置关系如图 4.2-50 所示。

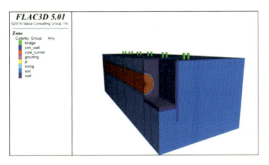

图 4.2-49 计算模型图

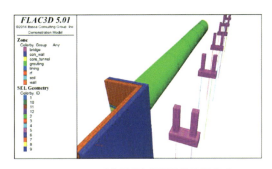

图 4.2-50 盾构隧道与桥梁结构位置关系

2)计算结果分析

盾构掘进时地表位移云图如图 4.2-51 所示,从图中可以看出,隧道顶部正上方的沉降最大,左右两侧亦有沉降区域产生。同时,北京地铁 13 号线既有桥梁桥墩也在影响区范围内,靠近隧道侧所受影响较为严重,距离隧道越远影响越小。同时,可以看出由于地铁 13 号线桩基的影响,隧道两侧区域的变形特性明显不同。

在盾构施工过程中,桩基和桥墩会在 Z 方向(竖直方向)产生位移,在 X 方向(水平方向)和 Z 方向(盾构机掘进方向)发生侧移,若这种侧移沿桩基长度方向的分布不均匀,则说明桩基产生了倾斜。盾构掘进过程中引起的 3 号桩基位移如图 4.2-52 所示。

选取桥梁两侧桩基顶部中心节点,做出桩基顶点沉降随盾构掘进的变化曲线,同时为了研究盾构掘进对桥梁上部结构的影响,选取桥墩顶部中心节点,同样做出桥墩顶点沉降随盾构掘进的变化曲线,如图 4.2-53 所示。

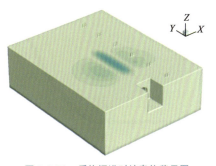

图 4.2-51 盾构掘进时地表位移云图

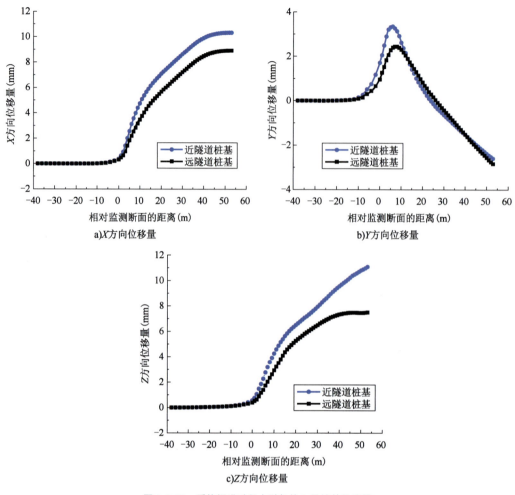

图 4.2-52 盾构掘进过程中引起的 3 号桩基位移量

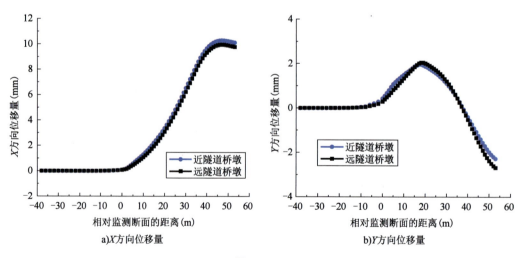

图 4.2-53

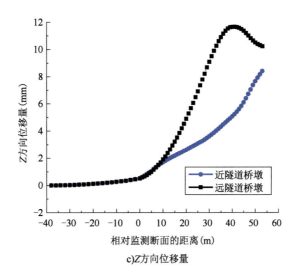

c) Z 方向位移量

图 4.2-53 盾构掘进过程引起的 3 号桥墩位移量

由图 4.2-53 可以看出,当盾构到达监测断面前,产生的桩基位移均较小,当盾构到达监测断面后,桩基位移开始大幅增加,X 方向位移量有趋于稳定的趋势,Y 方向位移量先正向增大后减小并产生负的位移,而 Z 方向变形远隧道侧的桩基有趋于稳定的趋势,近隧道侧桩基并没有体现出稳定的趋势。

由图 4.2-54 可以看出,桩基 X 方向侧移受盾尾注浆、地层损失影响。桩基 Y 方向侧移受顶进力影响。桩基 Z 方向侧移受竖向扰动影响。近隧道侧桩基、桥墩变形大于远隧道侧。应加强近隧道侧桩基、桥墩防护。

总体来看,近隧道侧的桩基和桥墩的变形均大于远隧道侧,应针对近隧道侧桩基和桥墩增加防护措施,确保地铁 13 号线的正常安全运行。

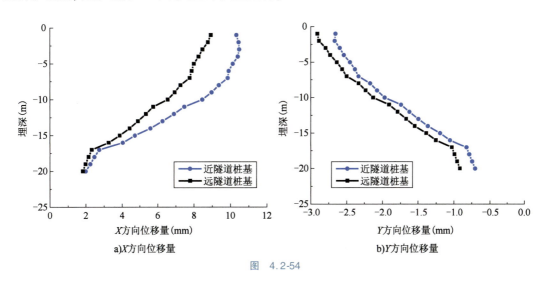

a) X 方向位移量   b) Y 方向位移量

图 4.2-54

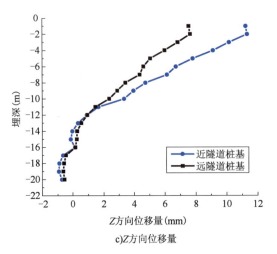

c)Z方向位移量

图4.2-54　3号桩基沿埋深的最终变形

4.3　安全穿越风险源微扰动控制关键技术

4.3.1　隧道上穿风险源控制技术

京张高铁清华园暗挖隧道垂直于15号线,从城铁15号线上部穿过,隧道开挖底部与15号线结构顶部最小净距离为0.8m;隧道下穿DK18+515处φ1700高压天然气管线,DK18+519处φ500mm天然气管线,DK18+523.5处φ1950mm上水管线等重要管线及相关检查井。

为防止15号线上浮,在侧导洞开挖完成后,施作混凝土扩大基础脚趾,将隧道底板整体连接在一起;扩大基础完成后,在DK18+529.2、DK18+531.2、DK18+547.2、DK18+548.2、DK18+549.2处左、右侧导洞扩大基础浇筑上表面各设3道预应力锚索,共计36道预应力锚索,预应力锚索平面布置见图4.3-1。

钻孔前进行安全技术交底,确保钻机正常工作,备足备件;测量并标记孔位,控制钻孔精度,保证孔位允许偏差为水平方向±50mm,垂直方向±50mm,打设角度为90°(垂直于地面),保证倾斜度偏差为1%~3%;套管直径为165mm,保证锚索的成孔孔径为165mm,保证孔深超过设计长度0.5m钻孔后及时清孔。

锚索分自由段、锚固段和注浆管三部分制作。自由段涂防锈漆,采用套管保护;锚固段间隔设置隔离架;注浆管沿轴线配置。锚索纵剖面见图4.3-2。

锚索安装前确认规格匹配孔位,注浆管固定在底端,控制下锚深度。一次注浆,控制浆液配合比和压力。锚索灌浆材料为纯水泥浆,采用强度等级不低于42.5MPa的普通硅酸盐水泥,水泥浆胶结材料的抗压强度等级为M40,灌浆材料中加入适量微膨胀剂和早强剂,并与实验室沟通,通过试验确定配合比为每平方米水泥浆水泥1300kg、水530kg、膨胀剂110kg、早强剂40kg,注浆采用一次注浆工艺,注浆压力0.5~0.8MPa。

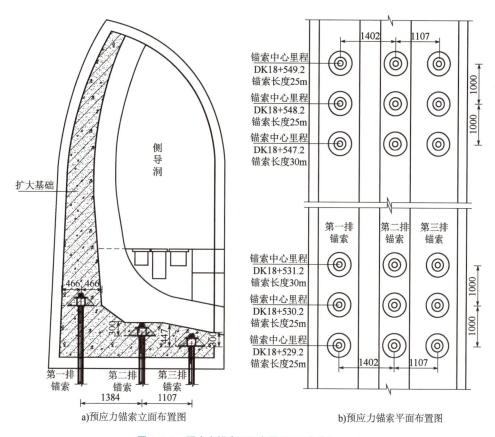

图 4.3-1 预应力锚索平面布置图(尺寸单位:mm)

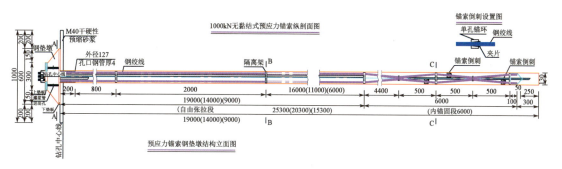

图 4.3-2 700kN(600kN)无黏结式预应力锚索纵剖面图(尺寸单位:mm)

分批张拉锚索,不同部位不同加载步骤,最终达到设计要求;锚索采用分批张拉的方式,导洞施工完成后,浇筑扩大基础下部脚趾,并把第一排的12根预应力锚索张拉至700kN。

4.3.2 隧道下穿沉降控制技术

清华园隧道盾构机下穿地铁10号线及知春路站,采用循环保压注浆、克泥效技术、复合锚杆桩,成功实施大直径盾构微沉降综合控制技术,较好控制土体沉降变形。

盾构穿越位置示意图见图4.3-3、图4.3-4。

图4.3-3 与知春路主路位置关系示意图

图4.3-4 与知春路辅路位置关系示意图

1)循环保压注浆工艺原理、特点及适用范围

(1)工艺原理

在保持一定注浆压力的基础上,让泥浆在注浆管、排浆管、注浆孔与浆液存储桶之间实现循环流动,进而实现压力循环,浆液逐渐消耗,相对均匀地渗透到所需加固的土体之间。采取循环保压注浆可以保证长时间进行有效注浆,对盾构穿越风险源处地层及土体进行加固补强。

(2)工艺特点及适用范围

工艺特点:调节注浆压力,保持压力基本稳定;延长注浆时间,防止浆液消耗量小、可注性变差;调节浆液稠度,置换稀浆液继续注浆。

适用范围:适用范围广,适用于地铁隧道、铁路隧道、综合管廊等盾构隧道下穿风险源施工过程。

2)循环保压注浆工艺施工要点

(1)注浆加固方法

对10号线区间采取竖井注浆加固措施。北侧设竖井和作业通道,利用注浆管在新旧隧道间土体注浆,黏土采用1∶1超细水泥浆,卵石土采用1∶1水泥-水玻璃双液浆,下穿换乘通道段采用1∶1水泥浆。

(2)袖阀管注浆

对地铁10号线地层进行袖阀管注浆加固,黏土地层采用超细水泥浆、卵石土地层采用双液浆,注浆压力为0.3~0.4MPa,单孔扩散半径不小于0.8m,黏土范围内采用超细水泥浆,卵石土地层三外边采用水泥-水玻璃双液浆、边界内采用水泥浆。注浆完成后ϕ50mm刚性袖阀管留在地层中,对地层起到管棚加固作用。

袖阀管注浆分段长度为33cm,使用100cm规格的双向皮碗式止浆塞。注浆浆液采用超细水泥单液浆和双液浆,起始注浆浆液水灰比为0.8∶1.0~1.0∶1.0,达到设计终压并稳定10min,且进浆速度为开始速度的1/4或注浆量达到设计注浆量的80%,如在注浆过程中出现冒浆,提前停止注浆。

地层加固注浆应在盾构到达前3d完成,保证注浆材料凝结完成,达到设计强度。

注浆前需安装压力表(图4.3-5)和流量表,严格控制压力及流量,以免注浆压力过大而破坏地层。

图4.3-5 注浆压力表

(3)二次深孔加强注浆

在穿越段DK15+808~DK15+864共56m采用180°二次深孔加强注浆加固,采用深孔径向注浆控制沉降。盾构掘进洞内注浆纵断面、二次深孔加强注浆分别如图4.3-6、图4.3-7所示。

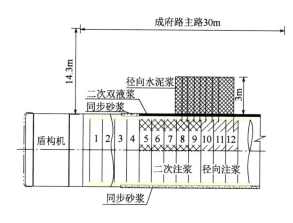

图4.3-6 盾构掘进洞内注浆纵断面示意图

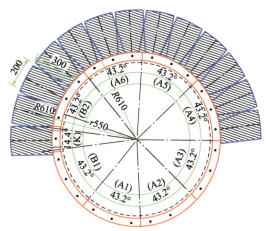

图4.3-7 DK15+808~DK15+864二次深孔加强注浆图(尺寸单位:cm)

3)克泥效技术

盾构机在掘进施工过程中会不可避免地造成地层的扰动,进而导致地表沉降,一般沉降规律可划分为5个阶段,即早期下沉段、挖掘面下沉段、通过时下沉段、盾尾间隙处下沉段和后续下沉段。盾构机呈楔形状,盾体直径逐渐减小,盾构机每掘进一环,约产生$0.35m^3$的空隙,第3阶段盾构通过时下沉造成的地层沉降一般占总沉降量的15%左右。通过综合考虑,决定在盾构下穿风险源时采用克泥效工艺来控制第3阶段的沉降量,进而达到控制土体变形沉降的目的。

清华园隧道在使用克泥效工法时,根据试验数据,优化、修正设计参数和配合比方案,按照持续改进的理念,优化作业标准和工艺流程,确保实施有规范、操作有程序、过程有控制。配好后的克泥效A、B液状态如图4.3-8所示。盾壳外部注入克泥效,填充盾体与土体间建筑空隙,并保持压力稳定,保证盾体通过期间地层稳定。

图 4.3-8　配好后的克泥效 A、B 液状态图

4）复合锚杆桩防护技术

在盾构隧道近距离侧面穿过地铁站、桥桩、建筑物等，须采取可靠的防护措施，以确保盾构机安全通过及既有风险源的正常运营。本书采用"钢筋+水泥浆"组合的复合锚杆桩对地铁 13 号线及线路上的地铁站（如知春路地铁站）进行隔离防护，其中水泥浆起到对地层加固的作用，多排桩组成"隔离墙"可提高地层的承载力，减少侧压力对地层扰动的影响，进而对桥桩形成防护作用。同时在进行复合锚杆桩（图 4.3-9）防护技术施工时，施工作业机器体积小、高度低，钢筋笼分段最长不超过桥台高度，施工风险较低，施工经济、合理。

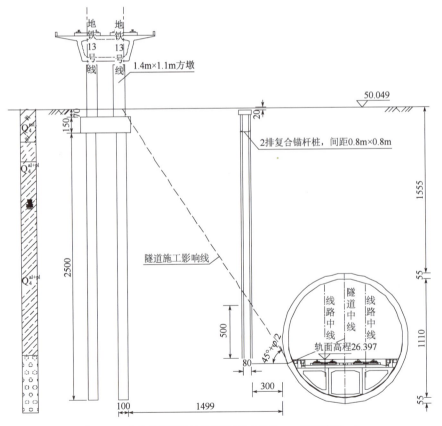

图 4.3-9　复合锚杆桩防护示意图（尺寸单位：cm；高程单位：m）

复合锚杆桩直径为180mm，采用3根φ20mm螺纹钢筋作为钢筋笼主筋，每间隔1m在主筋间焊接一个φ30mm隔离环。采用3根φ20mm注浆管，其中两根距底端4m，一根距底端8m；一根为直径4mm的出浆孔。复合锚杆桩平面布置图如图4.3-10所示。

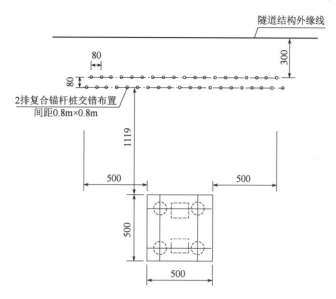

图4.3-10　复合锚杆桩平面布置图（尺寸单位：cm；高程单位：m）

5）控制效果

除常规监测手段外，穿越重大风险源时采用自动化实时监测系统，动态指导施工参数。远程自动化实时监测系统可实现每5min采集一次风险源变形绝对值并通过平台展示出来，监测精度可以达到0.3mm。盾构机管理人员将时刻掌握风险变化趋势，并根据可视化系统的数值模拟建议及时调整掘进参数，采取有效的控制措施，最终实现风险源的微沉降控制，目前成功实现5.42m超近距离下穿地铁10号线，最终将沉降值控制在1mm以内。知春路站沉降变形曲线界面图见图4.3-11。

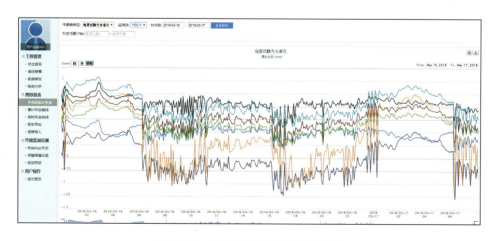

图4.3-11　知春路站沉降变形曲线界面图

6) 防护措施

(1) 地铁 10 号线区间隧道地层加固

①1 号、2 号竖井在卵石土层时设降水井,横通内地下水通过 2 号竖井降水工作坑集排;

②地层注浆在 1 号、2 号竖井横通道掌子面上进行,注浆方式采用袖阀管注浆,注浆管采用 φ50 钢花管,注浆压力为 0.3~0.4MPa。注浆时注浆材料由细颗粒浆材调整到粗颗粒浆材,浆液由单液浆调整为双液浆;通过调整浆液配合比参数,将低浓度浆液调整至高浓度浆液,将凝胶时间长的浆液调整至凝胶时间短的浆液。

③1 号、2 号竖井注浆完成后,利用第二层注浆管注浆;在盾构掘进过程中实施保压循环注浆,注浆压力为 0.4MPa。注浆结束后,用 M10 水泥浆液进行全孔封堵。

隧道地层注浆加固剖面图见图 4.3-12。

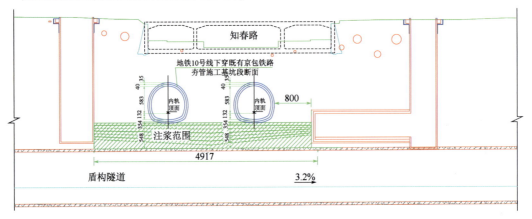

图 4.3-12　隧道地层注浆加固剖面图(尺寸单位:cm)

(2) 竖井加固

①10 号线南侧为明挖车站,围护桩 φ80cm@140cm,在此范围内应将注浆孔穿过围护桩进行加固。

②注浆方式为袖阀管注浆,袖阀管水平方向间距为 0.36m、竖向间距为 0.6m,呈梅花形布置,注浆管采用 φ50mm 钢花管,注浆压力为 0.3~0.4MPa,黏土范围内注浆采用超细水泥浆,在卵石地层注浆采用水泥-水玻璃双液浆。

③利用第二层注浆管在盾构过程中实施保压循环注浆,压力为 0.4MPa,达到盾构过程中控制地层变形的目的。注浆时应严格控制注浆压力,并加强监测,动态调整压力。

④利用倒数第二排注浆管实施跟踪注浆,压力为 0.4MPa,注浆材料采用水泥浆,控制盾尾与地层间隙引起的地层损失。跟踪注浆应根据地铁 10 号线监测结果进行,实施跟踪注浆时应加强监测,动态调整注浆压力,防止出现结构隆起。

南侧注浆加固横断面图见图 4.3-13。

(3) 换乘通道加固

①换乘通道采用明挖法施工,围护桩为 φ60cm,间距 100cm。

②采用袖阀管注浆,袖阀管水平方向间距为 0.53m、竖向间距为 1.2m,呈梅花形布置,注浆管采用 φ50mm 钢花管,采用水泥浆注浆,注浆压力为 0.3~0.4MPa。

换乘通道注浆加固横断面图见图 4.3-14。

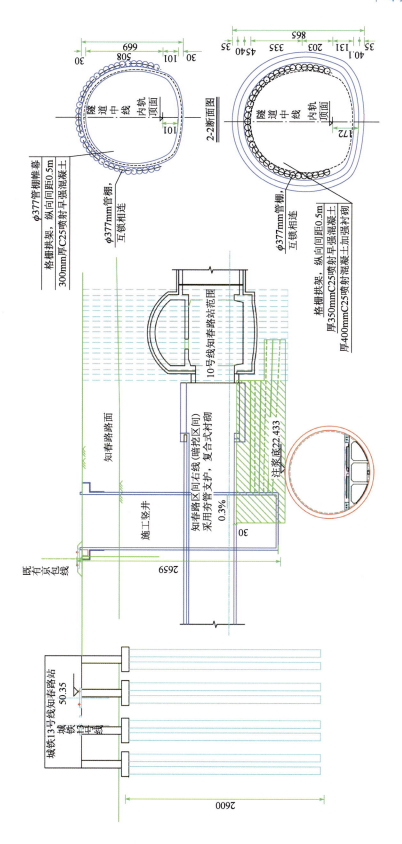

图 4.3-13 南侧注浆加固横断面图（尺寸单位：cm；高程单位：m）

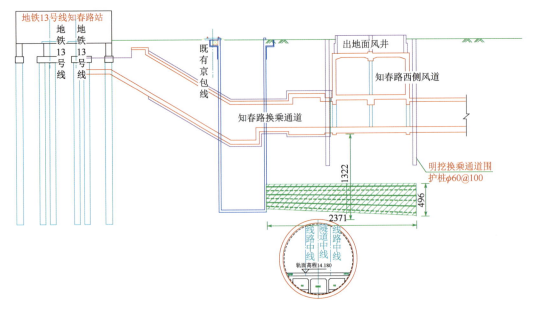

图 4.3-14 换乘通道注浆加固横断面图(尺寸单位:cm;高程单位:m)

4.3.3 隧道并行"零干扰"控制技术

清华园隧道 3 号区间西侧紧邻地铁 13 号线,与地铁 13 号线平行且间距均匀,盾构机距地铁 13 号线承台净距 14.5~14.8m。盾构机始发后,以水平直线、竖向 12.5‰下坡向小里程掘进,隧道埋深由 6.8m 增加到 11.3m(对应盾构机覆土深度为 6.6~11.1m)。

1)桥桩保护

对地铁 13 号线的桥桩采取了防护措施,包括设置复合锚杆桩、钻孔灌注桩、预埋袖阀管等。DK13+715~DK14+340 段施工涉及地铁 13 号线 21 个桥桩,其中 20 个桥桩处采用 $\phi 800mm@1200mm$ 钢筋混凝土钻孔灌注桩进行防护,并预埋 $\phi 42mm$ 袖阀管,深度距隧道底 3m。钻孔灌注桩平面布置图如图 4.3-15 所示。

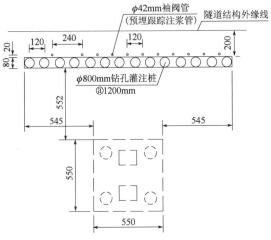

图 4.3-15 钻孔灌注桩平面布置图(尺寸单位:cm)

2) 防护桩加固

DK13+867处为门形墩,采用 $\phi 800mm@1300mm$ 钢筋混凝土钻孔灌注桩门形防护桩,邻近13号线侧桩间设置 $\phi 800mm$ 素混凝土钻孔灌注桩,与钢筋混凝土桩咬合200mm,两侧桩顶设置冠梁,中间采用混凝土撑连接,并在隧道顶部进行注浆加固地层,注浆采用 $\phi 42mm$ 袖阀管,布置成间距1.5m的梅花形。门形墩设计图如图4.3-16所示。

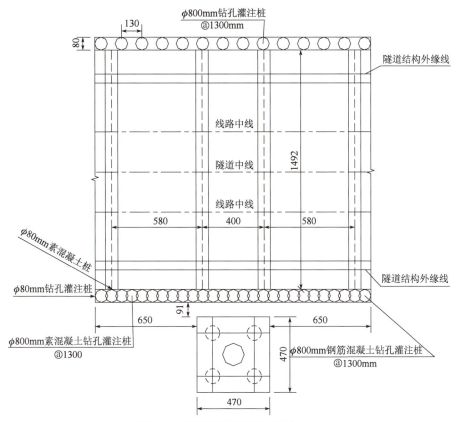

图4.3-16 门形墩设计图(尺寸单位:cm)

3) 技术效果

隧道并行地铁13号线,穿越多条城市主干道,周边建(构)筑物、管线众多,需对其进行监控量测,控制其变形。地下工程开挖后,地层中的应力扰动区延伸至地表,围岩力学形态的变化在很大程度上反映地表沉降,且地表位移可以反映盾构掘进过程中围岩变形的全过程。北四环路变形统计见表4.3-1,盾构隧道监测点布置图见图4.3-17。

北四环路变形统计　　　　　　　　　　　　　　　　　表4.3-1

序号	监测项目	测点编号	阶段变化最大值(mm)	累计变化最大值(mm)	变化速率(mm/d)	控制值(mm)	监测结论
1	地表位移	DB2-7	-0.5	—	-0.02	-20/+5	正常
		DB1-6	—	-4.3	-0.01	-20/+5	正常
2	管线位移	GX1-4 等	-0.4	—	-0.01	10	正常
		GX1-4	—	-2.1	-0.01	10	正常

续上表

序号	监测项目	测点编号	阶段变化最大值（mm）	累计变化最大值（mm）	变化速率（mm/d）	控制值（mm）	监测结论
3	深层位移	SC03	+0.2	—	+0.01	-20/+5	正常
		SC02	—	-2.6	0.00	-20/+5	正常
4	挡土墙位移	DBT101	-0.5		-0.02	10	正常
		DBT108		-4.3	-0.01	10	正常
5	挡土墙纵向不均匀沉降	DBT105-DBT106等	+0.6		+0.02	4	正常
		DBT107-DBT108		+1.7	+0.01	4	正常
6	挡土墙倾斜	DQX1-6	-0.05‰	—	0.00‰	1‰	正常
		DQX1-5	—	-0.20‰	0.00‰	1‰	正常

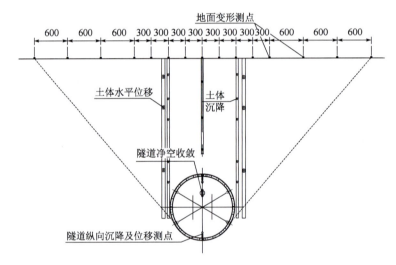

图 4.3-17　盾构隧道监测点布置图（尺寸单位：cm）

根据在北四环路布署的监测设备所收集的数据可知,实施的保护措施有效,所有类型的沉降都保持在预定的控制范围以内。

4）防护措施

采用 φ800mm 钻孔灌注桩(间距 1200mm) + 袖阀管跟踪注浆 + 洞内注浆进行防护,钻孔灌注桩打入隧道底以下 2m,平面位置距盾构隧道外缘线 2m。

预埋单排 φ42mm 袖阀管间距 1.2m,布置在隧道与灌注桩之间,距灌注桩冠梁 20cm,沿冠梁布置,后期根据实时监测结果及时跟踪注浆加固;钻孔布置成圆形圈,保证注浆充分,不留死角,浆液扩散半径 1.0m;施工采用普通硅酸盐水泥浆,浆液配合比（$W:C$）= 1:1;注浆压力为 0.3~2MPa,注浆时根据现场试验及实际注浆加固效果调整注浆压力;当单孔注浆终压达到 0.6~1.0MPa,持续 15min,进浆量很少或不进浆时,可结束本孔注浆,该结束标准为参考值,实际结束标准应通过现场试验最后确定。

4.4 大直径盾构隧道结构长期受力特点及其变形分析

通过数值模拟计算,分析清华园隧道在上穿12号线地段的结构变形与受力,具体分析内容包括清华园隧道盾构掘进开挖过程结构变形与受力、地铁12号线左右线施工对清华园隧道结构的影响分析,以及运营期列车荷载作用的影响分析。

4.4.1 计算模型与参数

采用FLAC3D软件,模型总长120m,宽90m,围岩采用莫尔-库仑准则,实体单元模拟围岩、管片、管线及注浆加固区。清华园隧道空间交叉模型如图4.4-1所示。通过注浆加固区的参数变化模拟注浆体硬化过程,硬化长度为掌子面后8~18m,地铁12号线盾构参数同清华园隧道,物理力学计算参数见表4.4-1。

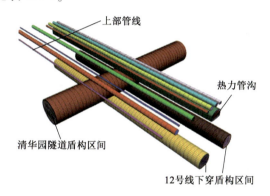

图4.4-1 清华园隧道空间交叉模型

开挖顺序为:清华园隧道盾构施工→12号线左线施工→12号线右线施工。

物理力学计算参数   表4.4-1

类别	名称	重度 γ (kN/m³)	弹性模量 E (GPa)	泊松比 μ	黏聚力 c (kPa)	内摩擦角 (°)
围岩	围岩	20	0.1	0.35	300	25
清华园隧道	管片	25	35.5	0.2	—	—
地铁12号线	管片	25	35.5	0.2	—	—
热力管沟	初期支护	24	30	0.2		
	衬砌	25	32.9	0.2		
管线支护结构		24	30	0.2	—	—
挡土墙		25	32.5	0.2		
未硬化同步注浆加固区		20.5	0.25	0.2		
硬化同步注浆加固区		21	1	0.2		

4.4.2 计算结果及分析

1) 市政管线

管外侧压力小,内壁压力大,最大主压应力安全;挡土墙左侧管线埋深大,受隧道扰动影响沉降大;挡土墙右侧管线埋深小,沉降减小;最大沉降 -4.72mm,满足要求。

2) 地铁 12 号线

管片以受压为主,仰拱管片内壁存在拉应力;管片内壁压应力大于外表面,最大压应力安全;清华园隧道下方管片沉降小,仰拱隆起大;远离清华园影响区的区域,拱顶沉降大而仰拱隆起小;左线隧道受挡土墙影响沉降最大;最大沉降 -1.61mm,最大隆起 1.32mm。

3) 清华园隧道

清华园隧道管片在 3 个断面的受力趋势保持一致,即在仰拱管片的内侧受到较大的拉应力(未考虑轨下结构影响所致),而在两侧管片内壁拱脚偏下区域出现较大的压应力。最大值在中间断面,由于该断面处于地铁 12 号线两条下穿隧道的中部,受到两条隧道的综合影响,故应力值较大,最大拉应力为 2.16MPa,最大压应力为 -3.24MPa,均满足混凝土的抗拉和抗压强度要求。

清华园隧道 3 个断面的管片位移趋势相同,即拱顶下沉,仰拱隆起,水平收敛。断面 1(12 号线左线正上方)竖向最大沉降值为 -3.03mm,最大隆起值为 1.72mm,最大水平位移值为 -2.15mm;断面 2 竖向最大沉降值为 -2.79mm,最大隆起值为 2.29mm,最大水平位移值为 -2.27mm;断面 3(12 号线右线正上方)竖向最大沉降值为 -2.50mm,最大隆起值为 2.36mm,最大水平位移值为 -2.24mm。由上述结果可知,断面 1 的总体沉降值最大,隆起值最小;断面 3 沉降值最小,隆起值最大。这是由于断面 1 更靠近挡土墙埋深增大区,受土压力更大,故沉降值大,隆起值小;而断面 3 埋深小,且处于地铁 12 号线右线正上方,清华园隧道开挖后,下穿隧道的隆起更明显(与地铁 12 号线右线盾构隧道管片位移趋势一致),故隆起值变大,沉降值变小;断面 2 则处于二者的中间值。因为水平位移因受力环境类似,所以三个监测断面水平位移值相差很小。

4) 地表位移

在清华园隧道开挖完成时,隧道中线上方地表(1D 范围内,D 为隧道开挖直径。)沉降较大,中线两侧 12m(1D)范围外出现地表隆起现象(由管片注浆压力和施加于掌子面前方的土仓压力所致),但最终表现为沉降状态。3 个监测断面在下穿隧道开挖完成后,均表现为双驼峰形分布,地表沉降槽反弯点出现在 1D 左右,即隧道中线上方 1D 范围内沉降明显,1D 范围外沉降值相对较小;断面 3 地表沉降值最大,为 -4.16mm。

5) 运营期结构受力与变形分析

在轨道上施加运营荷载,能够较为显著地增大其竖向位移,而对其水平位移增量则不是十分明显。且清华园隧道自身列车荷载对竖向位移影响明显,而 12 号线列车荷载则对清华园隧道水平位移影响明显。清华园隧道列车荷载作用下最大沉降增量为 -2.981mm,最大水平位移增量为 -0.147mm。

列车运营荷载导致的内力增量对整个结构受力影响很小,仅个别部位的受力状态有所变化;拉应力最大变化值为仰拱部位,增加 135.12kPa,拉应力减小最明显的位置为拱顶,减小了

−99.62kPa；压应力最大增量为仰拱部位，增加了 80.03kPa，压应力减小最明显为墙脚靠下部位，减小了 114.81kPa。整体而言，列车荷载导致的内力变化值均不大。

4.5 大直径盾构隧道穿越风险源健康监测技术

4.5.1 穿越邻近建(构)筑物环境风险辨识与评价

1) 大直径盾构施工对邻近建(构)筑物影响分析

盾构机开挖隧道会引起邻近建筑物变形，影响其结构和安全。浅基础建筑物受到地面沉降和水平变形的影响，深基础建筑物受到桩周土沉降、侧向变形和承载力损失的影响。为了保证建筑物的安全，需要对盾构机的影响进行预测和监测。预测是指在开挖前，根据隧道和地质条件，采用分析或模拟方法，估算隧道开挖对邻近建(构)筑物的影响。监测是指在开挖中，利用仪器设备实时观测和记录邻近建(构)筑物的数据，并与预测结果对比分析，及时处理异常情况。

2) 大直径盾构施工对邻近建(构)筑物环境风险评估流程

工程风险评估流程图见图 4.5-1。

图 4.5-1 工程风险评估流程图

3) 盾构掘进整体建模计算

为确定盾构施工时周边环境风险源及其等级，建立 3 号竖井—2 号竖井整体模型，确定成府路、北四环路等相对重要的建筑物与盾构隧道的临近等级。整体评估风险模型见图 4.5-2。

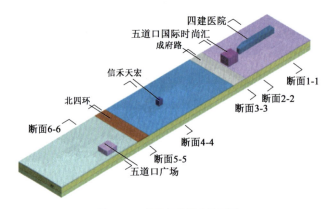

图 4.5-2　整体评估风险模型图

计算结果见图 4.5-3、图 4.5-4。

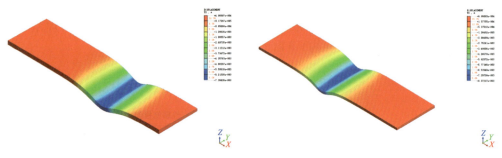

图 4.5-3　成府路变形云图(单位:m)　　　　图 4.5-4　北四环路变形云图(单位:m)

成府路宽约 40m。其与隧道的水平夹角为 90°,垂直距离为 13.68～14.43m,盾构穿越时其最大沉降值为 8.37mm。隧道下穿处正上方北四环路在 16m 长的六孔框架桥中。其与隧道的水平夹角约 85°,与隧道结构外缘的垂直距离为 8.57m,盾构穿越时最大沉降值为 7.3mm。路面沉降值比较大,成府路和北四环路属于重要的风险源,施工过程需要重点考虑。

4.5.2　安全控制标准评价指标选取

1) 侧穿 13 号线桥桩控制指标选取

当隧道穿越或邻近既有桩基施工时,隧道、土体、桩基及既有结构物的上部结构四部分处于一个共同作用体系中,四者之间相互影响、相互作用,直至形成最终的平衡状态。隧道-土体-桩基-上部结构共同作用体系如图 4.5-5 所示。

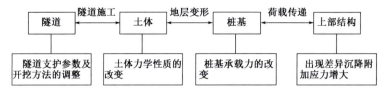

图 4.5-5　隧道-土体-桩基-上部结构共同作用体系

(1) 隧道施工扰动地层,改变周边土体性质和应力场。地层变形传至既有桩基,改变桩侧摩阻力,导致桩基承载力减小。桩基沉降传至上部结构,引起差异沉降,上部结构产生附加应力。要保证桩基的结构安全与稳定,需要重点分析地层变形对桩基承载力的影响因素、规律及特点,建立桩基承载力与地层变形之间的关系。

(2)桩基承载力取决于桩侧与桩端阻力发挥程度,与桩-土相对位移、土体位置等相关。施工过程中主要影响因素是地质条件和相对空间位置。控制桩的横向和纵向差异沉降,以确保桥梁结构安全。

2)穿越复杂建(构)筑物控制指标

由于新建地下工程与既有建(构)筑物之间复杂的动态相互作用,建(构)筑物必然承受不可忽视的安全风险,建立地层及建(构)筑物结构的安全风险控制体系,并据此进行施工中安全风险系统化的过程控制十分关键。

建(构)筑物监控控制指标应包括允许沉降控制值、差异沉降控制值和位移最大速率控制值,对高耸建(构)筑物还应包括倾斜控制值。建(构)筑物控制指标的确定主要受其功能、规模、修建年代、结构形式、基础类型、地质条件等因素的影响。根据建(构)筑物的影响因素调查分析、结构材料性能检测和计算分析,对其基础现状承载力和结构安全性进行评估,综合确定建(构)筑物的安全性,并结合其与轨道交通工程的空间位置关系,确定其控制指标。采用《建筑地基基础设计规范》(GB 50007—2011)对地基变形进行计算。

4.5.3 安全控制标准数值仿真

地下结构理论分析计算的力学模型分为连续介质模型和作用-反作用模型两种。连续介质模型又称为地层-结构模型,一般多用于结构变形计算时分析结构与地层的相互作用关系;作用-反作用模型又称为荷载-结构模型,较多用于结构变形和内力分析。

1)侧穿13号线高架桥安全评估

(1)计算模型

考虑到施工过程中的空间效应,计算模型根据新建工程的施工确定既有13号线区间结构和轨道的有效影响范围,重点考察既有13号线区间结构和轨道由于施工产生的变形情况,分析其差异性变形。风险点为新建盾构工程邻近既有地铁13号线桥梁段,风险点整体计算模型、新建工程与既有结构位置关系分别如图4.5-6、图4.5-7所示。

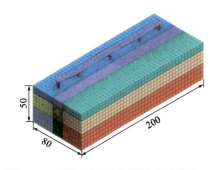
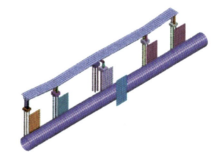

图4.5-6 风险点整体计算模型(尺寸单位:m)　　图4.5-7 风险点新建工程与既有结构位置关系图

本次计算模型中周围土体采用实体单元,不同的土层采用不同的材料模拟。边界条件选取时顶面取为自由边界,其他面均采取法向约束。计算荷载考虑以下方面:①地铁结构自重;②土体竖向自重;③列车荷载;④地面超载20kPa。

根据不同的材料采用不同的本构模型模拟;混凝土材料采用线弹性模型;各层土体采用 D-P 模型;土层和既有地铁结构采用实体单元 Solid45 模拟。

(2) 风险计算分析

根据新建工程的施工步骤,按最不利条件进行模拟,即模拟施工的 10 个阶段,每个阶段模拟盾构在区间推进 20m,总距离共计 200m。

模拟掘进阶段施工发现,竖向最大变形与横向最大变形发生在第十阶段(200m 处),最大变形分别发生在邻近区间侧桥梁顶部与邻近基坑侧桥桩中部,变形分别为 +1.389mm 与 +2.628mm。模拟施工第十阶段十竖向变形、横向变形分别如图 4.5-8、图 4.5-9 所示。

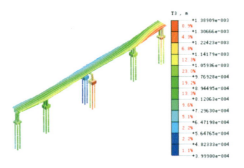

图 4.5-8 模拟施工第十阶段竖向变形

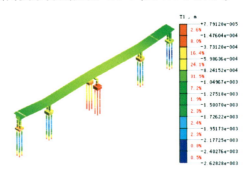

图 4.5-9 模拟施工第十阶段横向变形

(3) 桥梁结构应力变化分析

根据计算结果,桥梁结构不均匀沉降会引起连续梁桥的应力变化,可能对结构安全造成影响,因此对风险最大且具有代表性的三座连续梁桥进行应力分析。根据计算分析,连续梁梁体应力变化最大的工况为盾构掘进至中跨前后时,相邻桥墩差异沉降最大,其最大应力发生在阶段三,拉应力大小为 1348kPa。各墩台变形结果如表 4.5-1 所示。

各墩台变形结果 表 4.5-1

项目	71 号	72 号	73 号	74 号	75 号
竖向沉降(承台)(mm)	-2.04	-1.97	-2.61	-2.01	-2.03
水平位移(承台)(mm)	1.58	1.56	1.89	1.6	1.59
水平位移(桩)(mm)	2.77	2.75	3.56	2.84	2.78
倾斜(‰)	2.0	2.0	8.5	2.0	2.0
梁体沉降(mm)	-2.36	-2.35	-2.61	-2.40	-2.33
梁体水平变形(mm)	1.68	1.74	2.04	1.71	1.70

2) 盾构隧道下穿知春路车站安全评估

(1) 车站计算模型简介

为研究京张铁路清华园隧道盾构区间工程对地铁 10 号线和 13 号线的影响。模型主要关注新建工程对地铁 10 号线知春路站、知春路站—知春里站区间、知春路站风道,以及地铁 13 号线知春路站和换乘通道的影响。工程存在四个风险点,包括新建工程穿越地铁 10 号线知春路站及其周边区间,靠近地铁 13 号线知春路站,穿越地铁 10 号线风道,以及穿越地铁 10 号线与13号线的换乘通道。所有模型均采用实体单元模型。计算模型如图4.5-10所示,车站与隧道位置关系如图4.5-11所示。

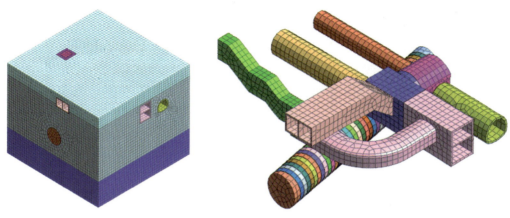

图4.5-10 计算模型　　　　　　　图4.5-11 车站与隧道位置关系

(2)风险计算

根据新建工程的施工步骤,按最不利条件进行模拟,模拟施工的八个阶段,每个阶段模拟盾构在区间推进20m,总距离共计160m,第一阶段与第八阶段分别如图4.5-12、图4.5-13所示。

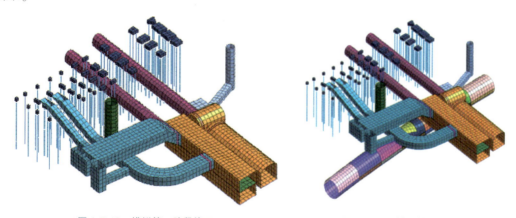

图4.5-12 模拟第一阶段施工　　　　　　　图4.5-13 模拟第八阶段施工

①地铁10号线知春路站—知春里区间

模拟掘进阶段施工发现,最大竖向最大变形发生在第七阶段(140m处),最大形变发生在区间底部,形变大小为-8.86mm;最大横向形变发生于第三阶段(60m处),最大形变发生在区间底部,形变大小为2.19mm。第三阶段横向变形与第七阶段竖向变形分别如图4.5-14、图4.5-15所示。

②地铁13号线知春路站

模拟掘进阶段施工发现,模拟施工阶段七竖向变形、横向变形分别如图4.5-16、图4.5-17所示,竖向最大变形与横向最大变形发生在第七阶段(140m处),最大变形分别发生在邻近隧道侧承台与邻近隧道侧桥桩底部,变形分别为-1.23mm与+1.53mm。

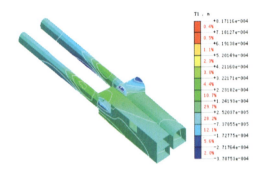

图4.5-14 模拟施工阶段三横向变形(单位:m)

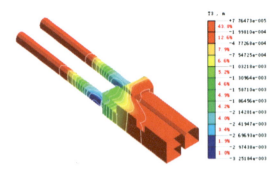

图4.5-15 模拟施工阶段七竖向变形(单位:m)

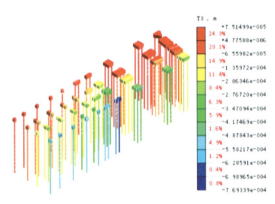

图4.5-16 模拟第七阶段施工竖向变形(单位:m)

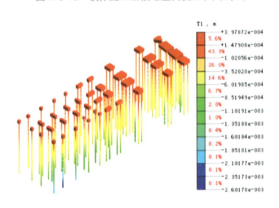

图4.5-17 模拟第七阶段施工横向变形(单位:m)

3) 下穿城市道路安全评估

(1) 计算模型

为研究京张高铁清华园隧道盾构区间工程对成府路、知春路、学院南路的影响,模型主要关注新建工程对这些城市道路的影响。工程存在三个风险点,包括新建工程穿越成府路、穿越知春路,以及穿越学院南路。所有模型均采用实体单元模型,见图4.5-18、图4.5-19。

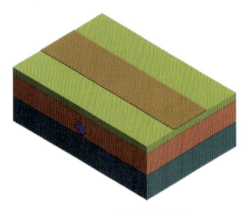

图4.5-18 成府路计算模型

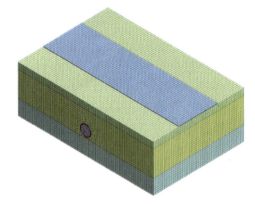

图4.5-19 知春路计算模型

根据新建工程的施工步骤,按最不利条件进行模拟,三个模型工况相同,即模拟施工的10个阶段,每个阶段模拟盾构在区间推进10m,总距离共计100m。

①成府路变形结果

随着模拟掘进阶段的推进,纵向最大差异沉降发生在第十阶段(100m处),见图4.5-20,最大变形发生隧道中线上方,变形大小为 -6.81mm。

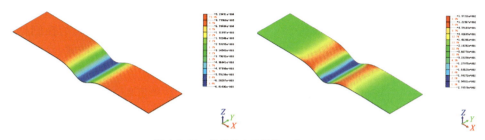

图4.5-20 模拟第十阶段施工变形云图

②知春路变形结果

随着知春路模拟掘进阶段的推进,纵向最大差异沉降发生在第十阶段(100m处),见图4.5-21,最大变形发生隧道中线上方,形变大小为 -4.84mm。

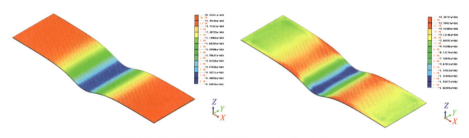

图4.5-21 模拟第十阶段施工变形云图(单位:m)

(2)道路结构应力分析

根据计算结果,路面的不均匀沉降会引起其应力变化,可能对结构行车安全及舒适度造成影响,对三个风险点进行应力分析,提取各风险点发生最大变形时结构对应的应力变化结果。各风险点应力提取结果见表4.5-2。

各风险点应力提取结果　　　　　　　　表4.5-2

风险点	变形类型	变形(mm)	最大应力值(kPa)
成府路	纵向差异沉降	6.84	271.6
知春路	纵向差异沉降	4.84	166.9

4.5.4 安全控制标准范围取值

1)地铁13号线高架桥控制标准

受到桥梁结构形式、截面类型、预应力钢束布置情况等影响,不同桥梁结构承受桩基沉降的能力是不同的。因此,要针对既有桥梁结构的实际特点进行分析。

当新建地铁隧道穿越既有桥梁时,不同的穿越位置会导致桥梁发生不同形式的沉降和变形,从而对桥梁的承载能力产生不同的影响。因此,必须根据桥梁的实际穿越位置,对桥梁可能发生的差异沉降进行组合分析,从而确定不同差异沉降工况下桥梁的最大拉应力值,绘制出桥梁差异沉降量与梁体最大拉应力的关系曲线，进而根据绘制的曲线，依据《混凝土结构设计规范》(GB 50010—2010)中规定的混凝土结构抗拉强度标准值，反推算出桥梁的理论差异沉降限值。

在确定完桥梁的理论差异沉降限值后，便可依据桥梁的综合折减系数对其进行折减，从而得到实际情况下的桥梁差异沉降阈值。在实际桥梁的穿越施工过程中，桥梁的控制标准还应考虑到穿越工程的风险等级（安全储备）对桥梁的实际差异沉降阈值进行折减，从而得到其实际施工状态下的桥梁控制标准。

由建模计算可知，地铁13号线区间结构的纵向最大差异沉降为2.61mm，横向最大差异沉降为2.04mm，最大倾斜值为0.85‰，对应的最大拉应力为1.348MPa，根据《混凝土结构设计规范》(GB 50010—2010)，混凝土抗拉强度的标准值为2.39MPa，反推算出桥梁的理论纵向差异沉降限值为4.628mm，理论横向差异沉降限值为3.617mm，理论倾斜限值为15.07‰。

依据之前确定的桥梁差异沉降综合折减系数(85.07%)对桥梁结构的理论值进行修正，可得桥梁实际纵向差异沉降限值3.94mm，实际横向差异沉降限值3.08mm，实际倾斜限值1.28‰。在考虑一定的安全储备后，最终确定施工状态下地铁13号线高架桥的控制标准为：纵向差异沉降值3mm，横向差异沉降值3mm，墩柱倾斜1.2‰。

2）地铁车站控制标准

新建隧道穿越知春路换乘车站，拱顶距车站的最小净距仅为5.43m，穿越过程需要严格控制施工参数。施工过程存在四个风险点，需针对每个风险点确定其相应的控制标准。根据建模计算结果，反推算出各风险点的理论沉降限值，再用地铁车站的综合折减系数(79.56%)对理论值进行修正，得出实际的沉降限值，最后考虑一定的风险等级（安全储备），确定最终的控制标准值。知春路地铁车站控制标准值见表4.5-3。

知春路地铁车站控制标准值 表4.5-3

风险点	理论沉降阈值(mm)	实际沉降阈值(mm)	最终控制标准值(mm)
风险点一	-4.43	-3.52	-3
风险点二	-2.88	-2.29	-2
风险点三	-4.01	-3.19	-3
风险点四	-4.27	-3.40	-3

3）城市道路控制标准

新建隧道穿越成府路、知春路和学院南路时，因盾构隧道埋深不同，因此对各道路的影响程度也不相同，根据建模计算分析结果分别确定每条道路的控制标准理论值，再由综合折减系数对其进行修正后得到实际纵向差异沉降限值，在基于一定安全储备的基础上确定最终控制值。城市道路控制标准值见表4.5-4。

城市道路控制标准值 表4.5-4

风险点	理论阈值(mm)	综合折减系数	实际阈值(mm)	最终控制标准值(mm)
成府路	60.0	89.44%	53.6	40
知春路	69.3	93.23%	64.6	50

4)既有建筑结构控制标准

综合考虑隧道埋深、宽度、地层条件及建筑所处位置等因素,表示出若干不同的变形模式,包括竖向沉降、水平位移及其分布形式。以竖向沉降分析为主,通过对建筑物底部不同位置施加不同竖向位移,对建筑物所处地表不同位置的情况进行模拟分析及对比分析。根据上部结构的应力分布状况并以结构开始破坏为主要判断依据,得出沉降、差异沉降控制指标的极限值。在此基础上考虑一定的安全系数,参考一些类似工程的相关标准和规范。沿线各类房屋一般沉降控制标准为10~12mm,个别损害较大房屋控制标准为≤10mm。

5)控制标准三阶段分级

根据北京市地铁运营公司对于跨越地铁工程列车安全运营有关规定和意见,结合以上相关结论和工程实际特点,依据现有常规测量仪器的监测精度,综合运营安全要求及变形预测结果,确定变形控制值;并将控制值的85%作为报警值,控制值的70%作为预警值。变形标准值见表4.5-5。

变形标准值　　　　　　　　　　　　　表4.5-5

	控制指标	预警值	报警值	控制值
地铁13号线高架桥	纵向差异沉降(mm)	2.1	2.55	3
	横向差异沉降(mm)	2.1	2.55	3
	墩柱倾斜(‰)	8.4	10.2	12.0
知春路地铁车站	地铁10号线知春路站及知春路—知春里区间最大沉降(mm)	2.1	2.55	3
	邻近既有地铁13号线知春路站最大沉降(mm)	1.4	1.7	2
	地铁10号线风道最大沉降(mm)	2.1	2.55	3
	地铁10号线与地铁13号线换乘通道最大沉降(mm)	2.1	2.55	3
城市道路	成府路沉降(mm)	28	34	40
	知春路沉降(mm)	35	42.5	50

4.6 大直径盾构隧道结构健康监测方案与健康监测管理平台

针对清华园隧道与周边建(构)筑物的特点,结合结构受力规律,制定隧道重点区域的长期监测方案,掌握盾构隧道结构长期受力及变形规律,为隧道的长期安全运营提供参考依据。大直径盾构隧道结构稳定性及耐久性等,是设计、施工及运营阶段需要重点考虑的问题。健康监测管理平台,可以实现对大直径盾构隧道的变形与受力状态进行实时监测,动态掌握盾构的健康状态。

4.6.1 监测方案

1)监测断面的选取

选取盾构隧道穿越重要建(构)筑物的部位进行监测断面的布置,监测断面布置示意图如图4.6-1所示,整个隧道监测断面详细布置见表4.6-1。

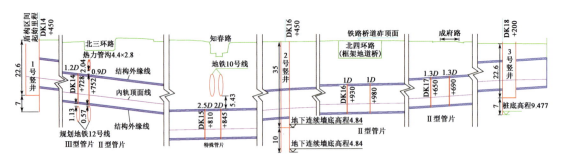

图 4.6-1 监测断面布置示意图(尺寸单位:m;高程单位:m)

整个隧道监测断面布置　　　　　　　　　　　　　表 4.6-1

序号	段落	里程	埋深	管片类型	备注
1	北三环路下方规划地铁12号线上方	DK14+749	1.2D	Ⅲ型管片	上方热力管2.04m,下方地铁12号线最近0.57m
2		DK14+766	0.9D	Ⅲ型管片	
3	知春路和地铁10号线下方	DK15+810	2.5D	特殊管片	上方地铁10号线最近5.43m
4		DK15+845	2D	特殊管片	
5	北四环路下方	DK16+930	1D	Ⅱ型管片	
6		DK16+980	1D	Ⅱ型管片	
7	成府路下方	DK17+650	1.3D	Ⅱ型管片	
8		DK17+690	1.3D	Ⅱ型管片	

注:D 为隧道开挖直径。

除与地铁 13 号线在平面上基本平行外,清华园隧道在垂直断面上穿越北三环路的地段最为复杂,该段落上方除北三环路外,还有一条热力管沟,同时邻近大钟寺地铁站,下方为地铁12 号线,为复合式近接影响区域。因此科研监测方案在规划地铁 12 号线左右洞正上方DK14+749、DK14+766 布置两个监测断面,用以监测地铁 12 号线施工时对清华园盾构隧道以及各结构之间长期的相互影响。

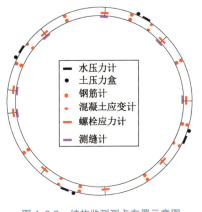

图 4.6-2 结构监测测点布置示意图

2)监测内容

监测内容包含结构受力与变形,全环采用 4 主 4 副管片,主副管片交错布置(图 4.6-2)。元器件监测 8 个管片(6 个标准块+2 个相邻块)的围岩压力、水压力、钢筋应力、混凝土应力、螺栓受力和接缝位移,其中钢筋计和混凝土应变计为内外侧对称布置,混凝土应变计、土压力盒间隔一个管片布置。

3)传感器选型及监测数量

振弦式传感器具有结构简单可靠、制作安装方便、价格低廉的优点,但长期稳定性及精度有待进一步提升。光纤光栅传感器虽然价格高,但是具有耐腐蚀、抗电磁干扰能力强、信号传输距离远、和长期在线监测等优点,因此针对清华园隧道的长期监测,选用光纤光栅传感器。清华园盾构隧道监测项目及元器件参数见表 4.6-2,累计测点 94 个。

清华园盾构隧道监测项目及元器件参数 表4.6-2

序号	监测项目	元器件	量程	分辨率	数量
1	土压力	土压计	1MPa	0.1%F·S	8
2	水压力	渗压计	1MPa	0.1%F·S	8
3	管片钢筋应力	钢筋计	拉应力200MPa,压应力100MPa	0.1%F·S	32
4	管片混凝土应力	混凝土应变计	±1000με	0.1%F·S	16
5	螺栓受力	螺栓应力计	拉应力200MPa,压应力100MPa	0.1%F·S	18
6	接缝位移	测缝计	25mm	0.1%F·S	12

4)数据采集

采集器设置在DK14+766断面的救援通道内,采集器和测点采用通信光缆连接。在采集器安装调试完成之前采用人工监测,采集器完成后采用自动监测。

5)数据传输

数据传输采用通用分组无线服务技术(GPRS)模块进行远程传输,GPRS传输模块布置在DK14+766正洞边墙墙壁上。

6)系统供电

采用隧道内的电力系统供电,供电电压220V。施工期采用施工临时接电,运营期采用隧道内电路持续供电。

7)监测频率

监测频率根据《城市轨道交通工程监测技术规范》(GB 50911—2013)规定确定,在不低于该规范要求基础上,选择施工期与运营期监测频率为1次/d。

4.6.2 监测方案的实施及监测结果

1)监测方案实施

监测方案的整体实施流程:确定传感器安装流程→确定光纤光栅传感器布置拓扑图→管片测点预埋→管片养护→管片转运到现场→管片拼装前检查与接线→管片拼装→隧道底部走线→轨下结构安装→管片上部走线→采集器安装→调试。监测方案现场实施照片如图4.6-3所示。

a)测点安装

b)管片拼装

图 4.6-3

c) 采集器安装　　　　　　　　　　d) 整体照片

图 4.6-3　监测方案现场实施照片

2）监测结果

截至 2019 年 3 月 25 日,除 DK14+766 断面 B1 块测点传输光缆出现破坏外,其余测点均完好,监测结果见表 4.6-3 和表 4.6-4。

监测结果 1　　　　　　　　　　　　　　　　　表 4.6-3

里程	项目	部位	边墙 A1 块	拱脚 A2 块	拱顶 A3 块	拱脚 A4 块	边墙 A5 块	仰拱 A6 块	B2 块	B1 块
DK14+749	土压力(kPa)		80.2	—	121.7	—	70.5	—	35.7	—
	水压力(kPa)		−78.3	—	−52.2	—	−99.3	—	0	—
	钢筋应力(MPa)	内侧	−14.6	56.5	−28.1	−28.1	−29.7	−17.7	−11.2	−18.3
		外侧	−13.2	−15.3	−26.2	−22.0	−23.7	−17.5	−9.3	174.8
	混凝土应变 (10^{-6})	内侧	−22.5	—	−64.4	—	−72.0	—	−32.4	—
		外侧	0.2	—	−66.5	—	−37.6	—	−38.6	—
DK14+766	土压力(kPa)		81.3	—	29.7	—	60.9	—	—	—
	水压力(kPa)		−68.7	—	−84.6	—	92.6	—	—	—
	钢筋应力(MPa)	内侧	−27.6	−22.5	−23.8	−31.4	−31.1	−13.3	—	−15.0
		外侧	−19.2	−30.1	−28.7	−26.5	−27.2	−14.7	—	−22.0
	混凝土应变 ($\mu\varepsilon$)	内侧	−19.8	—	−82.5	—	−89.6	—	—	—
		外侧	−81.6	—	−82.9	—	−53.8	—	—	—

注:土压力为正;水压力为负;钢筋应力和混凝土应变拉为正,压为负。

监测结果 2　　　　　　　　　　　　　　　　　表 4.6-4

里程	项目	B1-A1	A1-A2	A2-A3	A3-A4	A4-A5	A5-A6	A6-B2	B2-K	K-B1
DK14+749	接头位移(mm)	−1.56	−0.95	−0.98	−1.13	−0.99	−0.84	—	—	—
	螺栓应力(MPa)	−8.2	−4.9	−9.0	0	2.6	−15.2	−33.9	−9.5	−73.9
		−12.9	−8.0	−8.8		1.1	−12.2	−23.9	5.8	−70.8
DK14+766	接头位移(mm)	0	−1.36	−1.17	−1.17	0	−1.13	—	—	—
	螺栓应力(MPa)	2.5	0.5	−19.3	−6.3	−4.9	−19.5	−15.9		−57.7
		8.6	−0.6	−13.5	−11.1	−6.5	−15.9	−13.8	0	−80.3

注:接头位移张开为正;螺栓应力受拉为正,每个螺栓含两个测点。

由表 4.6-3 可知,土压力最大值为 121.7kPa,在拱顶部位;水压力最大值 -99.3kPa,在边墙部位。钢筋应力中,最大压应力值为 -31.4MPa,在拱脚部位;最大拉应力为 174.8MPa,在仰拱部位;混凝土最大应变 -89.6×10^{-6},折算混凝土强度约 3.0MPa,受压,在边墙部位;管片纵向接头位移最大值 1.56mm,收缩;螺栓最大应力 -80.3MPa,在封顶块部位。

以 DK14+766 断面为例,典型位移计监测曲线如图 4.6-4 所示,在经历注浆、盾尾脱出、12 号线施工后位移数据均已基本稳定。

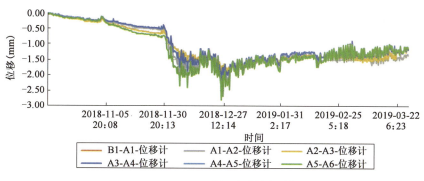

图 4.6-4　DK14+766 断面位移计监测曲线图

4.6.3　结构受力监测系统组成

结构受力监测系统,主要是通过现场布置传感器元器件,将传感器连接至数据自动采集仪,通过远程数据传输采集模块将数据传输到数据库系统,然后通过各种终端进行数据的查看、分析和预警,其组成结构如图 4.6-5 所示。

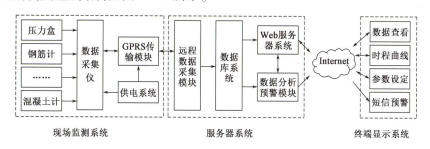

图 4.6-5　结构受力监测系统组成结构图

4.6.4　隧道健康监测管理平台总体内容与模块

大直径盾构隧道健康监测管理平台的总体内容包括:主界面、工程概况、监测结果、监测曲线、预警功能、数据库管理等,平台总体内容设计图如图 4.6-6 所示。

平台模块如下:

(1)工程概况。以文字与照片形式静态显示显示该实时监测项目的一些基本信息,如监测的目的、监测断面布置、监测项目等。

(2)监测结果。列表显示各监测点数据,包含断面名称、测点类型、最近一次测试时间、测试值等,数据能够实时更新显示,具有及时性。

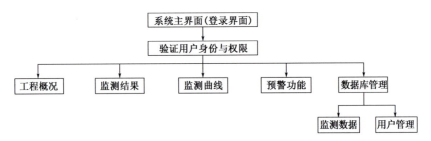

图 4.6-6　大直径盾构隧道健康监测管理平台总体内容设计图

(3)监测曲线。列表分组、分类型显示各断面不同监测类型,可以查看各断面不同类型监测的时间-监测值曲线,实现监测数据的图形化显示功能。

(4)预警功能。通过设定不同类型的监测预警值,当该类型测点监测值达到该预警值时,则发出该测点的预警信息。

(5)数据库管理。数据库管理包含监测数据管理和一般管理,对采集器各通道测点进行分断面、分类型编组,对日常维护人员信息项目简介、预警值等进行更新、维护。

该平台可为项目人员提供项目进展所需的各类重要信息,如各时段的土压力、水压力、钢筋混凝土应力等;实时监测数据异常,具备预警报警功能,为项目正常进行提供数据支持。

KEY TECHNOLOGIES FOR
CONSTRUCTING LARGE-DIAMETER SHIELD TUNNELS
THROUGH URBAN CORE AREAS

下穿城市核心区大直径盾构隧道修建关键技术

第 5 章

铁路盾构隧道全预制轨下结构机械化拼装技术

大时代

盾智行

构未来

清华园隧道为京张高铁重点控制性工程。该工程标准化要求高、工期紧张,为加快施工进度,并贯彻"精品工程、智能京张"的要求,积极推广工厂化、机械化和专业化,采用轨下结构全预制拼装技术方案,边箱涵采用预制设计,研发边箱涵轨下拼装台车,加快了施工进度,节约工期,避免了大量植筋损坏盾构管片;为满足轨下结构拼接的质量要求,对结构底部的压浆工艺进行了专项研究,提高了结构耐久性和可靠性。

5.1 轨下结构拼装与技术控制

5.1.1 轨下结构拼装技术

轨下预制拼装结构由三部分预制件组成,利用圆形盾构轨下断面富余度大的特点,隧道轨下结构中部沿轴线设置贯通全隧的救援通道,两侧分别设置风道及设备管道,每隔100m设置一处疏散楼梯。标准段轨下结构断面图如图5.1-1所示。

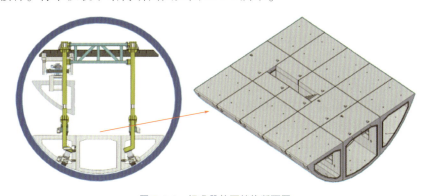

图5.1-1 标准段轨下结构断面图

中箱涵(有标准段和疏散楼梯段两种形式)、两侧边箱涵,各预制件间采用螺栓进行机械连接。为找平中箱涵及侧板顶部的拼装误差并加强结构的整体性,轨下预制结构与轨道板间设置15cm厚的C40钢筋混凝土加强板。

横断面方向中箱涵与边箱涵采用直螺栓对穿连接方式,设置4根M24螺栓,如图5.1-2所示。隧道纵轴线方向边箱涵与边箱涵、中箱涵与中箱涵采用直螺栓对穿连接方式,设置4根M24螺栓(疏散楼梯段2根M24螺栓),呈"X"形布置。螺栓接缝处设置橡胶垫。箱涵结构纵向螺栓连接如图5.1-3所示。

图5.1-2 中箱涵与边箱涵螺栓连接

图5.1-3 箱涵结构纵向螺栓连接

为确保轨下预制结构管片间无相对滑移,在每块边箱涵及中箱涵底部分别利用注浆孔设置4根M24膨胀螺栓。为解决盾构管片拼装存在的错台、不平整等问题,在边箱涵外侧螺栓孔处设置 12mm 厚橡胶垫进行调整,中箱涵利用侧腿下方的 12mm 厚减震橡胶垫进行调整。预制结构与管片之间的空隙以 M10 砂浆充填。

盾构区间电缆过轨均采用照明和直放站供电的低压电缆。电缆过轨预留孔洞如图 5.1-4 所示。利用轨下填充层钢筋网实现接地,侧弧板通过连接螺栓和连接钢筋与轨下填充层钢筋网连接。综合接地示意图如图 5.1-5 所示。

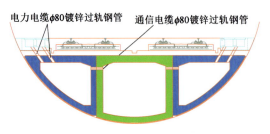 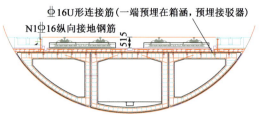

图 5.1-4　电缆过轨预留孔洞示意图(单位:mm)　　　图 5.1-5　综合接地示意图(单位:mm)

5.1.2　轨下预制结构底部压浆控制技术

轨下结构与管片之间存在 20~30mm 的缝隙。为了使箱涵与管片接触密实,使其应力分布更加均匀、体系更加稳定、受力更加合理,该缝隙需注浆填充。

1)试验测量参数

(1)抗压强度、早强性

根据《水泥胶砂强度检验方法(ISO 法)》(GB/T 17671—1999),对普通硅酸盐水泥、硫铝酸盐水泥及硫铝酸盐水泥与粉煤灰混合材料的力学性能进行试验。试验采用 P·O42.5 水泥作为参照组,硫铝酸盐水泥中的粉煤灰掺量为 0~45%,以 5% 为梯度增加,合计 11 组。同时为了分析混合材料的早强性能,分别检测了其 6h、12h、24h、3d、7d、28d 的抗压强度。

凝固浆液抗压试验见图 5.1-6。

图 5.1-6　凝固浆液抗压试验

(2)流动度

根据《混凝土外加剂匀质性试验方法》(GB/T 8077—2012),对水泥净浆进行流动度检测。为了验证粉煤灰的掺量对混合材料流动度的影响,进行混合材料流动度试验,见图 5.1-7。

图5.1-7 混合材料流动度试验

(3)膨胀性

根据《膨胀水泥膨胀率试验方法》(JC/T 313—2009),对混合材料的膨胀性进行检验。膨胀性试验采用P·O42.5水泥作为参照组,硫铝酸盐水泥中粉煤灰从0～45%、以5%为梯度增加,合计11组。分别测量养护期龄为1d、3d、7d、28d的混合材料伸长率。混合材料膨胀性试验见图5.1-8。

$$E_x = \frac{L_x - L_0}{250} \times 100 \quad (5.1\text{-}1)$$

式中:E_x——试体某龄期的膨胀率(%);

L_x——试体某龄期长度度数(mm);

L_0——试体初始长度度数(mm);

250——试体的有效长度250mm。

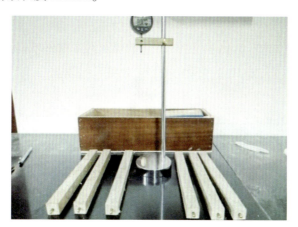

图5.1-8 混合材料膨胀性试验

2)试验阶段

(1)第一、二阶段

试验分为三阶段,前两阶段试验如下,第一阶段水灰比为0.5∶1,第二阶段水灰比为0.8∶1。

①水泥强度试验分组。试验采用P·O42.5水泥作为参照组,硫铝酸盐水泥中的粉煤灰

掺量为0~45%,以5%为梯度增加,合计11组。同时为了分析早强性能,分别检测了6h、12h、24h、3d、7d、28d抗压强度。

②流动度试验分组。为了验证粉煤灰的掺量对混合材料流动度的影响,开展了相关的试验。采用普通硅酸盐水泥,保证泥水量与粉煤灰总掺量为300g,水泥量从300g至165g,粉煤灰掺量从0到135g,每次增加15g粉煤灰并减少15g水泥用量,用水量保持在150g。

③膨胀性试验分组。试验采用P·O42.5水泥作为参照组,硫铝酸盐水泥中的粉煤灰掺量为0~45%,以5%为梯度增加,合计11组,分别测量养护期龄为1d、3d、7d、28d的掺量为伸长率。

(2)第三阶段

同条件养护试验,根据以上试验分组,同时进行抗压强度、流动度、膨胀性试验。设置2组试验,保持水泥、粉煤灰、用水量相同,在其中一组试验中加入膨胀剂。

3)压浆结果分析

(1)第一阶段混合材料试验结果(材料试配)

①抗压强度

总体来说,在硫铝酸盐水泥中掺入粉煤灰后,水泥试块的抗压强度减小,且粉煤灰掺量越大试块抗压强度减小越多。

试验过程中发现掺入粉煤灰会缩短混合材料的初凝时间和终凝时间,使得硫铝酸盐水泥的快硬、早强的特性得到加强。混合材料龄期曲线见图5.1-9。

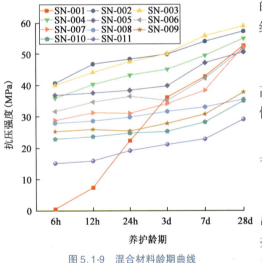

图5.1-9 混合材料龄期曲线

②流动性

普通硅酸盐水泥的流动度比硫铝酸盐水泥高,随着硫铝酸盐水泥中粉煤灰含量的增加,流动性得到加强。

粉煤灰对于改善硫铝酸盐水泥净浆的流动度具有一定的作用。

③膨胀性

普通硅酸盐水泥在继续养护的过程中,表现出一定程度的体积缩小。硫铝酸盐水泥、硫铝酸盐水泥和粉煤灰的混合物在养护过程中,都表现出了一定的膨胀性。

(2)第二阶段混合材料试验结果(水灰比0.8:1下的材料性能试验)

①抗压强度

普通硅酸盐水泥在继续养护的过程中,表现出一定程度的体积缩小。硫铝酸盐水泥、硫铝酸盐水泥和粉煤灰的混合物在养护过程中,都表现出了一定程度的膨胀性。

②流动性

净浆的流动度受水灰比的影响较大,水灰比0.8:1的水泥净浆具有非常好的流动性。硫铝酸盐水泥中粉煤灰掺量为40%时的流动度为纯水的84%。

③膨胀比

水灰比增大至0.8∶1之后,水泥净浆的试块的膨胀值较小,最大值为0.024%。水灰比0.8∶1下的混合材料硬化后没有出现进一步的收缩,可以保证缝隙饱满。

(3)第三阶段混合材料试验结果(同条件试验)

根据试块的抗压结果可知,水灰比0.8∶1、粉煤灰掺量为40%的硫铝酸盐水泥具有快硬、早强的特性,24h的最小抗压强度为2.92MPa,7d抗压强度可达5.08MPa,满足设计要求。

水灰比0.8∶1、粉煤灰掺量为40%的硫铝酸盐水泥的净浆试块在自然养护条件下,出现了明显的微膨胀性,可以满足实际施工过程中,注浆体紧贴隧道预制构件的要求,可以在一定程度上实现主动受力。

4)压浆效果

(1)当对浆体材料强度要求较低时,微膨胀硫铝酸水泥中可以掺入粉煤灰,以降低成本。

(2)硫铝酸盐水泥中掺入粉煤灰不影响硫铝酸盐水泥的强度随龄期的变化曲线,掺入粉煤灰后仍然具有快硬、早强的特性,可满足快速施工要求。

(3)粉煤灰的掺入可以加快硫铝酸盐的水化反应,缩短硫铝酸盐的凝结时间,有利于提高硫铝酸盐水泥早强、快硬的特性。

(4)硫铝酸盐水泥浆体中掺入粉煤灰可以显著改善流动性,有利于注浆作业。

(5)硫铝酸盐水泥中掺入粉煤灰可以使得硫铝酸盐水泥净浆的化学收缩有所减小,在空气中养护时粉煤灰对于水泥浆体试块的干缩具有一定的抑制作用。

(6)本项目将粉煤灰掺量定为40%,水灰比0.8∶1时,早期强度可以满足连续施工要求,后期强度也满足对压浆材料的强度要求。

(7)水泥净浆的流动性受水灰比影响最大,当水灰比为0.8∶1时,水泥浆溶液具有非常好的流动性。

5.2 管片拼装技术

5.2.1 拼装前的准备

(1)管片清理:管片下井拼装前,用灰刀清除管片上的浮灰、浮砂,对管片进行清理。

(2)防水密封条、传力衬垫、防水涂料检查:管片清理干净后,在地面上按拼装顺序排列堆放管片,按设计图要求粘贴传力垫及防水材料,经质检人员检查合格并填写"管片防水材料贴付检查表"。

(3)将检查合格、已粘贴防水材料的管片及管片接缝的连接件和配件、防水垫圈等,用门式起重机运送到井下,装入管片车,由隧道内运输列车运送至工作面。

(4)操作人员应全面检查管片拼装机的动力设备及液压设备是否正常,举重钳是否灵活、安全可靠。

5.2.2 管片安装方法

(1)管片采用通用楔形环管片,安装点位以满足隧道线形为前提,重点考虑管片安装后盾尾间隙要满足下一掘进循环限值,确保有足够的盾尾间隙,以防止盾尾直接接触管片。管片安装前根据盾尾间隙、推进液压缸行程选择好拟安装管片的点位。

(2)盾构掘进到预定长度,且拟安装封顶块位置的推进液压缸行程大于2.7m时,盾构机停止掘进,进行管片安装。

(3)为保证管片安装精度,管片安装前需对安装区进行清理。

(4)管片安装时必须从隧道底部开始,然后依次安装相邻块,最后安装封顶块,每安装一块管片,立即将管片纵环向连接螺栓插入连接,并套上螺母用电动扳手紧固。

(5)在安装最后一片管片前,应对防水密封条涂肥皂水作润滑处理,安装时先径向插入2/3,调整位置后缓慢纵向顶推,防止封顶块顶入时搓坏防水密封条。

(6)管片块安装到位后,应及时伸出相应位置的推进液压缸顶紧管片,其顶推力应大于稳定管片所需力,然后方可移开管片安装机。

(7)管片环脱离盾尾后要对管片连接螺栓进行二次紧固。

(8)安装管片时采取有效措施,避免损坏防水密封条,并应保证管片拼装质量,减少错台,保证其密封止水效果。安装管片后顶出推进液压缸,扭紧连接螺栓,保证防水密封条接缝紧密,防止由于相邻两片管片在盾构推进过程中发生错动,引起防水密封条接缝增大和错动,而影响止水效果。

5.2.3 管片安装质量保证措施

(1)由经验丰富的专业管片安装人员进行管片拼装,拼装过程由工程技术人员根据验收标准进行过程验收,保证拼装质量。

(2)严格检查进场管片,有破损、裂缝的管片不采用。下井吊装管片和运送管片时应注意保护管片和防水密封条,以免损坏。

(3)防水密封条及软木衬垫粘贴前,应将管片进行彻底清洁,以确保其粘贴稳定、牢固。

(4)管片安装前应对盾构机管片安装区进行清理,清除污泥、污水等,保证安装区及管片相接面的清洁。

(5)严禁非管片安装位置的推进液压缸与管片安装位置的推进液压缸同时收缩。

(6)管片安装时必须运用管片安装的微调装置,将待装的管片与已安装管片块的内弧面纵面调整到平顺相接,以减小错台。调整时动作要平稳,避免管片碰撞破损。

(7)同步注浆压力必须得到有效控制,注浆压力不得超过限值。

(8)管片安装质量应以满足设计要求的隧道轴线偏差和有关规范要求的椭圆度及环、纵缝错台标准进行控制。

(9)泥水盾构管片拼装作业环境不同于其他类型盾构,泥水系统在施工时易造成工作区域积水现象,须及时采用污水泵排除积水,处理好水力机械管路渗漏点,为管片拼装创造良好的工作环境,防止因未将拼装作业区内积水排出,而影响管片的准确定位,降低管片成环质量。

(10)钢管片安装前,应进一步确认管片安装机的起吊能力,安装过程应轻举轻放,防止碰坏其余管片和损坏止水条。

5.2.4 复杂环境下管片高精度拼装技术

盾构隧道自动导向系统,可实现实时导向、精准控制,达到盾构隧道掘进高精度控制;管片智能操控拼装系统,可实现及时纠正、精准安装,使盾构隧道管片拼装误差从规范要求的12mm提升到5mm,提升了大直径盾构隧道管片拼装技术水平。管片高精度拼装系统与拼装后成品见图5.2-1。

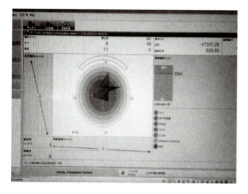 

图5.2-1 管片高精度拼装系统界面与拼装后成品

5.2.5 新型预制拼装式轨下结构及其对应的附属沟槽

对比分析了多种轨下结构预制分块方案的受力稳定性、预制、运输和施工的便利性,最终确定了一种三块式轨下结构,利用轨下空间设置了防灾救援疏散系统和通风系统,并获得了国家专利。为了提高轨下结构与管片之间连接的可靠性,在轨下结构底部设置了300mm×300mm的凸台,高30mm,底部空隙通过预留注浆孔采用微膨胀525快硬型硫铝酸盐水泥浆进行填充,使箱涵与管片受力均匀。当管片环缝出现错台,造成中箱涵连接困难时,应对底部凸台进行打磨或设置垫板对高程进行调整。

第 6 章

盾构数字化施工技术

大时代
盾智行
构未来

随着城市化进程的加快,地下空间开发利用日益增多,盾构法作为一种高效、安全、环保的隧道工程施工方法,得到了广泛的应用。但是盾构法隧道施工也面临着诸多挑战和风险,如地表沉降、隧道变形、周围建(构)筑物受损等,这些问题不仅影响施工质量和效率,也威胁着人民群众的生命财产安全。随着技术的发展,盾构数字化施工技术为解决这些问题提供了新思路。

6.1 盾构隧道智慧施工监控系统

6.1.1 系统总体需求与架构

1)系统总体需求

(1)施工进度管理单元

实时显示每台盾构机施工进度,详细记录盾构施工预设进度与实际进度的对比情况以及整体完成度情况,并可对进度信息进行统计分析,输出可视化图形和相应报表。

(2)推进参数管理单元

实时显示每台盾构机施工过程中的各项施工参数,管理者可实现对盾构施工过程的远程实时监控。

(3)监测信息管理单元

可上传、下载测点沉降数据,并支持多维度查询、生成报表及推送异常信息。可通过固定表式上传数据。

(4)预测预警管理单元

运用经验公式法、人工智能法、大数据处理法及精细化数值建模等手段,基于工程地质资料、施工参数和监测数据,对盾构施工全过程进行分析,得到施工过程中地层变形预测预警值并反馈,以及时对后期盾构施工和加固措施调整。

(5)风险管理单元

显示各盾构区间各级风险源的平面、断面影响区域,可采用平面图展示或三维模型展示;各级风险源与监测信息管理联动,可实现自动分析、统计、预警推送。

2)系统架构

系统的用户有管理人员、施工人员、监理人员、第三方人员等。对于有些需求只与特定的用户有关,系统也相应增加了权限验证功能。系统架构示意图见图6.1-1。

系统采用基于富界面应用(Rich Interface Applications,RIA)的J2EE架构设计。具体利用SSH(Structs、Spring、Hibernate)架构实现。J2EE三层结构分为界面层(Portal展现 + MVC框架控制 + AJAX交互)、中间层(业务逻辑层和基础架构)和数据服务层(持久层)。三层体系将业务规则、数据访问及合法性校验等工作放在中间层处理。客户端不直接与数据库交互,而是通过组件与中间层建立连接,再由中间层与数据库交互。

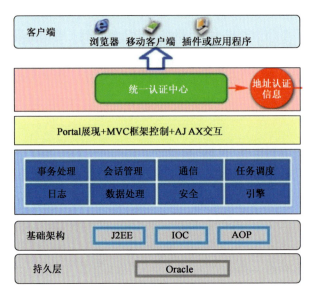

图 6.1-1　系统架构示意图

6.1.2　系统主要功能模块

1）主要功能模块

（1）首页

京张高铁清华园隧道智慧施工监控系统是一个集施工监测数据、施工信息及施工管理信息于一体，对海量施工数据进行处理分析，并通过数字化、可视化技术实现不同功能的智慧施工监控系统。图 6.1-2 所示为京张高铁清华园隧道智慧施工监控系统首页视图。

图 6.1-2　智慧施工监控系统首页视图

从图 6.1-2 中左侧模块列表可以看出，系统主要包括首页、工程 GIS（地理信息系统）、盾构监控、监测数据、预测预警、系统管理及上传信息七大模块内容。系统可以显示盾构区间的卫星地图、风险源信息、掘进参数、施工进度等。系统还可以利用地质信息和风险源信息（图 6.1-3），预测盾构隧道施工对地层和邻近建（构）筑物的影响，实现安全状态的判定和预报。

图 6.1-3 系统风险源信息视图

（2）工程 GIS 模块

工程 GIS 模块是系统平台的重要模块，可以实现工程数据和信息的数字化、可视化。用户通过工程 GIS 可以获取工程钻孔地质信息、测点监测数据等，也可以查看工程地质和周围环境的数字化信息，为施工力学响应预测提供参数数据。系统还可以自动分析测点数据，显示安全状态和预警信息。工程 GIS 模块可以生成钻孔柱状图、钻孔桩二维土层剖面图、钻孔桩土层三维图等，如图 6.1-4~图 6.1-7 所示。同时还可以在工程 GIS 图中点选同一断面处的不同测点以及中轴线的测点，分别观察隧道掘进过程中的所选断面的沉降槽和地层历时沉降变化，具体如图 6.1-8 和图 6.1-9 所示。

图 6.1-4 工程 GIS 模块视图

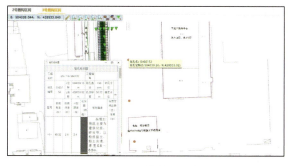

图 6.1-5 工程 GIS 模块生成钻孔柱状图

图 6.1-6　GIS 模块生成钻孔桩二维土层剖面图

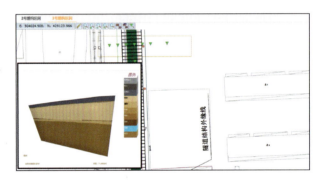

图 6.1-7　GIS 模块生成钻孔桩土层三维图

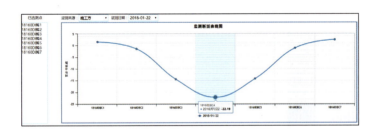

图 6.1-8　工程 GIS 模块断面测点沉降槽视图

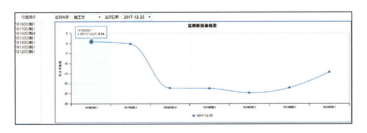

图 6.1-9　工程 GIS 模块中轴线测点沉降视图

工程 GIS 模块详细记录了盾构施工全过程中遇到的地层条件(并可以通过二维和三维进行可视化展示)、周边建筑物信息、盾构施工完成情况、测点布置情况以及每天各测点的监测信息(并生成了相应的图表),初步实现了盾构施工过程中地层信息及地层变形响应和邻近建筑的可视化显示技术。

(3) 盾构监控模块

盾构监控模块可以显示不同施工工点的盾构机施工参数,并实时进行记录。其所记录的盾构机主要参数有工点名称、盾构机编号、盾构类型、进度、当前环号、注浆压力、注浆量、出土量以及平均压力等。该模块可以真实反映整个施工过程盾构机施工参数的变化,实现盾构机姿态监控;同时实现了盾构机参数、工点位置信息、时间的准确匹配,为研究盾构机参数的变化规律以及盾构机参数和盾构机施工效应之间的关系提供了宝贵的原始数据。盾构监控模块分为2号和3号盾构区间两个模块,同时每个模块又分为刀盘、盾尾密封、泥水系统和盾构姿态四个子模块,如图6.1-10～图6.1-13所示。

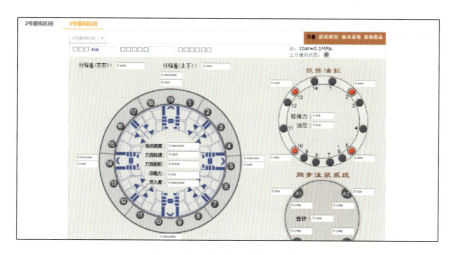

图 6.1-10　盾构监控模块刀盘视图

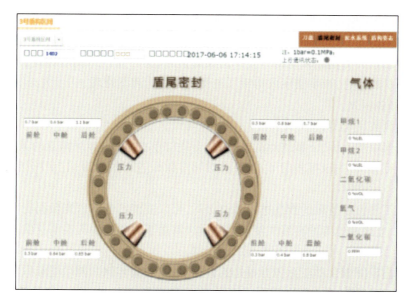

图 6.1-11　盾构监控模块盾尾密封视图

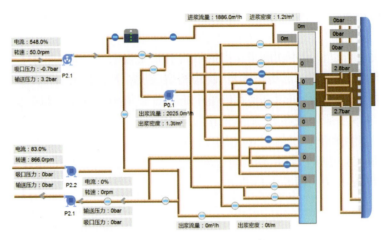

图 6.1-12　盾构监控模块泥水系统视图

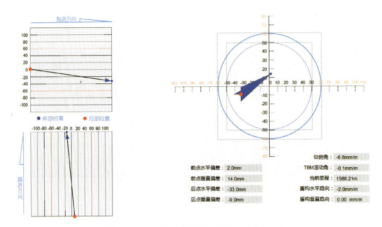

图 6.1-13　盾构监控模块盾构姿态视图

图 6.1-10～图 6.1-13 中四个模块分别对应盾构机不同的操作部分(刀盘、盾尾密封、泥水系统和盾构姿态),并分别记录每部分重要的控制信息,实时监控预测盾构施工每一环的盾构各部分的重要参数信息,初步实现盾构施工过程的可视化动态管理。

(4)监测数据模块

①多方监测数据上传共享

监测数据模块可上传、下载测点沉降数据,支持对单点沉降、多沉降点的累计沉降量和沉降速率曲线进行查询,并以报表的形式输出,对异常数据进行信息推送。(监测数据可通过固定表式上传)

通过对施工单位所监测的数据进行阈值比对,可以准确判断出监测数据的安全状况,从而引起施工单位、监理单位等的高度关注。这种做法有助于将事故消灭在萌芽状态,有效保障施工安全。

监测数据模块能够自动汇总各方报送的数据;具备数据存储归档功能和导入导出功能;集成监测数据与 GIS 数据,以实现对所布置监测点的集中管理。GIS 图上直接显示各测点的类型、地理分布与报警状态,通过单击测点图标可直接查看测点数据,见图 6.1-14。

测点	测点类型	当前安全状态	深度	累计变化值	本次变形速率	最后测量时间	累计报警值	速率报警值	
16315DBC1	沉降	正常	\	-1.51	0.06	2018-02-24 19:00:00	±30	5.0	图表
16315DBC2	沉降	正常	\	-1.19	-0.09	2018-02-24 19:00:00	±30	5.0	图表
16315DBC3	沉降	正常	\	-3.13	-0.08	2018-02-24 19:00:00	±30	5.0	图表
16315DBC4	沉降	正常	\	-4.5	0.02	2018-02-24 19:00:00	±30	5.0	图表
16315DBC5	沉降	正常	\	-2.37	-0.06	2018-02-24 19:00:00	±30	5.0	图表
16315DBC6	沉降	正常	\	-2.05	-0.03	2018-02-24 19:00:00	±30	5.0	图表
16305DBC1	沉降	正常	\	-1.48	-0.04	2018-02-24 19:00:00	±30	5.0	图表
16305DBC2	沉降	正常	\	-2.11	-0.06	2018-02-24 19:00:00	±30	5.0	图表
16305DBC3	沉降	正常	\	-2.68	-0.01	2018-02-24 19:00:00	±30	5.0	图表
16305DBC4	沉降	正常	\	-3.81	-0.01	2018-02-24 19:00:00	±30	5.0	图表
16305DBC5	沉降	正常	\	-1.9	-0.05	2018-02-24 19:00:00	±30	5.0	图表
16305DBC6	沉降	正常	\	-1.28	-0.03	2018-02-24 19:00:00	±30	5.0	图表
16295DBC1	沉降	正常	\	-1.93	0.05	2018-02-24 19:00:00	±30	5.0	图表
16295DBC2	沉降	正常	\	-2.36	0.02	2018-02-24 19:00:00	±30	5.0	图表
16295DBC3	沉降	正常	\	-2.46	-0.11	2018-02-24 19:00:00	±30	5.0	图表
16280DBC1	沉降	正常	\	-3.35	0.0	2018-02-24 19:00:00	±30	5.0	图表
16270DBC1	沉降	正常	\	-3.36	-0.03	2018-02-24 19:00:00	±30	5.0	图表
16260DBC1	沉降	正常	\	-1.28	-0.03	2018-02-24 19:00:00	±30	5.0	图表
16260DBC2	沉降	正常	\	-1.43	-0.06	2018-02-24 19:00:00	±30	5.0	图表
16260DBC3	沉降	正常	\	-1.65	-0.08	2018-02-24 19:00:00	±30	5.0	图表

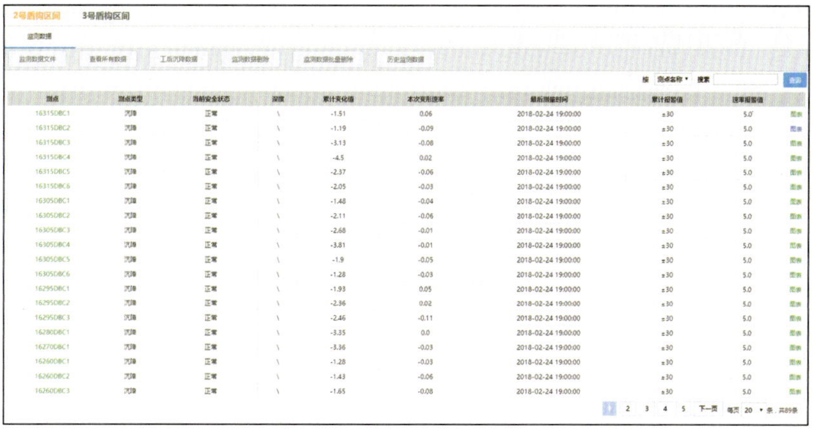

图 6.1-14　监测数据模块监测文件视图

②监测数据自动分析

子模块能对所采集的数据进行有效性、准确性的判别；能够根据监测数据，并结合实际的水文地质条件、岩土介质参数、载荷边界条件和支护设计形式等条件进行综合性的自动化分析；内置专业的数据分析模型和工具，能够自动反映监测数据的累计变化、本次变化、累计最大值、累计最小值、变化最大值、变化最小值等信息；具备综合曲线分析功能，进行多条曲线的对比分析；具备历史曲线功能，能够显示从开始监测以来某测点的所有数据曲线，并以表格的形式显示其累计值、变化速率和时间。监测数据模块测点历时变化见图 6.1-15。

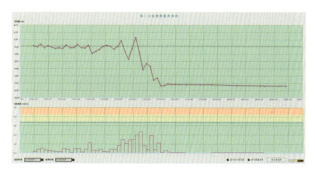

图 6.1-15　监测数据模块测点历时变化视图

③监测数据跟踪分析

子模块具备对检测异常数据的自动预警功能（监测预警），能够及时地以通知、短信等形式向相关管理人员发送预警信息，并触发异常事件处理流程，督促相关管理人员处理；具备监测数据跟踪功能，可以对异常数据自动进行跟踪，并形成跟踪报告（含数据异常的变化趋势及其处理建议），且能够对历史跟踪事件进行汇总和分析。

（5）预测预警模块

该模块是系统整理和分析盾构施工数据的模块，可以预测地层变形变化趋势，给出预警值和参数建议值，对比预测数据和实测数据，评价模型预测效果。该模块包含 2 号盾构区间和 3 号盾构区间的实时预测模块和历时数据分析模块四个子模块。实时预测模块展示当前开挖环号信息、盾构参数、地质剖面、掘进里程、纵断面沉降和任意环截面沉降等，历时数据分析模块

展示任意轴线测点历时曲线和任意断面沉降槽曲线等。该模块实现了对地层变形的实时预测、控制与调整。预测预警模块实时预测、历时数据分析分别如图 6.1-16 与图 6.1-17 所示。

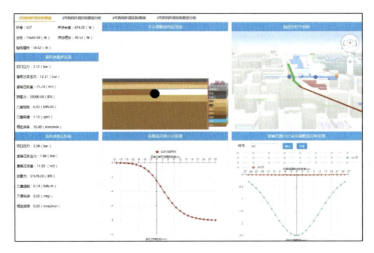

图 6.1-16　预测预警模块实时预测

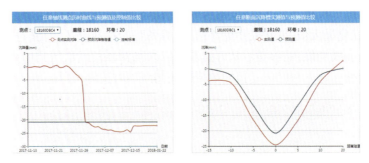

图 6.1-17　预测预警模块历时数据分析

(6) 系统管理模块

系统管理模块如图 6.1-18 所示。系统管理模块用来管理账户信息、发布工程通知公告信息，以及进行测点管理和工程风险信息的管理，具体又分为用户管理、单位管理、角色管理、项目管理、风险工程、测点管理、通知公告及首页文件。其中，风险管理模块是用来将工程风险信息按要求录入系统；测点管理模块则是将测点按类型录入系统，包括测点名、测点高程以及测点的地理坐标，为系统监测数据等模块内容提供后台数据支持；另外系统管理模块对于系统功能拓展性具有十分重要的作用。

图 6.1-18　系统管理模块视图

(7)上传信息模块

该模块也分为 2 号和 3 号两个盾构区间,主要用于用户上传监测数据和上传风险源信息,并将监测数据和风险源信息自动分析整合到工程 GIS 模块和监测数据模块中,便于用户对于数据的批量管理。上传信息模块视图如图 6.1-19 所示。

图 6.1-19　上传信息模块视图

2)外部接口

盾构隧道智慧施工监控系统平台与安全风险监控系统硬件以及其他现有系统(视频监控系统、门禁系统、视频会议系统、盾构监控系统、自动化监测设备、盾构机监控系统、OA 办公系统、未开合同管理系统、未来档案管理系统等)实现接口集成访问与管理。外部接口管理界面截图见图 6.1-20。

图 6.1-20　外部接口管理界面截图

3)支持第三方工具或引擎

风险监控系统是一个综合管理平台,开放了第三方工具或引擎开发接口。风险监控系统实现了将 GIS 引擎、工作流引擎、内容管理引擎、短信平台、报表工具以及电子印章等集成开发。

6.1.3　系统运行安全及扩展性设计

1)系统安全性设计

随着计算机网络技术的迅速发展,计算机网络的安全严重影响隧道与地下工程建设安全风险监控与管理信息系统数据的保密性、完整性及系统的安全运行。因此,从这 5 个方面设计系统安全性,以保障系统正常运行:①系统架构的安全设计;②系统本身的安全设计;③数据库安全设计;④组件间通信的安全设计;⑤开发测试的安全设计。

(1)系统架构的安全设计

盾构隧道智慧施工监控系统采用 B/S 架构,系统的部署主要体现在服务器端,服务端提供的网络环境是电信网络,在网络环境上来说可以保证数据传输上的稳定性。

(2) 系统本身的安全设计

盾构隧道智慧施工监控系统本身的用户管理做到了安全性和灵活性,用户不能直接获得账号,需要拥有相关权限的管理员严格审批认证成功后,才能获得正式的可用账号。

用户拥有的相应权限是和对应的角色所拥有的权限相匹配的,管理员只要改变相关角色所拥有的权限,就能够改变用户拥有的权限,体现了权限分配的灵活和方便。

在页面的访问控制上,不同类型的用户所关心的内容不一样,所以用户进入到页面只显示和自己有关的页面信息,不会越界到别的操作页面,从而保证了操作的安全性。

日志记录包括数据库运行过程中产生的日志和系统本身运行产生的日志,通过这些日志可以对系统运行过程中产生的问题进行分析,及时发现问题原因。

(3) 数据库安全设计

所有数据均采用 MD5 多层加密存储。

(4) 组件间通信安全设计

浏览器与服务器之间的数据传输是经过安全代理转发完成的。浏览器与安全代理之间的数据传输是用浏览器本身支持的 40 位以下的弱加密算法加密的,而安全代理与远端 Web 服务器之间的数据传输则是用高强度的数据加密算法加密的,这样系统组件间通信得到较安全的保障。

(5) 开发测试安全设计

本系统的测试由专业的测试项目组人员进行测试,对系统中出现的 BUG,则提交给再开发部门进行修改,经过严格的测试工作流程来对系统进行测试,从而保证系统的质量。

当系统中有新的需求,或者对原有需求进行变更的情况时,在项目组完成相应的开发工作后,由测试部门对系统所做的新需求或更改的需求进行测试,经过测试确保所有 BUG 被修复完成后关闭 BUG,当所有 BUG 关闭后才进行发布,严把质量关。

2) 系统扩展性设计

(1) 系统基础数据结构和数据库表的设计充分考虑系统的扩展性和灵活性,确保系统易于升级且能够保持与历史数据的兼容性。

(2) 系统采用 B/S 架构,以使系统的维护量更小,需求修改更加灵活方便。

(3) 工作流和报表等采用成熟的工具和引擎辅助开发,以提高系统维护升级的便捷性,同时缩短了系统的开发周期。

(4) 信息系统的业务数据通过 Web Service 对外提供接口,便于其他信息系统数据获取和集成。

6.2 可视化实时预测预报动态调整

6.2.1 可视化显示技术

1) 施工过程视频监控系统

视频监控系统是实现可视化施工的基础,也是可视化施工的重要环节。施工现场视频监控系统的投入使用,不仅能大大便利工程项目管理,提升工程安全文明施工管理水平,同时为工程高标准、高质量完成提供先进的科技手段和强有力的技术保障。视频监控系统的施工程序为线缆铺设、设备安装、设备调试、投入试运行等4个步骤,监控的对象包括施工的大部分环节,如管片安装、运输等。

2)施工地层响应及其数据显示技术

盾构隧道施工会影响周围土体和地表,需要用仪器监测盾构隧道和周边环境的变形,为工程设计和施工提供数据,以保证安全。施工中要布置测点,实时监测地层的横向变形和纵向变形规律。监测数据可通过京张高铁清华园隧道智能建造系统可视化显示,该系统能自动汇总、输出、存储、导入导出数据,并与 GIS 数据集成,实现对测点的集中管理和查看。图 6.2-1 所示为隧道开挖产生的地层沉降曲线图。

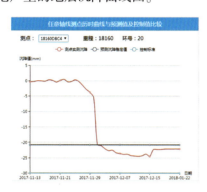 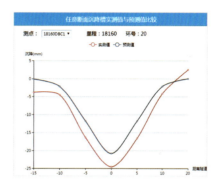

图 6.2-1 隧道开挖产生的地层沉降曲线图

3)施工周边建(构)筑物响应及其位置显示技术

盾构施工会对周围土体造成变形,进而影响周边建(构)筑物。在建筑物基础设计领域,将地层和上部结构看作一个整体,考虑二者共同作用更加符合工程实际。应用两阶段分析法考虑施工作用对于周边建(构)筑物的响应。

施工周边建(构)筑物响应主要是通过在建(构)筑物布设相关测点,实时监测施工不同阶段周边建(构)筑物的变形情况,并对监测数据进行分析。基于监测数据可建立相关的预测分析模型,也可依据地层的变形分布规律,结合地层与建(构)筑物的相互作用关系应用两阶段法计算施工周边建(构)筑物的响应。图 6.2-2 所示为隧道开挖产生的地层沉降预测。

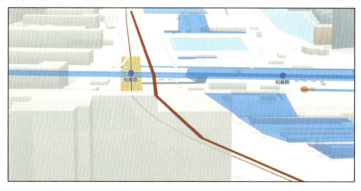

图 6.2-2 隧道开挖产生的地层沉降预测

6.2.2 邻近建(构)筑物危险性实时预测预报技术

邻近建(构)筑物危险性实时预测预报技术主要包括两部分内容:模型预测值预警和施工监测值预警。通过对邻近周边建(构)筑物的相对位置关系、安全风险控制等级以及控制标准的制定,得出相应邻近建(构)筑物的安全风险预警值,在分别基于 PECK 理论经验公式模型以及人工神经网络预测模型,得出该位置处建筑物变形预测值判别该预测值的安全状态,如有报警,则可通过调节施工参数或采用工程措施及时进行调整;同时依据不同施工阶段建(构)筑物响应分析。设置不同施工阶段建(构)筑物所处安全状态应处于变形范围,结合当时的监测数据分析建(构)筑物的安全状态,并将该安全状态在盾构隧道智慧施工监控系统首页的工程地图上实时更新显示,当预警值不满足安全要求,该风险源将持续闪烁报警,需要及时对工程施工进行调整。隧道开挖产生的地层沉降见图 6.2-3。

图 6.2-3 隧道开挖产生的地层沉降

6.2.3 基于 PECK 理论的经验预测法

1) 经验公式法

依据 PECK 理论的地层沉降预测经验公式建立盾构隧道地层位移公式。

地层的沉降位移 $\omega(x,y,z)$ 按式(6.2-1)计算。

$$\omega(x,y,z) = \frac{V_{sx}}{i_z\sqrt{2\pi}}\exp\left(-\frac{y^2}{2i_z^2}\right)\left[\Phi\left(\frac{x-x_i}{i_z}\right) - \Phi\left(\frac{x-x_f}{i_z}\right)\right] \quad (6.2\text{-}1)$$

式中:V_{sx}——单位长度开挖所产生的体积损失;

i_z——地表以下 z 深度处地层沉降槽宽度系数;

x_i——隧道开挖起始面的 x 坐标(m);

x_f——隧道开挖掌子面的 x 坐标(m);

$\Phi(x)$——随机变量 $x \sim N(0,1)$ 的标准正态分布函数。

式(6.2-1)中各参数按以下方法确定。

目前比较普遍采用 GAP 参数法确定 V_{sx}。鉴于一般盾构隧道同步注浆开挖的地层损失率:

$$V(\%) = \frac{V_{sx}}{\pi r_0^2} \times 100\% \tag{6.2-2}$$

$V(\%)$取值在 0.5% ~ 1.5% 范围内,可确定 V_{sx} 的经验取值范围为:$V_{sx} \in [0.005\pi r_0^2, 0.015\pi r_0^2]$,$r_0$ 为盾构机盾壳外径。可依据此经验范围,确定 V_{sx} 的最大值和最小值。

地表以下 z 深度处地层沉降槽宽度系数 i_z 的取值,可按式(6.2-3)计算:

$$i_z = K(z_0 - z) \tag{6.2-3}$$

式中:$K(z)$——地层沉降槽宽度参数;

z_0——隧道中心在地表以下的深度。

$K(z)$ 的取值,对于砂土-砾石地层,其经验取值范围为 0.25 ~ 0.45;对于黏性土地层,其经验取值范围一般为 0.4 ~ 0.6,经验公式为:

$$K = \frac{0.175 + 0.325(1 - z/z_0)}{1 - z/z_0} \tag{6.2-4}$$

对于砂土层和黏性土层组成的地层,地层沉降槽宽度系数 i_z 按式(6.2-5)计算确定。

$$i_z = K_s h_s + K_c h_c \tag{6.2-5}$$

式中:h_s、K_s——分别为砂土层的厚度和沉降槽宽度参数;

h_c、K_c——分别为黏土层的厚度和沉降槽宽度参数。

2) 公式预测方法

根据京张高铁清华园隧道盾构段工程概况,盾构隧道外径 12.2m,隧道中心线取地表以下 30m。沿隧道开挖方向为 x 正方向,建立空间三维坐标系。隧道掌子面距离隧道开挖起始位置距离为 500m,现取距离起始开挖面 100m 处的隧道断面为零面,即终止开挖面 $x_f = 400$,开挖起始面 $x_i = 100$。均匀砂土层,取 $K_c = 0.3$,$V_{sv} \in [0.5845, 1.7534]$。

在 $x = 0$ 横断面内分别取深度 $z = 0$m、$z = 4$m、$z = 8$m、$z = 12$m、$z = 16$m 五个不同的深度,分别绘制地层沉降曲线见图 6.2-4。

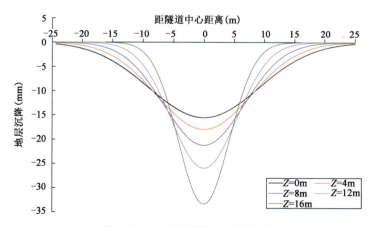

图 6.2-4 $x = 0$ 横断面地层沉降曲线

沿隧道走向上,取隧道走向与隧道中轴线构成的纵断面,确定 $y=0$。现开始在原有开挖 500m 的基础上继续进行掌子面的开挖,依次沿隧道方向累计开挖 0m、4m、8m、12m、16m,分别绘制掌子面变化区域地面沉降变化曲线,见图 6.2-5。

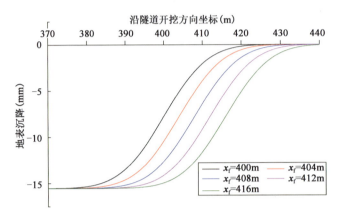

图 6.2-5　掌子面上方地面沉降变化曲线

根据经验公式,参数选取与上例相同,其中地层损失率取最小值 0.5%,开挖 500m 时,掌子面上方地表沉降曲面见图 6.2-6。

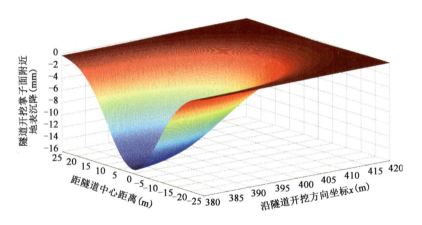

图 6.2-6　隧道开挖掌子面处地表沉降曲面

在以上关于 PECK 理论的经验公式应用的详细说明之后,可以依据工程地质条件、盾构外径及盾构隧道地层损失率来预测盾构隧道施工下地层的力学响应。

6.2.4　施工参数动态调整及加固措施动态监测

1) 施工参数动态调整

动态化管理的主体即周围的建(构)筑物,管理的基础是建立起的施工掘进参数与地层变形、地层变形与建(构)筑物的相互作用理论,管理的手段是调整掘进参数。因此基于相关理论研究,结合监测数据分析,可以通过调整掘进参数,来保证建(构)筑物的安全状态在预设范围之内。施工参数动态调整流程如图 6.2-7 所示。

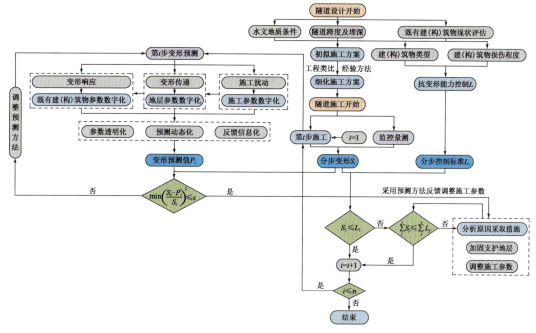

图 6.2-7 施工参数动态调整流程图

首先基于理论研究建立一套盾构施工参数与地层变形之间的关系,基于此关系,输入一定范围内的施工参数,给出相应的地层变形预测值;当在盾构实际施工过程中,实际监测变形值与预测值会存在一定程度的偏差,此时应通过提取盾构施工参数偏差影响因素及地层勘察偏差影响因素等对预测公式进行补充完善。因此,通过实测数据修正后,预测公式得到完善及补充。当盾构推进过程中遇到地质条件、水文条件及周围环境条件与原设计不相符时,即可通过完善的预测公式结合控制标准来反向调整施工参数,以保证施工安全。

(1)盾构施工参数计算

①泥水压力

泥水盾构机掘进过程中,泥水压力通过掌子面上形成的泥膜作用到未开挖的岩土体上,与盾构机前方的水、土压力保持平衡。泥水仓内泥浆压力可通过下式计算:

$$P = P_w + P_s + \Delta P \tag{6.2-6}$$

式中:P——泥浆压力;

P_w——隧道轴线处静水压力;

P_s——隧道轴线处静止土压力;

ΔP——附加压力,根据实际情况取 $0 \sim 0.2\text{MPa}$。

②千斤顶推力

千斤顶推力应与作用在盾构机上的总阻力相平衡,二者之间有如下关系:

$$F_d = F_1 + F_2 + F_3 + F_4 + F_5 + F_6 \tag{6.2-7}$$

式中:F_d——总阻力;

F_1——周围地层对盾壳的阻力;

F_2——刀盘面板的推进阻力;

F_3——管片与盾尾间摩擦阻力;

F_4——切口环贯入地层的贯入阻力;

F_5——转向阻力;

F_6——后配套拖车牵引阻力。

暂不考虑 F_5 及 F_6,计算各项阻力。

③刀盘扭矩

刀盘扭矩计算包括刀盘切削扭矩 T_1、刀盘自重形成的轴承扭矩 T_2、刀盘轴向荷载形成的轴承扭矩 T_3、密封装置摩擦力矩 T_4、刀盘前表面摩擦扭矩 T_5、刀盘圆周面的摩擦反力矩 T_6、刀盘背面摩擦力矩 T_7、刀盘开口槽的切力矩 T_8。刀盘总扭矩为:

$$T = T_1 + T_2 + T_3 + T_4 + T_5 + T_6 + T_7 + T_8 \quad (6.2\text{-}8)$$

④注浆压力与注浆量

泥水盾构施工中,一般同步注浆压力应比相应水压高 0.2~0.3MPa,各里程段水压力及相应注浆压力见表 6.2-1。

各里程段水压力、注浆压力 表6.2-1

编号	里程段	水压力(kPa)	注浆压力(kPa)
1	DK13+610~DK13+907	0	200
2	DK13+907~DK14+239	14.6	214.6
3	DK14+239~DK14+661	148.79	348.79
4	DK14+661~DK15+111	169.97	369.97
5	DK15+111~DK15+640	253.19	453.19
6	DK15+640~DK16+158	291.71	491.71
7	DK16+158~DK16+568	249.27	449.27
8	DK16+568~DK17+064	199.2	399.2
9	DK17+064~DK17+614	175.74	375.74
10	DK17+614~DK17+936	141.88	341.88
11	DK17+936~DK18+276	0	200

(2)各里程段计算结果

按前述方法计算出各类参数后,汇总见表6.2-2。

泥水盾构施工各类参数汇总 表6.2-2

编号	里程段	泥浆压力(kPa)	掘进速度(mm/min)	刀盘转(r/min)	顶推力(kN)	扭矩(kN·m)	注浆压力(kPa)
1	DK13+610~DK13+907	114	20	1.2	66176	12385	200
2	DK13+907~DK14+239	265	30	1.8	71737	18991	215
3	DK14+239~DK14+661	333	30	1.8	63903	17235	349

续上表

编号	里程段	泥浆压力（kPa）	掘进速度（mm/min）	刀盘转（r/min）	顶推力（kN）	扭矩（kN·m）	注浆压力（kPa）
4	DK14+661~DK15+111	359	20	1.2	68820	15764	370
5	DK15+111~DK15+640	385	30	1.8	130924	16420	453
6	DK15+640~DK16+158	426	30	1.8	138282	17377	492
7	DK16+158~DK16+568	363	20	1.2	116838	12513	449
8	DK16+568~DK17+064	304	30	1.8	103634	13994	399
9	DK17+064~DK17+614	303	40	2.4	101616	18755	376
10	DK17+614~DK17+936	317	20	1.2	63011	17513	342
11	DK17+936~DK18+276	195	20	1.2	47506	17742	200

（3）盾构动态施工参数反馈

上一步已经通过监测数据以及盾构施工参数的统计分析，采用经验公式和人工智能等方法实现了地层及周边建（构）筑物的预测，该预测结果除了可用于分析风险源与地层的空间位置和相互作用关系，进而建立起施工参数和风险源变形之间的关系外，还可用于以风险源的控制标准为目标，通过反分析控制理论来反推算出不同地层条件和隧道几何参数对应的最优盾构施工参数，用于指导施工。

为了满足该工程实际的应用要求，需要建立一个多参数的反分析模型。多参数需要考虑施工过程的地层条件、隧道几何条件及盾构施工参数条件。以地层及周边建（构）筑物的控制标准作为目标值，并将神经网络预测结果作为反分析的参数最优选择的适应度函数，反分析不同地层条件下最优的盾构施工参数，反馈控制施工过程。其具有较高的实用价值。

遗传算法不是从单个解开始搜索，而是从问题解的串集开始，在遗传算子的作用下对解空间的不同区域进行采样计算，从而构成了一个不断变化的群体序列。而算法中的交叉、变异一方面可以保证在当前解附近进行搜索，另一方面又可以跳出当前解的范围到更远的区域进行搜索，从而保证了种群的多样性和优良。遗传算法的反分析的主要步骤如下：

①确定参数

选取盾构施工过程中与地层变形以及周边建（构）筑物密切相关的地层参数（弹性模量 ε、黏聚力 c、内摩擦角 φ、泊松比 μ 等）、隧道几何参数[隧道埋深 h、距风险源相对位置 (x,y) 等]以及盾构施工参数（切口压力、同步注浆量、同步注浆压力、二次注浆量及二次注浆压力等）作为要研究的参数。

②编码

解空间中各参数称为遗传算法的表现型，编码就是从表现型到基因型而建立的映射关系。遗传算法在进行搜索之前采用了二进制码和雷格码两种编码形式，将解空间中的数据表示为遗传空间的基因型串结构形式，这些串结构数据通过排列组合就构成了不同的点。

③初始种群生成

需要反分析的参数个数为 n，首先需要随机生成 N 个满足上、下限约束条件的 n 维向量，公式如下：

$$x_{ij}(0) = \text{rand}(x_{ij}^S - x_{ij}^X) + x_{ij}^X \quad (i=1,2,\cdots,n;j=1,2,\cdots,n) \tag{6.2-9}$$

式中：x_{ij}^S、x_{ij}^X——分别为参数的上、下限；

rand——[0,1] 之间的随机数。

④适应度值评价监测

适应度函数用于表征个体或解的优劣性，直接影响遗传算法的收敛速度，在遗传算法中起着决定性的作用。本次定义的适应度函数为：

$$F(x) = 1 - \frac{\sum_{i=1}^{n}[f_i(x) - u_i]^2}{\sum_{i=1}^{n}u_i^2} \tag{6.2-10}$$

式中：u_i——既有隧道结构监测点的实测位移；

$f_i(x)$——计算中既有隧道结构对应点的预测位移。

适应度值越接近于1，表明预测越准确。

本着"两步预测一步"的指导思想，本次遗传算法需要对两个施工步的适应度分别进行计算，然后以两者之中的较小值作为控制标准进行遗传操作。

⑤选择：将选择算子作用于群体

选择的目的是从当前群体中选择出优良个体，使其作为父代为下一代繁衍子孙，因此其必须具有较好的鲁棒性。

采用蒙特卡罗方法，可以根据个体适应度成比例的概率来决定后代的保留。即某种群中的个体 i，其适应度为 f_i，则其被选择的概率为：

$$P_i = \frac{f_i}{\sum_{i=1}^{N}f_i} \quad (i=1,2,\cdots,n) \tag{6.2-11}$$

显然，群体中适应度越高的个体，被选中的概率也就越大，适应度小的个体也有可能被选中，从而保证了下一代群体的多样性。

⑥交叉：将交叉算子作用于群体

交叉是遗传操作中最重要的部分，它将父代个体进行随机配对，然后以某个概率（交叉概率）交换两者之间的染色体，这样就保证了子代个体能够继承父辈的优良特性，使得种群逐步进化。

⑦变异：将变异算子作用于群体

变异操作可以对遗传空间中的串结构数据随机挑选一个或多个基因座，然后对这些基因座上的基因值进行等位变换，从而保证种群的多样性。同生物界一样，遗传算法中的变异操作发生的概率较小。

按照上述流程,分别建立盾构掘进3号—2号区间5个标准区段的盾构施工参数遗传算法寻优模型,模型计算过程的适应度曲线如图6.2-8~图6.2-12所示。

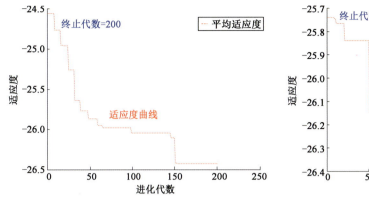

图6.2-8 标准段1算法适应度曲线

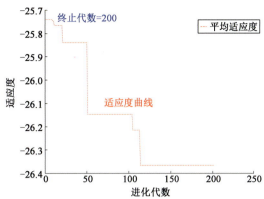

图6.2-9 标准段2算法适应度曲线

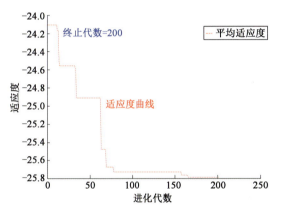

图6.2-10 标准段3算法适应度线

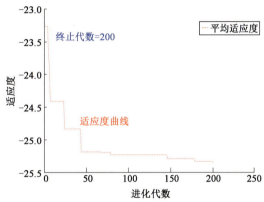

图6.2-11 调研标准段4算法适应度线

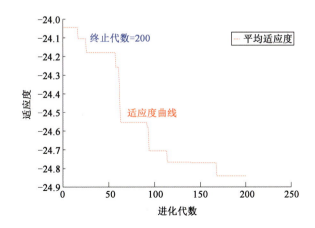

图6.2-12 标准段5算法适应度曲线

由上遗传算法计算适应值曲线可以看到经过200代遗传进化过程,网络达到遗传寻优适应值稳定要求,盾构施工参数最优计算结果见表6.2-3。

遗传算法寻优参数值　　　　表6.2-3

参数类型		标准段1 DK18200~ DK17936	标准段2 DK17936~ DK17614	标准段3 DK17614~ DK17064	标准段4 DK17064~ DK16568	标准段5 DK16568~ DK16459
算法计算参数	进化稳定代数	150	115	165	180	166
	最优适应度值	26.42	26.37	25.79	25.27	24.86
盾构施工参数最优值	泥浆压力P_1(kPa)	125	150	200	210	215
	顶推力T(kN)	35319	48413	53526	52078	50043
	注浆压力P_2(kPa)	452	467	470	448	469
	刀盘扭矩M(kN·m)	6473	8195	9022	8547	8114
	掘进速度v_1(mm/min)	20.92	20	19.94	22.35	19.26
	刀盘转速v_2(r/min)	1.12	1.23	1.35	1.3	1.33

相较于理论计算结果,该寻优参数结果更加接近于实际统计值,且在数值上略大于实测统计区段均值,这是由于网络模型充分考虑区段地层最大变形而得到的盾构施工参数极大值。选取该数值并结合工程和周边建(构)筑物的重要性等级设定安全系数,即可得到对应标准区段地层条件下的盾构施工参数控制值,实际每环的盾构参数设定还需要依据施工当天的盾构掘进姿态控制要求,以及地层变形的反馈结果和控制要求灵活调整。

周边建(构)筑物的变形控制反馈处理方法类似于周边建(构)筑物变形预测处理方法,基于刚度折减和经验PECK理论经验公式反推到中轴线最大地表沉降变形值,并将人工神经网络模型预测结果作为适应度函数,反推算出最优盾构施工参数。

2)加固措施动态监测

正常情况下,通过动态调整施工参数即可保证周围风险源的安全。但当建构筑物距离盾构较近时,考虑到地层的不确定性及其安全性等级要求,则可适当选择并施工部分加固措施,如注浆加固地层、设置钻孔灌注桩、复合锚杆桩等隔离措施阻断变形传播,对风险源进行双重保险,保证万无一失。如3号—2号区间始发段1000m左右,城铁13号线与盾构并行向南,距离较近,为了保证13号线的安全运营,在盾构与13号线之间按照一定的布置形式设置了不同密度的钻孔灌注桩、复合锚杆桩等加固措施,通过监测数据的反馈可以发现,加固措施有效阻隔了变形的传播,并将地层损失控制在隔离桩内部;在类似情况下,通过施作隔离桩可以有效保护既有建(构)筑物,图6.2-13、图6.2-14分别为钻孔灌注桩沉降曲线与横向变形。

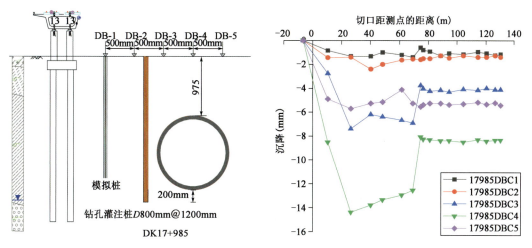

图 6.2-13　2 断面监测剖面(施作钻孔灌注桩)及其沉降历时曲线

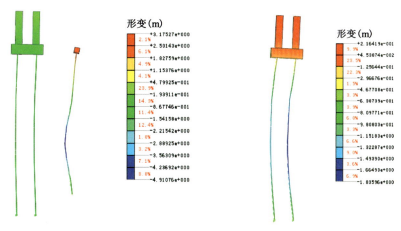

图 6.2-14　钻孔灌注桩与桥桩的横向变形

除了施作钻孔灌注桩之外,其他断面还设置了不同形式的加固隔离措施,其对地层变形的阻隔作用大致相同,地表的沉降槽在有隔离桩的地方出现拐点,在隔离桩外侧的沉降急剧减小,有效阻隔了地层变形的传播。

6.3　智能建造 BIM 应用技术

在已发布的 BIM 相关技术标准《铁路工程实体结构分解指南》《铁路工程信息模型分类和编码标准》《铁路工程信息模型数据存储标准》中,尚未涵盖隧道盾构工法的完整描述。结合清华园隧道工程设计及施工情况,通过 BIM 建模,研究了盾构工法隧道工程的实体结构分解方式及专业构件编码规则,为该工程领域的 BIM 应用提供了参考实例。

铁路工程建设单位高度关注隧道施工进度、风险及质量。本项目基于 BIM 技术,实现了对清华园隧道工程的进度、风险、质量等多方面数据的集中管控。特别是在隧道施工进度的监管方面,通过盾构机自动采集的数据,实现了数据的实时分析、抽取和上报,有效降低了人力成本,保证了数据的及时性和准确性。

项目部还在质量管控方面进行了创新性的研究。通过收集、填报盾构隧道的质量信息,结合 BIM 技术的可视化展示,将隧道轴线、管片椭圆度、管片病害等工程质量数据直观、快速地加以呈现,为相关质量监督人员提供了直观的问题指引,提高了隧道质量管控的能力。

另外,通过研究盾构机自身监控系统的信息传输,结合 BIM 技术,实现了盾构设备状态监控的数字化管理。包括实时参数页面和曲线的可视化展示,旨在提高信息储存和分析的效率,进一步加强对后续施工的指导能力。同时,通过将监控室数据传输至互联网,用户可以随时随地通过计算机查看盾构机推进参数,实现了信息的全面实时化。这一系列智能建造 BIM 应用的创新措施为隧道工程的管理和监控带来了更高的效率和准确性。

6.3.1 盾构法隧道工程的实体结构分解

1)清华园隧道 BIM 应用目标

(1)验证并完善已经发布的《铁路工程实体结构分解指南》《铁路工程信息模型分类和编码标准》《铁路工程信息模型数据存储标准》等隧道专业相关 BIM 技术标准。

(2)探索设计同一专业内部、不同专业之间的协同设计,实现设计的优化,解决用传统的二维图纸表达复杂三维形态这一难题,提高设计的准确率。

(3)探索基于 BIM 模型,以更加直观的方式,将清华园隧道始发竖井及始发段复杂节点的工序排布、施工难点优化及进行三维技术交底的应用场景提供给施工方,提高施工质量。

(4)探索在清华园隧道工程施工过程中应用 BIM 进行施工风险管控、进度管理、安全管理,盾构掘进及管片生产拼装质量管理等。

2)清华园隧道项目施工阶段专业划分

根据《铁路建设项目预可行性研究、可行性研究和设计文件编制办法》(TB 10504—2007)对清华园隧道项目施工阶段按工程专业进行划分。

3)清华园隧道专业工点划分

参照《铁路工程信息模型技术标准》《铁路工程实体结构分解指南》,并结合现场施工情况,制定清华园隧道专业工点划分,具体内容见表 6.3-1。

清华园隧道专业工点划分　　　　　表 6.3-1

序号	起点里程	终点里程	工程概况	长度(m)
1	DK13+400	DK13+592.4	隧道南延后进口明挖工区	192.4
2	DK13+592.4	DK14+435.5	隧道南延后1号斜井至原施工图1号盾构井	843.1
3	DK14+435.5	DK16+317.5	2号盾构井至原施工图1号盾构井	1882
4	DK16+317.5	DK16+459	2号盾构井	1410.5
5	DK16+459	DK18+200	3号—2号盾构区间	1741
6	DK18+200	DK18+229	3号盾构井	29
7	DK18+229	DK19+420	出口明挖工区	1191

4）清华园隧道各专业模型构件划分

结合项目后期 BIM 施工应用需求，根据各专业模型建模精度情况，进行隧道站前不同专业的构件划分，以及隧道专业的详细结构分解，并制定构件编码规则，同时制定了对基坑监测类型和测点编码规则。

5）清华园隧道站前专业模型构件划分

根据施工进度资源管理应用需求，按照 LOD2.0～LOD3.0 级建立隧道站前专业模型。

结合清华园隧道复杂节点三维技术交底的应用需求，DK16+299.3～DK16+351.8 段 52.5m 范围局部隧道模型精度达到 LOD4.0 级，轨道专业 LOD3.5 级。该段包含 2A 始发井、盾构始发加固区及 10m 井间明挖结构。

6.3.2 隧道编码规则

1）隧道管片箱涵编码规则

清华园隧道全长 4448.5m。其中，在盾构段 1，1 号—2 号盾构区间隧道长 2707m；在盾构段 2，3 号—2 号盾构区间隧道长 1741m。隧道外径 12.2m、内径 11.1m，环宽 2m；隧道最大纵坡 23.5‰，最小曲线半径 995m；隧道管片为预制钢筋混凝土管片，混凝土强度等级为 C50，抗渗等级 P12，每环管片共 9 块（6 块标准块，2 块邻接块，1 块封顶块），管片接缝采用遇水膨胀橡胶止水条防水，相邻管片之间采用螺栓连接。

清华园隧道 7 个工点编码见表 6.3-2。

清华园隧道 7 个工点编码 表 6.3-2

序号	工点	编码
1	进口明挖区	XPBZ01040008
2	1 号盾构井	XPBZ01040040
3	2 号—1 号盾构区间	XPBZ01040010
4	2 号盾构井	XPBZ01040014
5	3 号—2 号盾构区间	XPBZ01040029
6	3 号盾构井	XPBZ01040038
7	出口明挖区	XPBZ01040030

根据铁路工程 BBS 编码规范，构件的编号采用 30 位，见表 6.3-3，前 6 位表示项目编码；第 7、8 位为专业代号；第 9、10、11、12 位为工点顺序号；第 13、14 位为部位类别号；第 15、16 位是部位标识位，一般为 00，当同一里程部位有多个时，部位标识位面向大里程从左到右依次是 01、02…；第 17、18、19、20 位为部位顺序号；第 21、22、23、24 位为构件类别号；第 25 位为标识位，若构件不分左右则为 0，若分左右，面向大里程方向从左到右依次为 1、2…；第 26、27、28、29、30 位为构件顺序号。其中，部位类别分为地基加固与处理、超前支护、隧道开挖、初期支护、衬砌结构、防排水、隧道附属设施。部位与构件编码见表 6.3-4。

工程实体结构编码格式　　　　　　　　　　　表6.3-3

1	2	3	4	5	6	7	8	9	10	11	12
项目编码						专业代号		工点顺序号			
13			14			15	16	17	18	19	20
部位类别						标识位		部位顺序号			
21	22	23	24			25	26	27	28	29	30
构件类别						标识位		构件顺序号			

部位及构件编码　　　　　　　　　　　　　　表6.3-4

编码	部位	构件	IFD 编码
DJ	地基加固与处理		
0001		地表(地基)注浆加固	53-01 10 60
0002		桩	53-01 10 20
CQ	超前支护		
0101		超前(帷幕)注浆	53-14 10 08 30
0102		超前锚杆	53-14 10 16 20
KW	隧道开挖		
0601		开挖	54-07 10 30
CZ	初期支护		
0201		系统锚杆	53-14 10 16 20
0202		钢拱架	53-14 10 16 40
0203		钢筋网	53-14 10 16 30
0204		初支喷混	53-14 10 16 10
CJ	衬砌结构		
0301		拱墙	53-14 10 25 10
0302		仰拱	53-14 10 25 20
FP	防排水		
0401		防水层(土工布、防水板)	53-14 30 10
0402		盲管	53-14 30 30
0403		截水天沟	53-04 40 10
0404		排水沟	53-04 50 20
SF	隧道附属设施		
0501		盖板	53-08 30 00
0502		踏步	53-05 60 00
0503		接触网滑道槽	53-14 10 90
0504		检查井	53-03 33 00
0505		检查梯	53-03 41 00
0506		竖井	53-14 10 65

清华园隧道是单洞隧道,项目编码均为"XPBZ01",其中"XP"表示新建普速铁路,"BZ"表示北京至张家口,"01"表示线路1。专业代号"04"表示隧道专业。

以下对清华园隧道管片及箱涵等预制构件进行编码,以满足清华园隧道生产调度BIM平台的应用。

(1)盾构段管片环、管片块编码

以2号—1号盾构区间,工点管片环(块)编码为XPBZ01040010,3号—2号盾构区间工点管片环(块)编码为XPBZ01040014,管片环(块)编码格式说明见表6.3-5。

清华园隧道管片环(块)编码格式说明　　　　　　　　　　　　　　表6.3-5

X	P	B	Z	0	1	0	4	0	0	1	0
项目编码						专业代号		工点顺序号			
C		J		0	0	0	0	0	0	0	1
衬砌				部位不分左右				管片环号			
0	3	0	4	0	0	0	0	0	0	0	1
管片代码				管片块不分左右				管片块顺序号			

①管片环编码

格式:工点编码-衬砌类型-部位(不分左右)-管片顺序号-管片代码。

示例:XPBZ01040010-CJ-00-0001-0304。

②管片块编码

格式:工点编码-衬砌类型-部位(左、右、不分)-管片流水号-管片代码-构件部位-管片块流水号。

示例:XPBZ01040010-CJ-00-0001-0304-0-00001。

(2)盾构段箱涵构件编码

目前,铁路BBS中的隧道专业还没有箱涵预制构件,暂时认为箱涵的编码为0313。以2号—1号盾构区间的箱涵为例,箱涵构件编码格式说明见表6.3-6。

清华园隧道箱涵构件编码格式说明　　　　　　　　　　　　　　表6.3-6

X	P	B	Z	0	1	0	4	0	0	1	0
项目编码						专业代号		工点顺序号			
C		J		0	0	0	0	0	0	0	1
衬砌				部位不分左右				箱涵节段顺序号			
0	3	1	3	0	0	0	0	0	0	0	1
箱涵代码				箱涵分左、中、右				箱涵分块顺序号			

①箱涵节段编码

格式:工点编码-衬砌类型-部位(左、右、不分)-箱涵节段顺序号-箱涵代码。

示例:XPBZ01040010-CJ-00-0001-0313。

②箱涵分块编码

格式:工点编码-衬砌类型-部位(左、中、右)-箱涵节段顺序号-箱涵代码-箱涵部位(左、中、右)-箱涵顺序号。

示例:XPBZ01040010-CJ-00-0001-0313-1-0001。

2）盾构隧道安全监测编码

在基坑与盾构隧道施工期间,须周期性对周边环境进行观测,及时发现隐患,并根据监测成果及时调整施工速率并采取相应的措施,确保道路、市政管线及建(构)筑物的正常使用。为了将监测数据采集接入 BIM 平台系统,需要进行监测编码。

（1）基坑监测

①监测类型编码见表 6.3-7。

监测类型编码　　　　　　　　　　　　　　　　　表 6.3-7

监测类型	编码	监测类型	编码
桩顶水平位移	ZS	钢支撑	GZ
桩顶竖向位移	ZC	混凝土支撑轴力	HZ
地表沉降	DB	工作井净空收敛	SL
地下水位	SW	桩体水平位移(测斜)	ZT

②测组(点)编码见表 6.3-8、表 6.3-9。

测组(点)编码格式说明　　　　　　　　　　　　表 6.3-8

1	2	3	4	5	6	7	8	9	10	11	12
项目编码						专业代号			工点顺序号		
13				14		15			16		
监测类别				测组顺序号		测点类别			测点顺序号		

测组(点)编码　　　　　　　　　　　　　　　　表 6.3-9

测组编码	测组名称/测组里程	系统测点编码
XPBZ01040029ZS0001	DK16+316	XPBZ01040029ZS0001ZS001
		XPBZ01040029ZS0001ZS002
XPBZ01040029ZS0002	DK16+322	XPBZ01040029ZS0002ZS001
		XPBZ01040029ZS0002ZS002
XPBZ01040029ZS0003	DK16+334	XPBZ01040029ZS0003ZS001
		XPBZ01040029ZS0003ZS002

格式:工点编码-监测类别-测组顺序号-测点顺序号。

示例:

测组:XPBZ01040029ZS0001;

测点:XPBZ01040029ZS0001ZS001。

（2）盾构区间监测

①监测类型编码见表 6.3-10。

监测类型编码　　　　　　　　　　　　　　　　表 6.3-10

监测类型	监测类别编码	监测类型	监测类别编码
地表沉降	DB	净空收敛	SL
拱顶沉降	GD	建筑物沉降	JC

②测组(点)编码。盾构区间监测设备测组与测点的编码规则与基坑监测的一致,此处不做过多阐述。

6.3.3 基于BIM的清华园隧道进度、风险与质量管控

1)基于BIM的清华园隧道盾构机施工进度管控

(1)清华园隧道盾构机施工进度数据转储

清华园隧道施工现场的盾构机监控设备每日24小时运行,除了对盾构机的工作运转情况进行监控报警以外,同时充当盾构机工作状态数据的分发服务器,通过WebSocket协议对外发送盾构机的实时施工数据。系统通过接口协议每6s获取一次JSON字符串格式的盾构机数据,转换之后可以得到盾构机的当前拼装环号、掘进里程、推进速度、盾头转速、盾头水平偏差、盾头垂直偏差、盾尾水平偏差、盾尾垂直偏差、扭矩、注浆次数、注浆压力,以及盾构机其他实时施工状态数据。本系统通过数据库查重,在不存在重复数据的情况下将所有数据保存在数据库中。

(2)清华园隧道的施工进度模拟

以动画的形式模拟隧道盾构施工过程,可以形象地表现隧道施工过程、途经的风险源和施工进度,以便施工单位针对下一风险源和当前进度风险做出快速反应。施工进度动画模拟分为施工计划模拟和实际模拟。通过完整的施工计划模拟,可使建设单位整体把握工程建设主要节点;通过当前已施工完成部分的模拟动画重放,施工进度管理人员可根据当前进展调整施工速度。

为了直观地展现盾构隧道每一环管片拼装与计划的工期相比是正常、提前还是延期完成,根据施工计划可计算出每一环预期完成的时间段 $T_0 \sim T_1$,再从数据库中读取该环管片拼装实际完成的时间 t,将两时间值进行比较,再以指定的颜色表示出该环完成的进度情况:正常用蓝色表示($T_0 < t < T_1$)、提前用紫色表示($t < T_0$)、延期用黄色表示($T_1 < t$),如图6.3-1所示。

图6.3-1 清华园隧道施工进度实际模拟

某环管片拼装的实际完工时间通过系统的填报功能直接记录在数据库中,而每一环管片拼装的预期完成时间段可通过相关算法计算得出。施工计划是由多个任务组成的任务列表,每一条任务描述了具体的施工内容。由于进度模拟只关注与BIM模型关联的盾构环,因此在

模拟过程中遍历的盾构施工任务涵盖了某个里程段和计划完成的时间段,其中里程段则对应了一段盾构环号,记为 $N_0 \sim N_1$,其中首环环号为 N_0。该任务需完成拼装的环数记为:

$$n = N_1 - N_0 \tag{6.3-1}$$

该任务计划完成的时间段记为 $T_0' T_1'$,时间跨度对应天数为:

$$\Delta t = T_1 - T_0 \tag{6.3-2}$$

$$T_0 = \text{MAX}_{\text{round}} \left[\frac{m}{\text{MAX}_{\text{round}} \left(\frac{n}{\Delta t} \right)} \right] \tag{6.3-3}$$

$$T_1 = \text{MIN}_{\text{round}} \left[\frac{m}{\text{MIN}_{\text{round}} \left(\frac{n}{\Delta t} \right)} \right] \tag{6.3-4}$$

式中:$\text{MAX}_{\text{round}}$、$\text{MIN}_{\text{round}}$——分别表示向上、向下取整数;
T_0、T_1——相对第一天的天数。

最终计算的第 m 环预期完成时间段应该为 $(T_0' + T_0) \sim (T_0' + T_1)$。

(3)清华园隧道的施工进度分析

通过盾构机传来的实时参数与数据分析转储之后,隧道各环管片的拼装完成时间、每日拼装环数、与计划的每日拼装环数比较、按日统计结果、按周统计结果、按月统计结果、该盾构区间的整体进度百分比等数据可以通过计算得到,并以可交互图表的方式向用户展示,方便用户快速了解现场施工的进度情况,如图 6.3-2 所示。

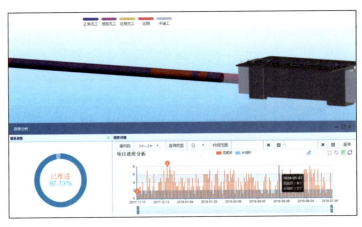

图 6.3-2 清华园隧道施工进度分析与展示

2)基于 BIM 的清华园隧道风险管控

通过研究清华园隧道线路走向及周边范围工程环境危险源与施工进度的关系,基于 BIM 的可视化技术展示隧道与风险源的空间位置关系,并结合监控量测数据,实现风险预警,提高风险管控能力。

(1)隧道工程风险源的 BIM 模型空间定位与风险预警

按照隧道工程施工里程对风险源的相对空间位置关系进行统一编码,并与 BIM 模型进行关联,实现模型的空间定位。同时,通过与施工如管线、地面建筑、地铁等进度进行关联,有效实现以管片环为预警基数的风险预警的目的。在施工过程中,可以根据施工进展情况,不断添加新的危险源项目。在风险源信息编辑模块中可以编辑预警方案,提前于盾构机施工里程(环数)一定距离,进行预警提示,便于管理人员提前确定施工方案,按照提前制定的应急预案做好人员、设备、救援物资的准备工作。

(2)模型空间定位

在图形引擎中定位模型需要完成两个步骤:风险源编码、编码与模型的绑定。

首先,对风险源进行编码。比如风险源为"北四环既有京包线铁路桥"的风险源 EBS 编码为"XPBZ01040029CSDL001",其风险源类型编码说明见表 6.3-11,风险源聚集高亮显示见图 6.3-3。风险源类型后的编号是指同工点、同风险类型下按盾构机掘进方向的排序序号。在清华园隧道中的掘进方向是从大里程向小里程掘进。

风险类型编码说明　　　　　　　　　　　　　　　　表 6.3-11

风险类型编码	风险类型名称	说明
CSDL	城市道路	城市主干道路,如北三环路
CSDT	城市地铁	城市地铁线路,如地铁 12 号线区间隧道
SZGX	市政管线	水管、电力管、通信管道等
ZBHJ	周边环境	建筑物、基础设施等

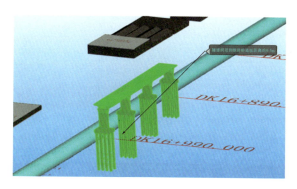

图 6.3-3 "北四环既有京包线铁路桥"风险源聚集高亮显示

(3)风险预警

对风险源信息进行增、删、改、查等管理功能模块,为每一个风险源的名称、描述、风险等级、风险类型、起始环号、起始里程号、提前预警环数、EBS 编码、图片、其他属性等信息提供信息编辑功能。施工人员提前将有关信息填入清华园隧道风险管控系统中。该系统的隧道盾构远程监控子系统与施工现场的盾构机保持信息联通。盾构进度实时同步到该系统的进度管理模块,使得该系统实时体现盾构机的真实位置。因此,每当盾构机掘进到某个风险源的提前预警范围时,将触发该系统的风险预警作出响应,在系统的首页与安全风险功能模块页面,对当前盾构机面临的所有可能风险源进行闪动提醒。

(4)基坑监测项目编码与监测数据分析

通过对清华园隧道工程基坑、地表沉降、地下管线、周边建(构)筑物、隧道管片监控量测项目进行统一编码,由设计单位将编码应用在隧道主体模型和周边环境三维模型,基于BIM平台集成施工监测数据,并进行综合监测数据分析,提前设置预警值,最终达到隧道工程主体及周边环境风险可控的目的。

基坑监测项目包括桩顶水平位移、桩顶竖向位移、地表沉降、地下水位、钢支撑、混凝土支撑轴力、工作井净空收敛、桩体水平位移等,编码规则已在上文给出。

基坑监测数据通过"基坑及周边环境监测信息系统"上传,并通过接口的方式将数据传输到清华园隧道基坑监测系统中。通过向基坑监测系统所提供的查询接口输入需查询的监测类型或测点编码等信息,可以查询到该监测类型或监测点的当前变化值、累积变化值、变化速率、报警标识等信息。根据该监测类型的监测变化值的数值范围,报警标识按紧急程度分为黄色、橙色、红色报警,其中红色报警紧急程度最高。

在清华园隧道BIM系统的安全风险功能模块中,通过选择监测类型列表中的监测项目,在模型中将会高亮显示与所选监测类型相对应的监测测点,如图6.3-4、图6.3-5所示。点击某个测点后将弹出显示该测点的详细监测数据,包括两家监测单位的测量数据,见图6.3-6。图6.3-7中提供了查看详细监测数据列表的入口,通过它可以查询到该测点任意时间范围内的具体监测数据、时程曲线,形象展示监测数据的波动过程。

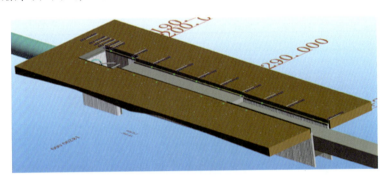

图6.3-4 与所选择的监测类型一致的测点将会高亮显示

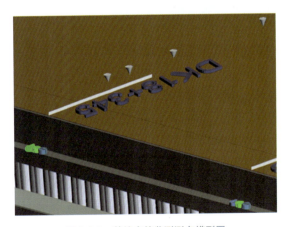

图6.3-5 基坑中的监测测点模型图

图6.3-6 测点详细信息

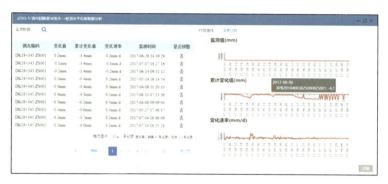

图 6.3-7　测点监测数据列表与数据曲线

3）基于 BIM 的清华园隧道质量管控

为了实现管片生产管理的信息化，特别开发了"预制件生产管理系统"，其包括产能分析、管片生产、计划管理、原材料管理、试验管理、工序管理、成品管理、图纸管理等功能。

该系统具备对管片生产整体物资消耗和进度业务信息（包括每月计划量和实际量的对比图、当前生产量与总计划量的统计对比图、物资需求与当前库存对比图、物资进场与消耗分析对比图等四种二维统计图）的形象化展示功能，以及当日计划信息的提示功能。

（1）管片生产管理

清华园隧道在盾构机掘进、拼装过程中需要用到的隧道管片是盾构隧道施工重要的部件之一，为了加快施工进度，管片需要在管片预制件工厂提前生产，经过钢筋加工、钢筋连接安装、模具安装混凝土浇筑、管片外观检查、水养、管片试验、成品堆场与运输，最终到达盾构隧道施工现场由盾构机高效装配。因此，对管片预制件生产过程的管控非常重要。

通过管片生产列表，可以查看每一环、每一片管片的型号、生产单位、当前状态或所处位置等详细信息，还可查看管片几何属性、工序检查、检验批等信息。管片生产管理系统产能分析如图 6.3-8 所示。

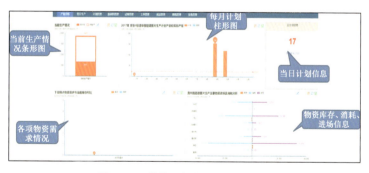

图 6.3-8　管片生产管理系统产能分析

（2）计划管理

计划管理模块可根据盾构隧道的需求，制定管片生产日计划，如图 6.3-9 所示。

（3）原材料管理

原材料管理模块可对预制件生产所需的原材料进行物资进场、物资消耗、物资需求等管理，如图 6.3-10 所示。

图 6.3-9　管片生产日计划

图 6.3-10　物资进场信息

(4) 试验管理

原材料在被用于实际生产以前,需要经过检验,试验管理模块提供了试验台账、进场检验、过程试验等功能。原材料进材试验台账如图 6.3-11 所示。

图 6.3-11　原材料进场试验台账

(5) 工序管理

工序管理模块可对管片生产过程的工序进行维护,包括钢筋加工、钢筋连接及安装、模具安装检查、混凝土浇筑、管片外观检查、水养记录等工序,如图 6.3-12 所示。

图 6.3-12　钢筋连接及安装检验记录

(6)成品管理

成品管理模块可对生产完成后管片进行现场堆场、出库等信息的管理,如图6.3-13所示。

图6.3-13 已生产管片现场堆场

(7)图纸管理

图纸管理模块可提供对管片的结构图与配筋图的设计图纸进行管理,如图6.3-14所示。

图6.3-14 设计图纸管理

(8)手机端应用程序(App)信息展示与数据填报

除了Web端外,还在手机端App提供了生产统计、生产进度等信息展示,以及生产数据的填报功能,如图6.3-15所示。

图6.3-15 总体生产进度与生产统计

(9)管片拼装质量填报与质量数据可视化

结合管片生产及拼装管理系统,通过移动端App质量填报系统,基于BIM管理平台,实现对隧道管片拼装管片质量三维可视化总体把控。其中,管片质量问题主要分为4种,即开裂、渗漏水、破损和错台,每种颜色代表一种破损情况。同时,集成盾构远程监控系统搜集到隧道相关质量数据,基于BIM管理平台进行数据整合分析,实现对隧道轴线、管片椭圆度、管片病害等隧道工程不良质量问题可视化管控,逐步建立完整的隧道全数字化档案。

①管片拼装质量填报

通过移动端App或PC端的质量填报系统,将现场管片拼装质量数据上传至清华园隧道协同管理平台。管片拼装质量数据包括两部分内容:每环9个管片的映射数据、拼装后外观质量数据。管片拼装过程需要将每一环使用了哪9个管片的信息记录下来,需要现场作业人员在管片运送到盾构机内部前,将这9个管片的管片编码及其用于拼装的环号等信息录入系统,再通过移动端管片拼装App的扫描二维码功能实现信息的快速录入,其中管片编码可通过"生产批号"右侧的扫码功能快速录入,拼装质量通过选择"外观检查"下拉列表填报;并且提供了外观图片、修复后图片的上传功能,便于记录建设阶段的每一个作业成果。

管片编码的格式为"管片型号-管片位置号-模型号-环号-标段号-生产日期",如"Ⅰ-A1-1-0193-1-2017-07-24",其中,管片型号分为Ⅰ、Ⅱ、Ⅲ、始、负等5种,管片位置号分为A1、A2、A3、A4、A5、B1、B2、K等9种,模型号分为1、2、3、4等4种模具型号,环号指的是该管片设计用于拼装隧道的环号,标段号指的是施工标段号。

②质量数据可视化

拼装质量数据分为管片质量数据、隧道轴线偏差数据和病害统计数据,展示方式分为四种:三维展示、曲线展示、饼状图展示和台账展示。

通过作业人员填报的质量数据(正常、开裂、渗漏水、破损或错台),在清华园协同管理平台中的隧道模型用不同的颜色表示每一环管片的质量情况,并保持数据实时同步显示,直观展示当前拼装的质量,同时提供了二维的展示方式,如图6.3-16所示。通过选择三维模型中的管片环,可以显示该环管片的生产检验批信息、管片拼装质量信息,如图6.3-17所示。除了这种方式,还可通过台账的方式,为用户提供所有质量数据的查询功能,可根据查询条件查询每一环盾构机的切口偏差、盾尾偏差、注浆情况、病害状态、详细描述、现场图片、修复后图片、所包含的管片生产批号等信息,点击生产批号,可直接打开该管片在生产过程中的检验批数据。在隧道的运维阶段也可以追溯建设阶段的数据。统计系统平台的数据统计功能,可以以曲线图、饼状图的方式展示已成型隧道与设计走向的偏差情况、病害情况统计。管片偏差曲线图见图6.3-18。

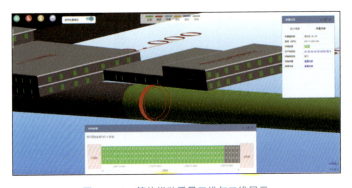

图6.3-16 管片拼装质量三维与二维展示

图6.3-17 管片质量属性

图 6.3-18 管片偏差曲线图

(10) 基于 BIM 的清华园隧道远程监控

①盾构机实时参数监控

盾构作业监控室中已有一套与盾构机配套的监控系统,可实时接收来自盾构机的数据,通过与互联网连接,使用 WebSocket 协议,将盾构机实时数据传送至清华园隧道协同管理平台,并存储至数据库中,用于地面人员实时监控盾构机、进行相关的数据分析。如图 6.3-19~图 6.3-23 所示,清华园隧道协同管理平台中可远程显示盾构机的实时参数。

图 6.3-19 盾构机实时参数监控

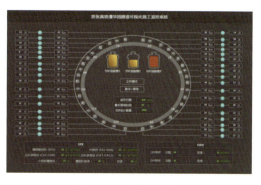

图 6.3-20 盾尾油脂监控

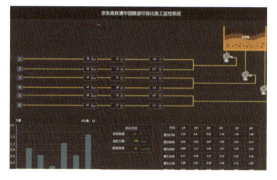

图 6.3-21 注浆系统监测

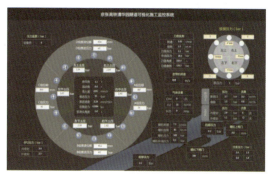

图 6.3-22 刀盘系统监测

②盾构机施工数据分析

通过分析盾构机掘进、拼环、停机的以往历史,形象化展示盾构机的工效信息。由于盾构机监控室每 6s 会将实时参数传输至清华园隧道协同管理平台系统中,统计盾构机工效分析数据将耗时巨大,因此,本平台系统采取提前统计工效数据用于平台查询的方式(每小时增量统计一次),大大提高查询的响应效率。盾构机工效分析如图 6.3-24 所示。

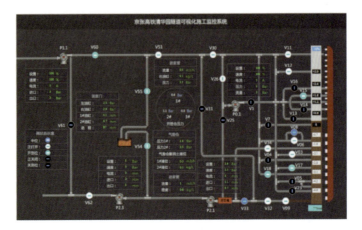

图 6.3-23　盾构机泥水循环监控

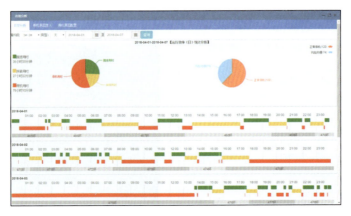

图 6.3-24　盾构机工效分析

第 7 章
废弃泥浆环保处理技术

大时代

盾智行

构未来

清华园隧道盾构掘进期间产生废弃泥浆约 100 万 m^3,废浆体量大,如何合理处理废弃泥浆是该项目的重难点。结合项目地质情况及京沈铁路客运专线望京隧道施工的成功经验,在清华园隧道项目采取废弃泥浆絮凝固化+带式压滤+离心处理综合处理方案。两台盾构机共配置两套泥浆循环系统、两套三级筛分设备、两套絮凝固化系统、两套带式压滤系统、四台离心机,有效保障了盾构机稳定、快速施工。

7.1 泥浆处理原则

7.1.1 保证泥浆流速

为使泥浆和刀盘切削下来的弃土(泥砂混合物)充分利用,减少堆料场规模,需将泥砂混合物排送至地面进行处理。由于泥砂混合体的稠度远大于泥水室泥浆的稠度,所以由泥浆泵排送的泥水循环管内泥砂混合物必须达到一定的流速,以防止泥砂混合物在管内沉淀。根据有关试验资料可知,泥砂混合物在直径 200mm 管中沉淀的临界流速为 3.5m/s。

7.1.2 不同地层泥水处理模式

在沙质土地层中掘进时,可将泥沙直接输送到地面沉淀池,粒径大的自由沉降,粒径小的用振动筛除去粒径 1~2mm 的颗粒后,送入旋流器组中将其分离;对细颗粒、黏土、胶质土,可用絮凝剂进行聚凝处理,待呈絮状沉淀物后,再用挤压等方法脱水,使泥水分离。

7.1.3 泥浆性能满足泥水环流要求

泥水有合理的密度和黏度指标,并且具有堵孔隙的性能,易堵塞浅覆层和砂土层的孔隙,能在较短时间内形成薄而致密的泥膜,满足开挖面的稳定,防止隧道沉降和开挖面垮塌。通过泥水分离设备将泥砂分离处理后,再将指标合格的泥浆则继续循环,用于下一循环的盾构掘进施工。当泥浆不达标时,则需要进行弃浆处理。

7.1.4 满足环保要求

弃浆集中至废浆池,经沉淀后捞渣外运;剩余的难以沉淀泥浆需要经过特殊处理,满足环保要求后,方可外运。

7.2 泥浆处理场地要求

泥水处理总体设计理念:调制浆系统调制的新鲜泥浆由进浆泵送至盾构机→盾构机排放的浓浆首先进入泥水分离设备→经过粗筛、一级旋流、二级旋流分离渣土和泥水→分离后的二级旋流器溢流泥浆流入浓缩池进行沉淀处理→经浓缩池底部渣浆泵送入压滤系统入料桶进行压滤处理→渣土排放运输,处理后的液体排入滤液池。浓缩池上层泥浆通过溢流槽收集后流入调整池→在调整池可加清水、新鲜的膨润土泥浆调拌后直接给盾构机供浆→分离后的二级旋流器溢流泥浆指标合格时，也可以直接进入调整池进行盾构泥浆循环。泥水处理系统工作流程如图7.2-1所示。

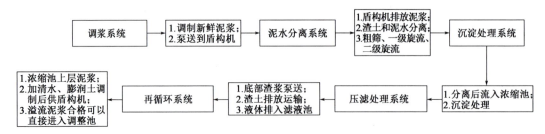

图7.2-1　泥水处理系统工作流程图

泥水处理场平面布置按区域功能可分为主要设施区域、辅助设施区域及场内道路。主要设施区域布置沉淀池、调浆池、储浆池、膨化池、清水池、化学制浆池、废浆池、弃渣场、分离设备平台等，辅助设施区域布置有材料仓库等。沉淀池、调浆池、储浆池、膨化池、清水池尽量集中布置，弃渣场按方便机械运输原则布置，各区域面积大小应根据设施容量要求计算。泥水处理系统应与生活区、办公区及外界住房保持尽量远的距离，以避免噪声污染；邻近渣土场位置，避免渣土倒运影响效率。具体要求为：

（1）制浆池、储浆池、压滤机入料桶、浓缩池、调整池采用钢结构，分块安装拼接，以方便安装和多次利用。分块间用螺栓连接和焊接，内部设置密封处理，桶槽底部设置渣浆泵，桶槽内部设置搅拌器。

（2）泥水分离设备基础采用混凝土结构，高度4m，分离设备下部分为清水池和滤液池。

（3）浓缩池和调整池桶槽相互之间用泥浆管连接，并设有板阀控制开关和流量，可以有效完成两台设备的互换。桶槽底部设置渣浆泵，渣浆泵抽浆至压滤机，桶槽内均设置固定式搅拌臂。

（4）所有设备高度均以地面为±0.00标高，分离设备基础高度4m，清水池、滤液池设在分离设备基础下面，高度3m，压滤机基础高度4m。

7.3　泥浆环保综合处理设备

泥浆综合处理技术的作用是分离和处理盾构切削土砂形成的泥水，然后将回收的泥浆泵入调整槽。为响应京张高铁绿色办奥理念，京张高铁清华园隧道盾构施工采用ZXSⅡ-2500/20泥水处理设备、压滤设备及离心设备相结合的泥浆综合处理技术，实现泥浆的循环利用，达到绿色、环保、节能、高效的施工目标。

清华园隧道盾构掘进产生的废浆按以下步骤处理：废弃泥浆的收集→废弃泥浆的改性→对废弃泥浆进行压滤(含送浆、建压)→排出压滤产生的水→通过隔膜进行压榨→吹气进行脱水→卸出废料→对管路进行冲洗。所有压滤过程均由可编程控制器(PLC)装置自动控制，压滤过程可实现自动切换；通过压滤后形成的渣料含水率可降低至23%，这些渣料可以直接装车运送至废料处理厂。经压滤处理后回收的清水直接输送至调浆池与二级旋流后的泥浆混合，使密度还原到进泥浆的所需值，进而实现泥浆的重复利用。由此可做到泥浆循环利用，实现绿色环保施工。

7.3.1 泥水分离系统

泥水分离系统由预筛分系统、一级处理系统和二级处理系统组成。盾构掘进时产生的污浆经由排泥泵经分配器分配后送入泥水分离设备的进浆槽,经过预筛分器的两层粗筛振动筛选后,将粒径超过3mm的渣料分离;筛余的泥浆进入一级储浆槽,通过两台渣浆泵分别给两套一级旋流器进料,经过旋流除砂器分选,粒径微细的砂粒由下端的沉砂嘴排出,落入除泥筛的下层进行细筛,旋流除砂器的溢流进入一级中储箱,沿排浆管排出或者进入一级或二级储浆槽,由二级旋流除砂器进浆泵泵入二级旋流除砂器组,二级旋流除砂器组底流口浓浆进入除泥筛的上层细筛,一、二级旋流器底部流经细筛脱水和筛选,干燥的细渣料被分离出来,筛下浆液则进入一级储浆槽池;二级旋流器溢流自溜槽流入沉淀池或调浆池或二次除砂系统中。泥浆循环池如图7.3-1所示,ZX-2500型泥浆分离系统现场实物布置图如图7.3-2所示,ZX-2500/20型泥水分离设备外形,三维图如图7.3-3所示。

图7.3-1 泥浆循环池

图7.3-2 ZX-2500型泥浆分离设备现场实物布置图

图7.3-3 ZX-2500/20型泥水分离设备外形三维图

ZX-2500/20型泥水分离设备主要由预筛分器单元、一级旋流除砂单元、二级旋流除泥单元、振动筛分脱水单元、储浆槽冲砂单元等组成,泥浆最大处理量能达到2500m³/h。泥浆分离系统以泥浆处理量1250m³/h的设备为基本单元进行组合并联,也可以根据其他工程的具体要求进行系统拆分或重组,具有较强的工程适用性。

7.3.2 制、调浆设备

制、调浆设备主要对未达标或量不够的盾构掘进所需的浆液进行调整和补充,以达到盾构所需浆液的技术指标和所需的用量。

1）设备简介

（1）制浆设备

泥浆拌制分系统通常由新浆槽、新浆泵、剪切泵、新浆搅拌器、新浆储备槽、铣削深层搅拌技术（Cutter Soll Mixing,CMS）搅拌槽、CMS搅拌器、CMS泵、分配阀和加水设备组成。将CMS搅拌槽搅拌的化学浆糊送入新浆槽,在新浆槽加入膨润土等材料,并与加入的化学浆糊一起搅拌,制成新鲜浆液,送入预膨胀池进行预膨胀。

（2）调浆设备

浆液调整分系统既具有新旧浆液搅拌调整功能,又起到储存浆液的作用。回收的浆液经过盾构机反复使用后,浆液的密度、黏度指标会不断发生变化,需要通过新浆分系统分配新浆进行浆液指标调整。

调浆系统由泥浆池、泵组、管阀、自动检测仪器及相关的控制部分组合而成。其主要功能是对泥水分离系统处理过的泥浆进行调配、循环、沉淀和调整。操作人员可以在集中控制室对泥浆的流向、密度和流量进行监控,使得泥浆的黏度和密度等参数满足盾构机掘进的要求。制、调浆设备基本原理图如图7.3-4所示。

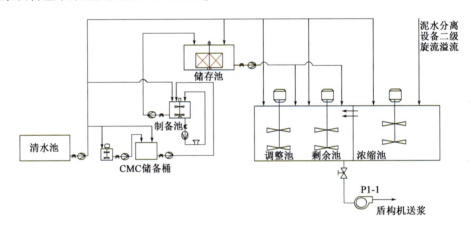

图7.3-4 制、调浆基本原理图

2）泥浆指标参数

本标段盾构机穿越地层主要为粉质黏土、细砂、中粗砂及卵石土。其中,全断面卵石土地层长度达1800m、卵石土和粉土复合地层长度1200m,所以认真分析本工程的地质情况,并结合以往隧道施工经验,制定了该工程的泥浆指标,见表7.3-1。

泥浆指标　　　　　　表7.3-1

土层	黏度指标(s)	密度指标(g/cm^3)	含砂率指标(%)
软土层(粉土、粉质黏土)	17~18	1.10~1.20	8%以下
砂性土层(粉细砂、中砂、粗砂)	18~20	1.20~1.25	
卵砾石层、含中粗砂	18~22	1.20~1.25	

注：首先,合适的黏度和密度取值决定于地质勘探资料、掘进参数和施工经验；其次,可以综合分析掘进过程中显示的参数,地面沉降数据报告可提供重要参考。

7.3.3 压滤设备

盾构机在黏土地层掘进时,泥浆中黏泥颗粒较多,黏度增大,旋流器分离性能将降低。经二级泥水分离设备(图7.3-5)处理后,泥浆中细黏土颗粒逐渐富集,如果不及时清除,将导致泥浆的密度和黏度增大,直接降低泥浆的携渣能力及环流系统的泵送能力,进而降低了盾构机的掘进效率。

图7.3-5 泥水分离设备

泥水压滤设备(图7.3-6)的功能是在泥水分离设备不能分离出足够固相颗粒,且未能将废弃泥浆密度还原到掘进初期较低的值($1.10 \sim 1.20 \text{g/cm}^3$)时,进行彻底的固液分离。通过分离出低含水率(23%~27%)的渣土、回收含低固相颗粒(50mg/L以下)的滤液,将泥浆密度还原到掘进初期所需的值,实现工程施工过程"零排放"。泥水压滤设备工作流程如图7.3-7所示。

图7.3-6 泥水压滤设备

7.3.4 离心设备

为缓解掘进时泥浆处理的压力,增添了离心设备(图7.3-8)对沉淀池高密度的泥浆进行离心处理。废弃的泥浆被泵送到离心设备通过高速离心处理,然后废弃泥浆被分离成水和可外运的渣土,废弃的渣土被外运出去,分离出的水流入循环系统进行重复利用。如此往复,实现了泥浆的循环利用。

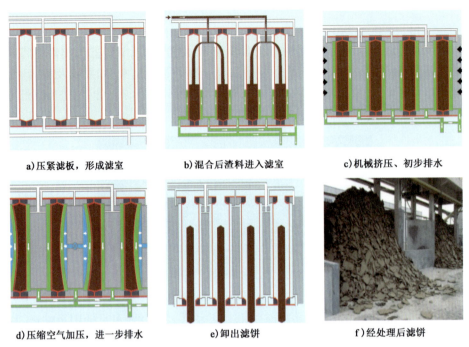

图 7.3-7 泥水压滤设备工作流程图

图 7.3-8 离心设备

7.4 泥浆处置技术

7.4.1 技术原理

(1)通过预筛分技术、一级旋流分离技术及二级旋流分离技术,实现盾构循环泥浆中砂与泥的良好分离;

(2)采用脱水筛进行高频振动脱水,使外运废渣的含水率≤23%,适合自卸车直接运输;

(3)采用压滤设备处理多余的废浆,来保证地面工程泥浆的零排放;

(4)采用离心设备缓解掘进时泥浆处理的压力,将泥浆分离成渣土和水;

(5)运用制、调浆设备,实现盾构泥浆循环系统的流量平衡、物料平衡及循环泥浆的调节

与快速补偿;

(6)采用 PLC 远程控制模式,实现地面泥水处理系统的远程集中控制及实时监控。

泥浆绿色处理技术各功能单元关联如图 7.4-1 所示,泥浆处理设备工作流程如图 7.4-2 所示。

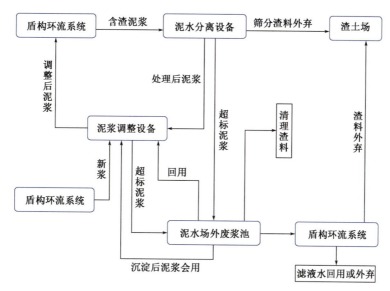

图 7.4-1 泥浆绿色处理技术各功能单元关联示意图

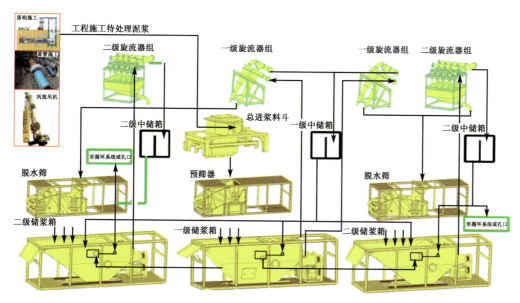

图 7.4-2 泥浆处理设备工作流程图

7.4.2 工作原理

1)整体结构

泥水分离设备采用模块化设计,主要部件都安装在 9125mm×2438mm×2896mm 标准集装箱框架内。模块化设计使得设备对安装场地的要求大幅降低,设备一字形集中布置。泥水分离设备占地面积 21.8m×10.80m×8.80m。

泥水分离设备采用模块化设计,易于拆分或组合成不同处理单元,增强了设备对不同处理能力的适用性。同时旋流器组采用模块设计,针对不同的地层,可方便快捷地更换旋流器组,提高了设备对不同地层的适用性。以 1250m³ 为基础单元,可拆分为 625m³+625m³ 两个单元模式,相对于以 500m³ 为基础单元的设备,可避免分配不均匀现象,设备整体利用率高。

设有安全、便捷的维修通道,行走方便、无安全隐患,便于设备的巡视、检查、维护。

2) 预筛分单元

预筛分处理能力留有富余量,可有效应对孔底堵管时瞬间增大的流量,峰值处理量可达 1300m³/h。预筛分单元见图 7.4-3。

图 7.4-3 预筛分单元

筛板采用独特张拉方式,产生的二次振动可有效防止堵筛、糊筛现象的发生,对黏土块、砾砂-浆液分离有显著效果,不易堵塞网孔,单机处理量可达 1300m³/h。

高频振动,-14°~-20°坡角可调。

选用美国技术、意大利工艺制造的振动电机。振动电机工作噪声低,激振力无级可调。选用进口 SKF 轴承,其防护等级为 IP65,适应野外等恶劣工作环境,使用寿命长。

预筛上层筛板采用张拉式不锈钢筛网,筛网由正交的不锈钢钢筋焊接而成,张紧方向采用 ϕ10mm 钢筋,间距 40mm;过流方向采用 ϕ6mm 钢筋,间距 12mm,形成一个良好的弹性体。

弹性筛网两侧与筛箱通过斜拉螺栓张紧,弹性筛网中间与筛架通过压条压紧。静力分析中可将筛网模型简化为静不定的多跨度连续梁。预筛采用高抛掷指数的直线变频筛,振动时弹性筛网会产生轻微的二次振动,从而具有自洁功能,可防止黏土团堵筛现象的发生。

3) 一级旋流除砂单元

单套泥浆处理能力:625m³/h。

采用国际知名品牌 AKWϕ500mm 旋流器。

旋流器采用独特变锥角设计,处理能力大,分离精度高。分离切点:$d_{50}=50\sim63\mu m$。

内衬由特殊耐磨橡胶制成,耐磨损,使用寿命长。

当主要地层为各类土层时,一级旋流采用 ϕ500mm 变锥角旋流器,一级进浆压力控制在 0.15~0.18MPa,配套渣浆泵能耗低,可大大降低管路磨损。

4）二级旋流除泥单元

单套泥浆处理能力:600m³/h。

采用美国知名品牌 GMAX4U 旋流器,见图 7.4-4。

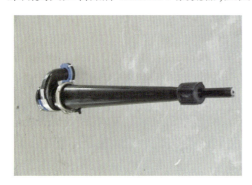

图 7.4-4　二级旋流除泥单元

GMax 变锥旋流器的工作原理同一般旋流器工作原理相同,不同的是采用较陡的上锥,以增大进浆速度,然后用较缓的下锥保证分级的细料较长停留时间,通过调整旋流器直柱段长度、优化锥角和改进沉沙口几何参数,条件相同时比一般旋流器具有更好的分级性能。变锥旋流器采用独特变锥角设计,处理能力大,分离精度高。分离切点:d_{50} = 15～20μm。变锥旋流器整体采用特殊耐磨橡胶制成,耐磨损,使用寿命长。在天津工地施工 2.4km 无更换备件记录。当入旋流器浆液密度为 1.20～1.30g/cm³时,底流浓度可达 1.50～1.80g/cm³。

5）脱水筛分单元

单套渣料筛分设备筛分能力为 150～180t/h。

渣料筛分设备可实现高频振动,0～+3°坡角可调,可变频,脱水性能佳。

进口聚氨酯(PU)材料制成的耐磨筛板,韧性大、具有自洁功能,且临界物料不堵塞筛孔,筛分效率高。

出渣含水率≤25%,出渣料可直接运输。

选用美国技术、意大利工艺制造的振动电机,工作噪声低,激振力无级可调,防护等级为 IP65,适应野外等恶劣工作环境,使用寿命长。

振动筛为泥水分离设备的关键部件,从振动筛设计到生产、安装、出厂都进行严格测试,以保证振动筛的性能达到最佳;建造热处理车间,对焊接完成的振动筛进行回火处理,以消除焊接应力。

根据掘进地层不同,可匹配不同规格且具有互换性的筛板。

6）真空调节单元

一、二级旋流器设有真空控制的底流排放口,便于对底流密度进行合理调整,加速脱水筛面垫层的形成,为下游脱水筛提供合适的浆液,进而加速脱水筛筛面垫层的形成。在进浆浓度波动的情况下,通过调整真空调节装置,可获得较高的底流浓度和较低的溢流浓度,其最高底流浓度可达 85%。真空调节装置随给矿浓度、给矿压力的变化而变化,使底流浓度恒定,提高分级效率。虹吸作用使出口压力比普通旋流器小,进口压力小,从而降低能耗。

7）浆液输送单元

泥浆循环过程中,各中储箱与各储浆槽之间设有液位浮标,分别保持一、二级储浆槽内的液面高度恒定。储浆槽内输出浆量大于供给时,液位浮标将随液面下降而下落,此时中储箱的泥浆就通过开启的补浆管转送到储浆槽内,液面因此上升而恢复原状,液位球头也随之上升并封住中储箱补浆管。液位平衡装置采用杠杆铰支结构;密封球头采用耐磨材料制作而成;液位浮标采用标准塑胶浮筒,具有质量小、浮力大、使用寿命长等优点。

8)二次小循环单元

一个二级储浆槽导渣侧设有专用的循环支路接口,盾构施工间隙期,可由调浆池、调整泵来完成局部小循环功能,形成局部二次循环再净化处理,提高泥水分离精度,降低调浆池泥浆的固相含量,同时扰动各储浆槽,防止储浆槽沉淀淤积。

在泥水平衡盾构中,开挖面的稳定是依靠密封仓的压力泥浆来实现的,因而泥浆质量会直接影响泥水平衡盾构的正常施工。泥浆指标若没达到掘进施工要求,会造成开挖面失稳,发生超挖或欠挖现象,引起地面沉降或隆起。制、调浆设备的作用就是对未达标的回孔泥浆进行性能参数调整和泥浆量的补充。制、调浆设备的状态(如液位高低、泵的启停、电动阀门的开闭),在泥水控制室的操作平台上都有显示,并可实现本地或远程控制,按实际情况进行相应操作。

制调浆设备由不同功能的浆液储存单元、泵组单元、浆液搅拌单元、管阀、检测仪器以及相关的控制部分组合而成。其主要功能是根据盾构掘进机的要求,通过系统中的泵、阀的配合切换,对泥浆的各项指标进行调整,并可实现其他辅助功能。

制浆单元可以根据需要制备新鲜的膨润土泥浆和化学泥浆。调浆单元通过集中控制系统对泥浆的液位、流量、密度和流向进行监控及调整。

9)主要技术参数

(1)最大泥浆处理量 2500m^3/h。

(2)一级旋流分离 $d_{50}=50\mu m$,二级旋流分离 $d_{50}=20\mu m$。

(3)筛分出的渣料含水率小于23%(砂层)。

(4)达到分离指标时各次处理污浆的密度小于1.3g/cm^3,黏度30s以下(苏氏漏斗),含砂量小于20%。

(5)泥水分离系统装机总功率为1084kW。

7.4.3 噪声分布及处理措施

在城市环境施工,对泥水分离设备实施降噪隔离措施,见图7.4-5。

图 7.4-5 泥水分离设备降噪隔离措施

靠近振动筛处，噪声值≤100dB；距离设备1m处，噪声值≤80dB；施工场地边界处，信令转接点(STP)设备运行噪声值≤65dB。

现场采用钢结构车间把主要设备进行隔离，钢结构车间墙体采用双层板内夹隔音棉，施工时全封闭运行，仅留出渣通道、采光窗户和人员进出的门，内设维修通道及排气照明设施。

泥水分离设备采用模块化设计，主要部件都安装在9125mm×2438mm×2896mm标准集装箱框架内，因而可直接在集装箱框架上对泥水分离设备实施降噪隔离措施。

在分离设备、压滤设备的外侧设置降噪隔离设施，内部设置进出通道、巡检维护平台、照明设施等；设备周边安装吸音板形成隔音墙。

吸音板由外墙厚0.4mm彩钢板、夹心$12kg/m^2$的玻璃吸音棉、内墙厚0.3mm彩钢板组成。隔音墙在系统导渣侧留有振动筛出渣通道，周边及上部设有塑钢窗户。

分离设备出渣导板上铺设运输胶垫，以消除渣料掉落撞击钢板时产生的噪声。

7.5 应用效果

传统的废弃泥浆处理技术效率低、耗能严重，且严重污染环境。清华园隧道每掘进1环产生约$400m^3$的废弃泥浆，在泥浆中添加新研发的非离子型聚丙烯酰胺(PAM)絮凝剂，该絮凝剂无污染、无异味，可以加快泥浆絮凝、固结，析出的水可重复利用，固结后的土体稍加处理即可直接弃置。

结合工程中产生的废弃泥浆性质，研发了一种新型高分子聚酯丝滤带材料，将其与一定量的非离子型PAM絮凝剂一同加入泥浆，使泥浆中微小颗粒下沉，将上层水抽排出后输送至压滤机，通过板式压滤机将多余水分挤压出，实现废弃泥浆快速压滤、不黏结，分离水土，分离后的水达到废水经处理后重复利用的标准。

掘进产生的泥水经过隔膜压滤设备处理，将泥土和水进行分离，使水资源得以重复利用，泥饼可以直接外运，达到节能环保的效果。

泥浆绿色环保综合处理技术已为京张高铁清华园隧道成功处理了100万m^3废浆，其中产生46万m^3渣土，筛分后的渣土如图7.5-1所示，压滤设备压滤后的泥饼如图7.5-2所示。其余废浆通过处理重新进入泥水环流系统重复利用。该技术的成功运用大大减少了施工现场的扬尘，防止了废弃泥浆直接排放而造成的环境污染，提高了泥水的重复利用率，实现工程建设"零排放"，达到了降低成本、提高效率的目标，同时响应了国家绿色施工的号召。

图7.5-1 泥水处理设备筛分后的渣土

图7.5-2 压滤设备压滤后的泥饼

第 8 章
总结与展望

大时代

盾智行

构未来

京张高铁清华园隧道创新引领新时代高铁盾构隧道的新标杆。从前期准备、盾构机选型等系列工作开始，精细布置、精心筹划，以盾构高标准始发和接收为目标，保证施工质量、精度、安全的有效落实，展现了创新智能建造。

清华园盾构隧道全线并行地铁13号线，是京张高铁全线的控制性工程之一。自DK13+610处进入隧道，依次下穿学院南路、北三环、知春路、北四环、成府路等城市主干道，至DK18+200处出隧道。盾构段为单洞双线隧道，采用全预制结构。管片设计强度C50、抗渗等级P12，管片外径12.2m，内径11.1m，管片环宽2m，壁厚0.55m，采用"6+2+1"模式拼装。

清华园隧道穿越特级风险源3处、一级风险源80处，下穿正在运营的地铁10号线最小净距5.4m，侧穿地铁13号线最小净距3.4m，盾构始发、接收均为超浅覆土施工，最小覆土深度5.5m，施工组织风险多、标准高、难度大。

在清华园大直径泥水平衡盾构隧道的施工项目中，采用了轨下预制结构拼装关键技术、常压换刀技术、穿越特级风险源微沉降控制技术等一系列前沿技术和创新的工程管理措施，实现了高效、环保的施工目标。本书系统总结了刀盘设计、泥水系统优化、环保措施及施工监控等关键领域的技术应用，并提供了相应的数据支持，以证明这些技术的有效性和实用价值。

1）总结

（1）优化刀盘设计

本工程中，刀盘采用辐条面板式结构，设定开口率约为36%，以最大可允许进入粒径约为96cm，形成了有效的土石破碎与清理机制。通过组合应用齿刀和刮刀，提高了面对大粒径卵石土地层与粉质黏土地层的适应能力。特别是对于直径高达450mm的送排泥系统，以及碎石机的最大破碎粒径达到1000mm的设计，充分应对了工程中遇到的复杂地质条件。

（2）泥水盾构优化控制技术

在泥水系统方面，通过细致的参数控制，实现了泥水处理的最优化。泥水压力维持在$0.02kg/cm^3$的波动范围内，泥水控制在$1.15\sim1.30g/cm^3$，黏度保持在$20\sim35s$，析水量小于5%，泥浆压滤（API）失水量低于30mL/30min，确保了隧道掘进面的稳定性，同时满足了环保排放的严格标准。

（3）废浆无污染处理

环保方面，通过泥水分离技术和废弃泥浆的有效处理，实现了泥浆的循环利用，遵循绿色施工的原则。特别是采用阴离子型聚丙烯酰胺进行絮凝处理，最优添加量为0.5%，有效提高了泥水分离的效率。废浆处理通过精确调解和配比，既减少了环境排放，又确保了废浆处理后的产物无毒无污染，符合环保要求。

助力绿色奥运，引进和开发多套泥浆处理设备，全面解决黏土地层掘进中大量废浆处理难题，实现了无污染、零排放的绿色、环保施工要求。

（4）铁路盾构隧道全预制轨下结构机械化拼装技术

首次采用轨下结构全预制施工工法，这项技术采用了一种新型预制拼装式轨下结构及其对应的附属沟槽。将工厂化预制、装配式施工有效应用于盾构隧道，减少工序之间相互干扰，提高功效30%以上，实现了创新、协调、绿色、环保的施工理念。

通过研发轨下结构拼装机器人，制定了隧道轨下结构预制拼装质量控制标准，总结了预制构件的施工工艺，包括生产工艺、吊运、存放、运输及预制轨下结构的拼装流程。

数值模拟和实际现场情况,对轨下结构进行了全面的静态和动态稳定性分析,并通过三阶段的压浆工艺材料试验,有效地验证了新型轨下结构的可靠性和稳定性。

(5) 施工监控与管理的优化

通过超前的风险识别及风险评估,制定控制标准,实施过程控制、安全监测及信息反馈,修正关键参数确保盾构机安全穿越,分析工前工后各项指标对比,进行工后评估,总结重要数据及关键技术。

借助 BIM 技术和盾构远程监控系统,本工程在施工监控与管理上实现了显著的技术突破。通过数字化技术的应用,有效地预测和管控了施工过程中的重要风险源,确保了隧道施工的安全和稳定。同时,实时的监控数据支撑了对施工进度和质量的精准管理,实现下穿地铁 10 号线沉降值仅为 0.8mm 的成绩;通过对地铁 13 号线高架桥、成府路和知春路等重大风险源进行监测结果分析,得益于施工参数的优化及结构物自身大刚度,提高了工程效率。

通过完成清华园隧道盾构开挖三维模拟试验,研究了盾构隧道开挖的三维过程对邻近地层和桩基的影响规律。通过数值计算分析,得到了清华园大直径盾构隧道上穿地铁 12 号线复杂地段清华园隧道、地铁 12 号线上方市政管线的结构受力与变形特征以及地表沉降规律。形成了大直径盾构隧道重点区域从断面选择、传感器选型、监测项目到数据采集及传输的长期监测技术方案,并选取典型段落进行了监测方案的实施。

2) 展望

(1) 铁路建设装备智能化

形成具有感知、决策、执行、自主学习及维护等自组织、自适应功能的智能建造系统以及网络化、协同化的建造装备,打造单机智能化以及单机装备互联而形成的智能生产线、智能预制场、智能工地,推进工程化和产业化。

(2) 建设项目管理智能化

探索云制造等新业态新模式,探索建造组织方式变革,应用基于 BIM + 智能网络协同平台实现系统集成,实现项目管理流程再造、智能管控、组织优化,实现建设过程、建设向运营所有信息系统的无缝集成,消灭信息孤岛,实现人、设备、对象的互联。加快建造的运转速度,提高劳动生产率,提高高铁建设管理智能化水平。全面推行信息化管理,构建基于智能技术的综合应用平台,大力推广智能设备运用。

(3) 智能建造开发与应用

深度开展机器人技术研究,紧扣关键工序、关键岗位,优化控制生产过程,优化供应链,在智能构件厂、数字化工地、智能监测、远程诊断管理上有所突破。依托传感器、工业软件、网络通信系统、新型人机交互方式,开展隧道试点示范,率先实施机器人智能建造,实现机械化与智能化有机结合,系统自控、联控,实时监控建设过程质量安全状况,同时为运营安全维护提供技术支撑基础。

参 考 文 献

[1] 岳岭,刘方,刘辉,等.基于人工神经网络的大直径盾构隧道施工地层变形预测分析[J].铁道标准设计,2020,64(01):122-126.

[2] 赵勇,伍超,崔建,等.一种泥水盾构施工泥浆输送处置构件:CN210344723U[P].2020-04-17.

[3] 赵海涛,陈爽,刘磊,等.一种大直径盾构隧道管片嵌缝及手孔封堵台车:CN209892223U[P].2020-01-03.

[4] 赵海涛,刘磊,赵斌,等.一种用于地基处理的复合锚杆装置:CN209891200U[P].2020-01-03.

[5] 陈爽,刘磊,赵海涛,等.一种用于隧道边箱涵预制件拼装的施工装置:CN109650261A[P].2019-04-19.

[6] 吕刚,赵勇,曹永刚,等.一种高速铁路隧道三块式轨下预制结构[P].北京市:CN208168928U,2018-11-30.

[7] 吕刚,赵勇,倪光斌,等.一种高速铁路隧道分离式轨下预制结构[P].北京市:CN208168888U,2018-11-30.

[8] 马伟斌,许学良,安哲立,等.一种隧道巡检机器人系统:CN109048946A[P].2018-12-21.

[9] 陈爽,刘鹏程,崔建,等.一种考虑刀盘转动情况下的泥浆动态渗透成膜试验装置:CN211426177U[P].2020-09-04.

[10] 陈爽,林钰丰,刘方,等.一种泥浆渗透成膜试验装置中压实隔离二合一拼盘:CN211426176U[P].2020-09-04.

[11] 陈爽,徐公允,崔建,等.一种用于泥水环流系统试验投料口的双球控制阀门:CN211422654U[P].2020-09-04.

[12] 刘方,张宇宁,曹利强,等.不同隔离措施在阻隔盾构施工引起地层变形试验研究[J].铁道标准设计,2020,64(01):131-136.

[13] 张斌.基于应力释放的大直径盾构隧道地表沉降分析[J].铁道标准设计,2020,64(01):137-142.

[14] 赵海涛.全预制盾构隧道边箱涵精细化施工分析[J].铁道标准设计,2020,64(01):142-146.

[15] 张宇宁,岳岭,刘方,等.大直径盾构隧道全预制结构拼装技术实践[J].铁道标准设计,2020,64(01):147-152.

[16] 周庆合.粉质黏土层大直径泥水盾构掘进地层扰动分析[J].铁道标准设计,2020,64(01):158-163.

[17] 王磊,于晨昀,吕刚.京张高铁正盘台隧道立体式多径路排水方案研究[J].铁道勘察,2020,46(01):37-41.

[18] 刘方,杜建明,张文龙,等.大直径泥水平衡盾构下穿既有地铁结构预加固方案研究[J].

铁道勘察,2020,46(01):42-48.

[19] 赵勇,吕刚,刘建友,等.京张高铁清华园隧道建造关键技术创新与应用[J].铁道标准设计,2020,64(01):109-115,136.

[20] YUAN R,YU H,ZHANG J,et al. Noncoaxial theory of plasticity incorporating initial soil anisotropy[J]. International Journal of Geomechanics,2019:19.

[21] FANG Y,CHEN Z,TAO L,et al. Model tests on longitudinal surface settlement caused by shield tunnelling in sandy soil[J]. Sustainable Cities and Society,2019,47101504-101504.

[22] CUI J,FANG Y,XU G Y,et al. Transportation performance of large-sized pebbles in slurry circulation system:a laboratory study[J]. Arabian Journal for Science and Engineering,2021,46(4):1-21.

[23] MIN F L,WANG D F,DU J R,et al. Laboratory study of flocculation and pressure filtration dewatering of waste slurry[J]. Advances in Civil Engineering,2020:2423071.

[24] YUAN R,YU H S,HU N,et al. Non-coaxial soil model with an anisotropic yield criterion and its application to the analysis of strip footing problems[J]. Computers and Geotechnics,2018(99):80-92.

[25] WAN T,LI P,ZHENG H,et al. An analytical model of loosening earth pressure in front of tunnel face for deep-buried shield tunnels in sand[J]. Computers and Geotechnics,2019,115(Nov.):103170.1-103170.10.

[26] 张育杰,王媛,王志奎,等.粗粒材料粒径及含量对高渗透性地层泥浆成膜效果的影响[J].隧道建设(中英文),2020,40(07):1004-1010.

[27] 徐汪豪,倪婉昱,赵海涛,等.清华园盾构隧道复杂互层地层下的掘进参数研究[J].隧道建设(中英文),2018,38(S2):373-378.

[28] 崔建,徐公允,陈焱,等.清华园隧道泥水环流系统泥浆输送管路磨损分析[J].现代隧道技术,2020,57(S1):1224-1231.

[29] 岳岭,刘方,刘辉,等.基于人工神经网络的大直径盾构隧道施工地层变形预测分析[J].铁道标准设计,2020,64(01):122-126.

[30] 张宇宁,岳岭,刘方,等.大直径盾构隧道全预制结构拼装技术实践[J].铁道标准设计,2020,64(01):147-152.

[31] 赵勇,吕刚,刘建友,等.京张高铁清华园隧道建造关键技术创新与应用[J].铁道标准设计,2020,64(01):109-115,136.

[32] 霍翼.利用城区高铁隧道尾水配制泥水盾构掘进用泥浆技术[J].铁道建筑,2020,60(11):71-74.

[33] 孔玉清.大直径泥水盾构弃渣中的优质泥浆再利用研究[J].铁道建筑,2016,(10):75-78.

[34] 曹利强,张顶立,孙振宇,等.盾构隧道穿越富水砂层开挖面稳定性分析[J].铁道建筑,2019,59(03):35-38.

[35] 李奥,张顶立,孙振宇,等.黏性土地层中盾构隧道开挖面极限支护力理论解[J].铁道建筑,2019,59(04):71-75.

[36] 曹利强,张顶立,李新宇,等.浅埋盾构穿越渗透性地层时极限支护压力分析[J].西南交通大学学报,2019,54(03):507-515.
[37] 曹利强,张顶立,房倩,等.软硬不均地层中盾构施工引起的地层隆沉预测[J].岩石力学与工程学报,2019,38(03):634-648.
[38] 刘磊.大直径盾构隧道轨下结构全预制施工技术[J].施工技术,2019,48(S1):807-810.
[39] 季清清.大直径铁路盾构隧道的施工监测[J].四川建筑,2019,39(01):70-72,75.
[40] 苗孔杰.全预制轨下结构拼装绿色施工技术研究[J].铁道建筑技术,2020,(02):47-49,80.
[41] 杜贵新.复杂城市环境泥水盾构泥浆绿色处理技术分析[J].铁道建筑技术,2020,(01):121-124.
[42] 陈爽.泥水平衡盾构复合地层泥浆配比及应用研究[J].铁道建筑技术,2016,(08):83-86.
[43] 杜贵新,蒲松,叶来宾,等.高速铁路浅埋暗挖隧道近距离上穿既有地铁隧道风险控制研究[J].铁道勘察,2021,47(06):86-91.
[44] 刘磊,魏力峰,蒲松,等.富水卵石土地层泥水平衡盾构接收技术分析[J].铁道建筑技术,2021,(07):121-125.
[45] 杨圣建.城市高铁隧道泥水盾构自造浆成膜技术研究[J].铁道建筑技术,2020,(12):59-63.
[46] 汝俊起.泥浆含砂量对泥水盾构泥浆成膜性能影响的试验研究[J].中国安全生产科学技术,2022,18(02):191-197.